高职高专规划教材

连锁经营管理原理

主　编　晋淑惠
副主编　魏小英　张　庆
参　编　王红艳　王粉萍　高　晶
　　　　杨　华　袁向博　王珊珊
主　审　李选芒

机械工业出版社

本书内容分为三篇：第一篇连锁经营的基本知识、第二篇连锁经营的管理体系、第三篇连锁经营的基本业态。总体从连锁经营的基本知识出发，系统介绍了连锁经营的基本类型和经营业态，重点介绍了连锁经营的组织机构和战略管理以及连锁企业内部管理系统、连锁企业物流配送和管理、连锁企业文化建设，分别对连锁经营基本业态的特征、职能和在我国的发展与展望做了阐述。

本书可作为高等职业院校、高等专科院校、成人高校、民办高校及本科院校开设的二级职业技术学院连锁经营管理等相关专业的教学用书，并可作为社会从业人士的业务参考书及培训用书。

图书在版编目（CIP）数据

连锁经营管理原理/晋淑惠主编．—北京：机械工业出版社，2014.11（2018.8 重印）
高职高专规划教材

ISBN 978-7-111-48396-0

Ⅰ．①连… Ⅱ．①晋… Ⅲ．①连锁经营—经营管理—高等职业教育—教材
Ⅳ．①F717.6

中国版本图书馆 CIP 数据核字（2014）第 249235 号

机械工业出版社（北京市百万庄大街 22 号　邮政编码 100037）
策划编辑：孔文梅　　责任编辑：孔文梅　王　慧
责任校对：王　欣　　封面设计：鞠　杨
责任印制：李　昂
三河市宏达印刷有限公司印刷
2018 年 8 月第 1 版第 2 次印刷
184mm×260mm・15.5 印张・357 千字
3 001—4 500 册
标准书号：ISBN 978-7-111-48396-0
定价：38.00 元

前　言

中国连锁经营，已经从零售领域向批发领域、生产领域和服务行业不断发展。如生产企业开设的专卖连锁店，将从服装、鞋包、袋类向汽车、家用电器等行业发展。服务行业的连锁经营将广泛开展，将从旅游、餐饮、洗染、照相彩扩等迅速向服务、速递、运输、租赁、法律、中介服务、社会化家政服务等领域发展。在零售业中，连锁经营将会迅速从超级市场向便利店、大型综合超市、仓储式超市、购物中心、折扣店、廉价店和家居中心等业态发展，目前已遍布整个第三产业的几乎所有行业，已成为我国零售业、餐饮业、服务业等众多行业普遍采用的经营方式。连锁经营正迅速成为中国最具获利能力的投资方式和创业途径。连锁经营在中国发展迅速使得我国连锁经营管理人才缺口扩大。由于连锁人才紧缺，培养连锁零售企业一线从事门店运营与管理、门店开发与设计、商品采购、物流配送和特许加盟等业务管理工作的高级技术技能型人才，成为我们首要的任务。

连锁经营管理原理是连锁经营管理专业的一门专业主干课，是该专业的必修课，通过学习，要求学生掌握连锁经营管理的基本理论和基本技能，培养学生分析问题和解决问题的综合能力以及较强的实践能力和创业创新能力。

本书具有很强的实用性，体系新颖，内容清晰明了；在编写过程中能紧密结合当前经济形势，同时结合国内外连锁经营企业中的热点问题，以小资料、知识拓展等形式给予合理的解释和说明；充分体现高职教育“实践技能为重、理论够用为度”的原则；可以作为高职高专院校连锁经营管理专业、物流管理专业、营销与策划专业等学习的专业基础教材，以及高等院校相关专业的选修课教材和参考性读本，同时也可作为连锁经营企业管理人员的培训教材。

本书内容分为三篇共十一章，第一篇连锁经营的基本知识、第二篇连锁经营的管理体系、第三篇连锁经营的基本业态。每一章都沿着学习总体目标规划了知识目标和能力目标，然后以案例导入、理论知识、本章小结、同步测试（在同步测试中包括基础训练、实训项目和案例分析）这样的脉络顺延下去，从内容结构上看，体系新颖，内容丰富、清晰明了。

参与本书编写的有：陕西工业职业技术学院的晋淑惠（第一章、第八章和附录）、魏小英（第三章和第四章）、张庆（第五章）、王红艳（第七章）、王粉萍（第六章）、高晶（第十一章）、杨华（第二章），西安航空职业技术学院袁向博（第十章）以及陕西国防职业技术学院王珊珊（第九章）。全书由晋淑惠负责修改和统稿，李选芒教授主审。

为方便教学，本书配备电子课件等教学资源。凡选用本书作为教材的教师均可索取，请发送邮件至 cmpgaozhi@sina.com，咨询电话：010-88379375，QQ：945379158。

在本书的编写过程中，我们参阅了大量的专家著作，借鉴了许多同仁的优秀成果，并得到了各位参编老师所在院校领导的大力支持和帮助，在此一并表示感谢。

由于作者能力有限，再加之连锁经营在我国的快速发展，书中难免有不足之处，敬请读者批评指正。

编　者

目　录

第三篇　连锁经营的基本业态

第一章 零售业概述

学习目标

知识目标：

- 掌握零售的概念、特点和职能
- 掌握零售业的分类
- 了解零售业的演变与发展
- 了解我国零售业的发展历程和发展前景

能力目标：

- 能解释零售的概念、特点和职能
- 会对零售业进行分类
- 能知道零售业的演变与发展
- 能知道我国零售业的发展历程和发展前景

【案例导入】

沪24小时书店黯然谢幕

思考乐作为我国唯一一家24小时营业的书店，打出“阅读零时差，全天不打烊”的服务牌。这意味着，从开门的那一刻起，书店的大门将永远向消费者敞开。然而，这种新型模式的书店，在巨大的成本压力之下，在开业一年半之后黯然谢幕。

尽管“24小时”店的经营模式在便利店这种模式中尚可运行，但这种“全天候”模式与书店相“嫁接”却以失败告终。有业内人士分析，除了资金结构急需调整以外，原有的管理、供货、销售模式在经营中也暴露出不足。

总经理何根祥接受记者采访时说：“浦东店关门是由于店面租金太贵，书店一直亏损，经营不下去，所以无奈之下只能关掉再说。”何根祥告诉记者，书店地处黄金地段，租金占到了销售额的32%。他们本来也想盘下这间店面，但房东将房价从1.6万元/平方米抬升到3万元/平方米，书店实在无力承担，只好关门大吉。然而，在这高额的房租背后，思考乐还面临着更大的资金链条问题。由于控股方借用公司的金额太高，导致资金链跟不上，一些书商闻讯后拒绝发货，导致思考乐原先的发展计划无法实施。

事实上，从开业之初，有关“书店是不是需要24小时经营”的质疑就一直不断。从我

第一篇 连锁经营的基本知识

国开始允许外国投资者从事图书、报纸和期刊的零售业务起，包括德国贝塔斯曼、德国图书中心、英国朗文培生集团、美国麦格劳希尔、日本白洋舍、剑桥大学出版社等十几个世界出版发行巨头，都已经提出了“申领执照”的要求。国外图书零售业的主要形式有两种，一种是大型连锁书店，还有一种就是人性化服务的24小时书店。

24小时书店在我国台湾、香港有，在一些发达国家也有，但它们的重点经营对象不在图书，而是饮料、文具和音像制品。低成本多样化推广成为国外24小时营业店的游戏规则。有专家认为，我国24小时书店需要借鉴国外的这种规则，在具体营销推广过程中，可以紧紧抓住目标消费群体，展开多元化的营业推广和广告传播活动，无须扩散到所有大众群体，以确保实现“低成本入市、靠优势夺市”的理想效果。台湾24小时书店往往开在社区密集的地方，图书以畅销书为主。因此，以“便利书店”为定位的24小时书店会更能适应市场。无论如何，24小时书店是国内图书零售业的一次有益尝试，也是我们零售业的一种新的经营模式。

第一节 零售业的演变与发展

一、基本概念

零售是商品流通过程中的末端环节，包括将各个地方生产的商品提供到消费者手中或向消费者提供服务的全部活动。所以，任何向消费者销售商品或提供服务的企业都要执行零售的职能。无论这些企业是通过实体商店、邮寄、电话、电视节目、互联网、上门推销还是自动售货机进行销售，都会涉及零售问题。

1. 零售

零售是一种最原始、最直接、最简单，也是最普遍的交易方式，是一种世界性的经济现象。“零售”一词源自法语动词“retail”，意思是“切碎”（cut up），是一种基本的销售活动，即大批量买进并小批量卖出。因此，有一种观点认为零售主要是指有形（物质）产品的销售。也有观点认为零售是一种包含服务的销售。这是因为一项服务可能是顾客主要购买的东西（如理发或航空旅行），或是顾客购买的一部分（如送货或培训）。另有观点认为零售不一定涉及有形的商品。比如邮购和电话订购、到消费者家里或办公室直接推销互联网及自动售货机皆属零售的范畴。最后，零售也不一定只有一个“零售商”。制造商、进口商、非营利性公司和批发商在把商品或服务销售给最终消费者时即充当了零售商的角色。另一方面，制造商、批发商和其他组织为本组织使用或再销售需要而进行的购买则不属于零售业务。

零售是指以分散、零星的形式把商品或随商品提供的服务直接出售给最终消费者的销售活动。

所以，零售的定义包括以下几个方面的内容：

（1）零售是将商品及相关服务提供给消费者用于最终消费的活动。如果购买商品不是为了直接消费，而是为了转售或者为了生产加工，这种商业活动就不属于零售活动的范畴。出售商品或服务用于最终消费是零售活动的基本特征。

（2）零售顾客主要是个人消费者。个人消费者购买的商品包括用于个人消费的商品和用于家庭成员共同消费的商品。另外，集团消费者购买的商品如用于直接消费，也属于最终消费者之列。在我国，集团购买在零售额中所占的比例达10%左右。

（3）零售不只涉及有形的商品销售，而且还包括服务性劳动。零售商通过提供变化多样的服务来增加商品的价值。例如，为消费者提供信贷保证，让消费者先得到商品，然后再付钱；为消费者展示商品，让消费者在购买前能够认识、测试其性能；向消费者提供有关商品的各种附加信息。另外，零售商提供的服务还包括送货上门、礼品包装、安全保护、维修、更换，以及不同品牌商品之间的性能价格比较等。在多数情况下，消费者购买商品时，也买到了某种服务。

（4）零售不限于在固定的营业场所进行，很多无店铺的销售活动也是零售。适当而有效地采用各种无店铺销售，如上门推销、邮购、自动售货机、网络销售等，利用一些使消费者便利的设施及方式，为销售创造便利条件，也会增加零售活动成功的机会。

2. 零售商

零售商是以零售为基本功能、专门从事零售交易活动，介于生产者、批发商和消费者之间的商人和商业企业。零售商一方面根据消费者的需求采购商品，提供适合的商品让消费者选购，使其买到最满意的商品；另一方面要向消费者创造热情、周到、方便、舒适的购买环境，使其获得最满意的服务。

零售活动的参与者不完全限于零售商，生产者、批发商销售商品给最终消费者，也起着零售商的作用，如生产者或批发商自设零售机构，直接向最终消费者销售商品。可以说，无论任何机构或个人，凡是把商品直接销售给最终消费者的均是零售商。零售商处于社会再生产过程中交换环节的终端，承担着将商品从生产领域或流通领域向消费领域转移的使命。为了完成这一使命，零售商不仅要满足不同消费者的不同需求，还要协调生产与消费在时间、空间、数量、质量、花色品种和信息等方面的矛盾。因此零售商承担着以下的职能：分类、组合和配货的职能，服务职能，储存商品及风险承担职能，信用职能，信息传递职能，以及娱乐职能。

3. 零售业

零售业是由许许多多零售商构成的行业，是流通产业的基础。它是由多业种、多业态、多种经济形式构成的，担负着促进生产，繁荣市场，满足消费者多方面生活需要的繁重任务，直接关系到商品价值和使用价值的实现。

零售业的定义可以从以下几个方面来理解：

（1）零售业是一个国家最古老的行业之一。

（2）零售业也是一个国家最重要的行业之一。零售业的每一次变革和进步，都带来了人们生活质量的提高，甚至引发了一种新的生活方式。

（3）零售业是反映一个国家和地区经济运行状况的晴雨表。国民经济是否协调发展，社会与经济结构是否合理，首先在流通领域，特别是在消费品市场上表现出来。

（4）零售业是一个国家和地区的主要就业渠道。由于零售业对劳动就业的突出贡献，很多国家甚至把扶持、发展零售业作为解决就业问题的一项经济政策。

（5）现代零售业是高投资与高科技相结合的产业。现在，零售商们运用着最先进的计算机和各种通信技术对变化中的消费需求迅速作出反应。

4. 零售业态

“零售业态”一词，来源于日语汉字词汇，大约出现在 20 世纪 60 年代，原意是指店铺的营业形态，后被翻译为英文“type of operation”，有人将其扩展为经营形态。“零售业态”一词传入中国始于 20 世纪 80 年代，90 年代中期被广泛使用。随之，“零售类型”逐渐被“零售业态”一词所代替。具体地说，零售业态是针对特定消费者的特定需求，按照一定的战略目标，有选择地运用商品经营结构、店铺位置、店铺规模、店铺形态、价格政策、销售方式、销售服务等经营手段，提供销售和服务的类型化服务形态。

二、零售的特征和职能

1. 零售的特征

零售是最古老的贸易方式，是零星的、分散的、小批量的，并集中于某一地区，主要由零售业者来进行。随着商品生产社会化和专业化的发展，商品种类增加，需求扩大，交易批量增大，产销矛盾日趋尖锐，在生产者和消费者之间，仅有零售贸易已不能适应社会生产贸易的要求，必须要有新的贸易交易方式的出现。于是零售与批发分化，当批发成为贸易领域的一个行业或部门时，零售也就成为专门面向最终消费者销售商品的行业。与批发贸易相比，零售贸易的主要特征有：

（1）交易对象是为直接消费而购买商品的最终消费者，包括个人消费者和集团消费者。消费者从零售商处购买商品的目的不是为了用于转卖或生产所用，而是为了自己消费。交易活动在营业人员与消费者之间单独、分散进行。

（2）零售的标的物不仅有商品，还有劳务，即还要为顾客提供各种服务，如送货、安装、维修等。随着市场竞争的加剧，零售提供的售前、售中与售后服务已成为重要的竞争手段或领域。

（3）零售的交易量零星分散，交易次数频繁，每次成交额较小，未成交交易占有较大比重。这是零售商应有的定义。在国内零售的定义为少量销售的意思。因为零售贸易本身就是零星的买卖，交易的对象是众多而分散的消费者，这就决定了零售贸易的每笔交易量不会太大，而较少的交易量不可能维持持久消费，与之相适应，零售贸易的频率就特别高。正由于零售贸易平均每笔交易量少，交易次数频繁，因此，零售商必须严格控制库存量。

（4）零售受消费者购买行为的影响比较大。零售贸易的对象是最终消费者，而消费者的购买行为具有多种类型，大多数消费者在购买商品时表现为无计划的冲动型或情绪型。面对这种随机性购买行为明显的消费，零售商欲达到扩大销售之目的，特别要注意激发消费者的购买欲望和需求兴趣。为此，零售商可以在备货、商品陈列、广告促销等方面下功夫，把生意做活、做大。

（5）零售大多在店内进行，网点规模大小不一，分布较广。由于消费者的广泛性、分散性、多样性、复杂性，为了满足广大消费者的需要，在一个地区，仅靠少数几个零售点是根本不行的。零售网点无论从规模还是布局上都必须以满足消费者需要为出发点，适应消费者购物、观光、浏览、休闲等多种需要。

（6）零售的经营品种丰富多彩、富有特色，消费者在购买商品时，往往要挑选，“货比三家”，以买到自己称心如意、物美价廉的商品。因此，零售贸易一定要有自己的经营特色，以吸引顾客，备货要充足，品种要丰富，花色、规格应齐全。

2．零售的职能

零售处于贸易运行的终点，具体体现着贸易运行的目标。零售贸易的特点，决定了它有下列功能：

（1）实现商品最终销售，满足消费者需要功能。产品在生产者手中或批发业者手中，只是一种观念上的使用价值，而不是可能被消费的现实的使用价值。产品只有进入消费领域才能成为现实的使用价值，在多数情况下，这需要通过零售贸易来实现。零售贸易直接面向消费者，通过商品销售，把商品送入消费者手中，最终实现商品价值和使用价值，不仅满足了社会生产和生活的各种具体需要，而且还为生产过程重新发动提供了价值补偿和实物更新的条件，把生产者创造的剩余价值由可能转为现实。

（2）服务消费，促进销售功能。消费者对商品和服务的需求是广泛的、多样的、复杂的，要满足这些需求，零售贸易不仅要提供丰富的商品以供选择，还需要围绕着商品销售提供各种服务，如信息服务、信用服务、售货服务和售后服务等，并以此为手段，扩大商品销售。在发达的市场经济条件下，零售的服务功能更为重要。

（3）反馈信息，促进生产功能。零售贸易直接面向消费者，能够及时、真实地反映消费的意见及市场商品供求价格变化情况，向生产者和批发业者提供市场信息，协助批发业者调整经营结构，促进生产者生产更多更好适销对路商品，满足消费者需求。

（4）刺激消费，指导消费功能。零售贸易中的商品陈列、广告宣传、现场操作、销售促进等，能唤起潜在的消费需求，培养人们新的爱好和需求，引导消费者的消费倾向、方式和时尚，为扩大再生产开拓更为广阔的市场，为消费水平的不断提高创造新的物质条件。

三、零售业的演变

零售业中的某些变化之所以能提升到重大变革的高度，是因为满足了以下三方面的条件：一是革新性，即这一变化应产生一种全新的零售经营方式、组织形式和管理方法，并取得支配地位；二是冲击性，即新的零售组织和经营方式将对旧组织和旧方式带来强烈的冲击，同时也影响着顾客购物方式的变化和厂商关系的调整；三是广延性，即这场变革不是转瞬即逝，而是扩展到一定的空间，延续到一定的时间。从这几个方面考察，西方零售业历史上曾出现过三次重大变革，目前正经历第四次变革。

（一）零售业的第一次革命：百货商店的诞生

现代意义的百货商店伴随着 18 世纪的工业革命而渐具雏形，到 19 世纪 50 年代初，由法国人阿里斯蒂德·布西哥创造的崭新的经营方式——百货商店正式诞生。在此之前，传统的零售经营方式是以肩挑小贩、摊贩、集市、自制自售、乡村杂货店等形式为特征的。世界上第一家百货店“邦·马尔谢”百货店于 1852 年在法国出现。它摆脱了小生产的经营方式，消除了零售店的许多缺陷，适应了当时经济发展的需要。在“邦·马尔谢”百货店，顾客可以毫无顾虑地、自由自在地进出商店；商品销售实行“明码标价”；陈列大量的商品，以便于顾客挑选；商品销售采取“薄利多销”的原则。

1. 百货商店产生的条件

当时的技术进步为百货店的发展创造了有利条件。第一，机器大生产带来了分销形式的变化，大批发商的出现为零售商店进货提供了保证，同时商品品种日益丰富，使百货商店能保证货源。第二，机器大生产使得标准化程度大大提高，使百货商店的明码标价售货成为可能。明码标价售货和现金交易节省了以往和顾客之间冗长的交涉和赊账杂务，把售货人员从繁杂的交易事务中解脱出来，为实现多品种、大数量售货提供了条件，促进了百货店的发展。第三，技术进步带来的产品标准便于顾客挑选比较，实现公平交易，自由买卖。正是技术进步和城市化的发展，使百货商店的发展步入黄金时代。

2. 百货商店的特征

1860—1920 年，是百货商店发展的黄金时期。西方经济学界把百货商店的出现称之为“零售业经营形式的第一次革命”。在这一时期，百货商店以崭新的姿态进入市场，逐步发展为大型零售业。百货店的优势具体体现在：拥有大面积营业场地，营业设施趋于完善；以经营日用百货为主，实行综合经营，组织管理系统化，按商品品种和部门组织进货和销售。其特征具体表现为：

（1）销售方式上的根本性变革。百货商店是世界商业史上第一个实行新型销售方法的现代大量型销售组织。其新型销售方法，概括起来就是：顾客可以毫无顾忌地、自由自在地进出商店；商品销售实行“明码标价”，商品都有价格标签，对任何顾客都以相同的价格出售；陈列出大量商品，以便于顾客任意挑选；顾客购买的商品，如果不满意时，可以退换。这些销售方式，在现在看来虽然是一件十分平常的事情，但它是随着百货商店的诞生及其对零售销售的变革而来的。百货商店对顾客讲信誉，买卖公平，实行保质、保量、保修、保换、保退五保服务制度，赢得了广大顾客的信任和好评。

（2）经营上的根本性变革。当时出现的百货商店最大的一个特点是，设有若干不同的商品部，这些商品就像是一个屋顶下的“商店群”，即把许多商品按商品类别分成部门，并由部门来负责组织进货和销售。而且，百货商店是主要以生活用品为中心，实行综合经营的大量销售组织。按不同商品和不同销售部门来经营，虽然每个部门的经营规模不大，但由于它是汇聚在一个经营体之中的，因而这种综合经营的规模比起之前的杂货店和专门店来说就十分庞大。因此，百货商店实行综合经营也是其适应大量生产和大量消费的根本性变革内容之一。

（3）组织管理上的根本性变革。传统的城市零售店和乡村杂货店，店主不仅亲自营业，而且自行负责人、钱、物的管理。与此根本性不同，百货商店由于同时经营若干系列的商品，企业规模庞大，因而其经营活动分化成相对独立的专业性部门，实行分工和合作；而管理工作则是分层进行的，企业定有统一的计划和组织管理原则，然后由若干职能管理部门分头执行。因此，百货商店是在一个资本的计划和统治下，按商品系列实行分部门、分层次组织和管理的。

【知识拓展】

世界上百货商店规模要求

德国要求销售面积超过3 000平方米；法国要求销售面积至少为2 500平方米；日本则要求销售面积至少为1 500平方米（大城市要超过3 000平方米）。中国百货商店依据规模大小分为三类：大型百货商店营业面积5 000～10 000平方米以上；中型百货商店营业面积1 000～2 000平方米；小型百货商店营业面积200平方米。

（二）零售业的第二次革命：超级市场的产生

1. 超级市场产生的背景

现在看来，超级市场的产生和发展有其历史的必然性，其产生背景是：

（1）经济危机是超级市场产生的导火索。20世纪30年代席卷全球的经济危机使得经济出现明显的下滑，居民购买力严重不足，零售商纷纷倒闭，生产大量萎缩，也使店铺租金大大降低，超级市场利用这些租金低廉的闲置建筑物，采取自助购物方式和薄利多销的经营方针，实现了低廉的售价，因而受到了当时被经济危机困扰的广大消费者欢迎。

（2）生活方式的变化促成了超级市场。第二次世界大战（以下简称“二战”）后，妇女的地位慢慢提高，越来越多的妇女参加了工作，人们生活、工作节奏加快，加上城市交通拥挤，原有零售商店的外围环境设施落后，比如停车场地得不到改善，许多消费者希望能到一家商场，停车一次，就购齐一周所需的食品和日用品，超级市场正是适应消费者的这种需求而产生的。

（3）技术进步为超级市场创造了条件。制冷设备的发展为超级市场储备各种生鲜食品提供了必要条件，包装技术的完善为超级市场中的顾客自选提供了极大的方便；而后来的电子技术在商业领域的推广运用，更是促进了超级市场利用电子设备提高售货机械化的程度。此外，冰箱和汽车在西方家庭中的普及使消费者的大量采购和远距离采购成为可能。

2. 超级市场的特征

超级市场标志着一场零售革命的爆发，其对零售业的革新和发展以及整个社会的变化带来了影响。它的特征表现如下。

（1）开架售货方式流行。开架售货尽管不是超级市场首创，但它却是因超级市场而发扬光大的，超级市场采用的自选购物方式，作为一个重要的竞争手段不仅冲击了原有的零售形态，而且影响了新型的零售业态，后来出现的折扣商店、货仓式商店、便利店等都采取了开架自选或完全的自我服务方式。

（2）人们购物时间大大节省。随着女性工作时间增多，闲暇时间减少，人们已不把购物当作休闲方式，要求购物更方便、更快捷，超级市场恰好满足了人们的这种新要求，将原本分散经营的各类商品集中到一起，大大节省了人们的购物时间，使人们能将有限的闲暇时间用于旅游、娱乐、健身等活动，创造了一种全新的现代生活方式。超级市场实施的统一结算和关联商品陈列，也大大节省了人们选购商品和结算的时间。

（3）舒适的购物环境。超级市场所营造的整齐、干净的舒适购物环境，取代了原先脏乱嘈杂的生鲜食品市场，使人们相信购买任何商品都能享受购物乐趣。

（4）促进了商品包装的变革。开架自选迫使厂商进行全新的商品包装设计，展开包装、标识等方面的竞争，出现了大中小包装齐全、装潢美观、标识突出的众多品牌，这也使商场显得更整齐、更美观，造就了良好的购物环境。

（三）零售业的第三次革命：连锁商店的出现

连锁商店是现代大工业发展的产物，是与大工业规模化的生产要求相适应的。其实质就是通过将社会化大生产的基本原理应用于流通领域，以达到提高协调运作能力和规模化经营效益的目的。

连锁店是指一个商业集团以同样的方式、同样的价格，在多处同样命名（店铺的装修甚至商品的陈列也都差不多）的店铺里，出售某一种（或某一类、某一品牌）商品，或提供某种服务的店铺。连锁商店是至少有在一家总店控制下的 10 家以上的经营相同业务的分店。连锁商店的特征表现在以下几个方面：

（1）标准化管理。在连锁商店中，各分店统一店名，使用统一的标识，进行统一的装修，在员工服饰、营业时间、广告宣传、商品价格方面均保持一致性，从而使连锁商店的整体形象标准化。

（2）专业化分工。连锁商店总部的职能是连锁，而店铺的职能是销售。表面上看，这与单体店没有太大的区别，实际上却有质的不同。总部的作用就是研究企业的经营技巧，并直接指导分店的经营，这就使分店摆脱了过去靠经验管理的影响，大大提高了企业管理水平。

（3）集中化进货。连锁总部集中进货，商品批量大，从厂家可以得到较低的进货价格，从而降低进货成本，取得价格竞争优势。由于各店铺是有组织的，因此，在进货上克服了盲目性，不需要过大的商品库存，就能保证销售需要，库存成本又得到降低。各店铺专门负责销售，就有更多的时间和手段组织推销，从而加速了商品周转。

（4）简单化作业。连锁商店的作业流程、工作岗位上的商业活动尽可能简单，以减少经验因素对经营的影响，由于连锁体系庞大，在各个环节的控制上都有一套特定的运作规程，要求精简不必要的过程，达到事半功倍的效果。

（四）零售业的第四次革命：无店铺销售

无店铺销售是指生产商和经销商不通过门店，而是通过邮购、互联网等途径直接向消费者提供商品和服务的销售方式，是继百货商店、超级市场之后的又一种新型零售业态。它与前几种比较有以下特征：

（1）销售不受时间、空间的限制。科学技术的进步，电子、通信、网络的产生，使人们的生活发生了巨大变化。消费者可以不受时间、空间的限制，足不出户，就可以享受到远程购物和跨国购物的便利（著名的电子商务网站淘宝网、易趣网等；渐渐流行起来的电视购物如快乐购、好易购、好享购等）。

（2）消费者消费观念的改变。职业妇女的增加，收入的提高，可支配时间的缩短，使人们更重视购物的便利性，在家购物的兴趣和需求与日俱增；随着教育的普及和资讯的发达，消费者创新意识增强，对新事物的接受程度增加，更乐于接受新的销售方式。

（3）配套法律体系的完善，保障了消费者的权利。由于信息的不对称，消费者在无店铺销售中易处于劣势，很多国家通过制定一些法律法规来维护消费者的合法权利。

（4）相关服务的发展。一些小型无店铺销售企业通过与第三方专业物流的合作，为消费者提供多种类型的物流增值服务，如立刻送货服务、24 小时送货服务、礼品送货服务等。有些大型无店铺销售企业建立自己的物流公司，实现“专货专送”，提高物品流转的速度，降低货物的库存。

四、现代零售业的发展趋势

（一）西方零售业的发展趋势

1. 连锁化与国际化经营

由于连锁经营能够充分发挥规模经济效应，从而降低零售企业的边际成本，因此广受零售企业的青睐，已经发展成为零售企业扩大经营的主要发展方向和必然趋势。无论是超市、购物中心，还是便利店、折扣店，都可以看到连锁经营的影子。在英国，连锁经营涵盖百货公司、高级超市、便利店和专卖店等各种不同业态，在整个零售业的市场份额中超过 1/3。随着零售企业规模的不断扩大，其国际化经营的步伐也日益加快，新兴国家和地区将成为大型零售企业扩张规模、开拓市场的重要争夺地。

2. 零售业态和技术不断创新

近年来西方发达国家零售业的创新业态主要是通过零售业与其他产业融合所产生的，如购物中心糅合了零售业、娱乐业和餐饮业等多种形态。更多的业态形式如家乐福的金融保险服务、沃尔玛的超市健康诊所等，早已超出了传统零售业的范围。零售业在外部发展的同时，也不断通过对内创新以获得新的增长动力，如应用新技术降低经营成本、引入新元素形成新业态、开展移动商务形成新的销售方式、实施绿色超市迎合新需求、进入非食品领域扩大销售内容等。而新技术的不断引进，如网络技术、数据库技术、移动技术等技术融合在一起，形成了新一代的信息系统和服务平台，使零售业向更加实时、便利、绿色的方向发展，促进了网络商店这种新业态的形成。

3. 行业集中度不断提高

零售业的竞争不断增强，西方发达国家的兼并浪潮此起彼伏。在零售业第一波变革时期，美国的单店经营在零售业中所占比重从 1963 年的 63%下降到 1977 年的 52%。与此同时，美国 100 个以上的大连锁店所占比重则从 15.8%上升到 26.9%。据统计，美国最大 4 家零售企业的销售额占全国最大 50 强零售总量的 40.34%。

（二）美国零售业的发展趋势

作为美国经济的晴雨表，占最终消费 70%的美国零售业在经历经济危机的影响之后迅速回暖，2010 年美国零售额超过 4 500 亿美元，比 2009 年增长 6.6%，零售业的强劲复苏，显示消费者信心增加，也反映出美国经济逐渐向好的趋势，到 2012 年连锁经营增加了 1.5%，这是自 2008 年以来增长的最大幅度，为适应经济形势和消费需求的变化，美国零售业近年来也呈现出一些新的特点：

1．百货业向专业化、高档化发展

金融、经济危机尽管对美国家庭收入和消费需求造成了沉重打击，零售业也一度成为“殃及池鱼”，但是，美国的零售业很有竞争和创新传统，特别是百货业，反而在调整中逆势而上，出现了值得关注的新趋势。

近年来，受到网络购物和大型超市横向扩张的冲击影响，百货商店在零售业中的地位下降，市场份额有所减少。但与此同时，百货商店开始由传统“大而全”的经营方式转而向专业化、高档化和精品化的方向转型。一方面缩小单店经营面积，注重店面装修和氛围，侧重于为顾客提供舒适的购物环境、温馨的购物氛围和高品质的专业服务；另一方面经营商品以品牌女装、高档男装、化妆品和珠宝首饰为主，与超市的大众化商品形成互补，并且选址也基本位于大型购物中心之中，与综合超市、品牌专门店、餐饮、休闲设施等混合在一起，为消费者提供一站式服务。

2．大型综合超市向差异化发展

大型综合超市在美国家庭生活中占有举足轻重的地位，几乎所有的商品都能够在超市买到，与百货商店相比，超市不仅价格低廉，而且能够提供种类繁多的生鲜食品，是日常生活必不可少的伙伴。传统上，美国的主要超市有沃尔玛、塔吉特、凯马特等，这些超市依靠极具竞争力的价格优势、高效的物流配送体系和先进的管理手段，成为遍布全美乃至扩张至海外的大型连锁超市，在零售业中占据了统治地位。但是在美国本土，在经济危机和反复竞争的市场环境下，还形成了一大批本地化综合超市，这些超市虽然总体规模不大，基本属于州级连锁企业，范围以本州或几个州的城市为主，但依据产业链优势，在激烈竞争中竟然形成了以生鲜食品为主打产品的鲜明特色，同时还扩展了各种相关食品和日用品的经营业务。其单店规模与沃尔玛相仿，但是各类产品品质较高，尤其是食品质量明显高于沃尔玛和Target。因此，其商品价格虽然比沃尔玛略高，但由于具有地方特色和生鲜品质的优势，在本地居民中仍有较好的口碑和较大的市场份额，在生鲜及食品领域绝不输给沃尔玛“天天低价”的低端产品供应模式。这说明，只要经营有实力、有特色，发展主打生鲜食品的连锁超市仍然有钱可赚，前景可观。

3．大型名牌产品工厂店购物广场遍布全国

经济危机强化了这种已有的销售模式。顾名思义，大型名牌产品工厂店购物广场（Outlets）主要是一些知名品牌的工厂店集中在此打折销售过季商品，价格较低，也有新款商品售卖，但价格基本没有折扣。这类购物中心一般位于距离城市较远的高速公路附近，面积大约为一般购物中心的 2～4 倍，一般为一层庭院式环廊设计，每个品牌为一家独立店面，商品以服装鞋帽、首饰、化妆品为主，也有巧克力和特色食品直营店，同时附有娱乐休闲设施，供顾客休憩，整体环境较好，并且拥有超大停车场，以及明显的路标指示标志，方便顾客前往。其最大的优势是名牌商品云集，同时价格低廉、销售环节简洁。特别是在经济不景气的大环境下，这类购物中心通过低廉的价格销售名牌过季或非新款商品，既满足了顾客追求和信赖名牌品质的心理，同时也提高了生产厂家的库存周转率，是美国目前受到厂家和消费者普遍欢迎的销售模式。这类购物中心也属于大型连锁企业，在全美范围内根据不同地域和消费人

群的购买力，设立不同规模和不同品牌档次的工厂店购物中心，一般每个州或大城市分布有一两家工厂店购物中心，目前这类大型名牌产品工厂店购物广场已拓展至中国北京、日本东京、法国巴黎、澳大利亚墨尔本等多个世界著名城市，属于处在上升期的销售模式。

4. 自有品牌产品所占比重上升

经济危机强化了商家的自主品牌意识和对生产商的影响力。自有品牌是零售商为抗衡生产商的品牌商品而委托生产的零售商自主拥有的品牌商品，其特点是价格低、品质较好，并且能够最大限度满足消费者需求。自有品牌最早出现在 20 世纪 80 年代欧美国家中，在 90 年代得到消费者认可并逐渐在零售业市场占有一席之地，目前在欧美的大型超市和百货商店几乎都有自有品牌商品，它已经成为零售市场的重要组成部分。而自有品牌的开发通常以商业企业自有资金的实力和买断经营为基础。

【知识拓展】

“自有品牌最早出现在20世纪80年代欧美国家中，在90年代得到消费者认可并逐渐在零售业市场占有一席之地，目前在欧美的大型超市和百货商店几乎都有自有品牌商品，已经成为零售市场的重要组成部分。”

20 世纪 90 年代金融危机以来，由于消费低迷，具有价格优势的自有品牌商品成为许多消费者的首选，其市场占有率不断上升，像沃尔玛的自有品牌“Great Value”系列商品，已占到总销售收入的 50%以上。一般来讲，自有品牌商品都是制造商根据零售商的具体要求来生产的，包括选料、包装、生产工艺和质量控制都有严格标准，与专业品牌相比质量稳定可靠，虽然市场认知度低于专业品牌，但是因为价格优势，加上零售商抓住机会，在金融危机期间加大宣传和促销力度，并且不断推出新商品，使自有品牌商品的市场占有率不断上升。目前美国超市中 40%以上的商品为自有品牌，商品包装简洁，质量可靠，价格低廉，成为很多家庭主妇的首选。

（三）日本零售业的发展

日本是亚洲现代意义上百货店的发祥地和成熟地。百货店作为现代城市文明的象征之一，在完善城市功能，营造良好商务环境，促进综合消费方面起着重要的作用。

1. 日本百货店的由来

日本百货店起源可以追溯至 1904 年三越百货店发表的《百货店宣言》。1914 年，三越百货店正式在东京都内开张，标志着实体形态百货店的诞生。三越百货店开在一幢颇具文艺复兴风格的建筑内，配备了自动扶梯等当时最先进的现代化设备，并设置了“音乐堂”等文化和娱乐设施。

【小资料】

三越百货店转向现代意义上百货店的直接背景是，明治维新后随着工业化、城市化发展，城市人口增加，城市富裕阶层需求不断上升，商业设施供给却明显滞后；原有销售方式落后，店员与顾客席地而坐交易谈判的“座卖型”销售方式已经过时，从巴黎传入的可挑选商品的

"陈列式"销售方式方兴未艾；当时众多百货店由于主要顾主——高级武士阶层的衰落而经营困难。三越百货店当时主要向欧洲百货店特别是英国哈罗兹（Harrods）百货店学习经营经验，以此为基础结合日本传统文化和民众的消费习惯，逐渐形成了自己的经营特色。近一个世纪以来，日本百货店基本保持着这些经典百货店的核心元素：

重视店铺豪华风格。三越百货店最早的经营者从伦敦哈罗兹那里了解到店铺豪华是"为了给顾客以充实感"，归国后便开始着手创造走在时代前沿和亚洲领先的豪华型百货店。尽管"豪华"和"引领时尚"的概念因时代而异，但豪华店铺体现出时尚至今仍是日本百货店经营的必备元素。

重视诚信和服务。三越百货店经营之初，就确立了"士魂商才"的经营理念，并根据这一理念，要求员工以"十二分热忱接待顾客"。随着时间的推移，百货店重诚信的准则一直发挥着重要作用，日本百货店赢得顾客信赖度普遍高于其他零售店。

重视文化事业。三越百货店发展初期就十分重视文化，将文化事业确立为新的事业内容。1909年三越百货店利用店铺旁的空地举办了"儿童博览会"，受到了广泛的欢迎。接着三越百货店又开展了"百货店为培育儿童作贡献"活动，对后来的日本儿童文化、家庭文化以及企业回报社会的方式等产生了极大的影响。同时，这一活动也促使百货店确立了以家庭单位为主要目标顾客群的定位。

重视广告宣传。三越百货店在创业之初就在报纸等媒体上刊载《百货店宣言》，此后还积极引入了欧美百货店目录销售的方式，以积极的广告宣传扩大销售规模。

重视激励员工。三越百货店管理层认为公司员工的需要如果得不到满足，那么他们在接待客人时就没有动力去提升服务质量。因此，三越百货店从创业开始即建立了在当时极为罕见的人事管理制度：员工持股制度；按能力定薪制度；净收益30%的奖金制度。这些制度一直沿用至今，日本百货店的员工普遍享受良好待遇，这也是日本百货店员工素质和服务质量较高的关键因素。

2. 日本百货店的发展

（1）成长初期。1910—1920年这段时期，由于明治维新实行开国政策，工业化和自由贸易带来经济繁荣，城市化推进增加了城市人口，具有较强购买力的富裕阶层不断增加，推动了日本百货店快速成长，此外电车和铁路等交通工具的快速发展以及建筑技术的进步也为日本百货店开辟了新的发展空间。

（2）发展抑制期。1929年美国爆发了经济危机，远在大洋彼岸的日本也未能幸免，经济发展受到巨大冲击，加上关东大地震等原因，日本经济陷入低迷。大城市的中小型零售业者将严峻的经营环境归咎于百货店的发展，结成商业行会团体，联合展开反对百货店运动，迫使百货店成立行业协会进行自我约束，同时日本政府出台了管制百货店的《百货店法（1937年）》，旨在制约百货店的扩张，确保中小零售业者利益。日本百货店的发展抑制期一直持续到二战后才结束。

（3）高速成长期。二战以后，在美国占领军主导的新宪法体制下，《百货店法（1937年）》被《禁止垄断法》所取代，百货店继续受到管制。进入20世纪50年代后，日本经济开始复苏，生产和消费开始回升，日本各大百货店一方面进一步扩充商店面积，另一方面将服务对象从战前的高收入阶层扩大到了一般平民。20 世纪 60 年代是日本经济高速增长、国民收入迅速增加、大众消费社会开始起步的时期。消费迅速增长为日本包括百货店在内的零售业带来了巨大的商机。百货店开始进入高速成长期。到了 20 世纪 70 年代，伴随经济的腾飞，日本的百货店继续维持高速发展成长，主要特征是百货店销售额的增长率高于零售业整体的增长率，这一现象一直持续到 1998 年才结束。同时日本综合超市在这一时期也得到了快速发展。

（4）调整发展期。20 世纪 80 年代，日本六大城市的地价指数上涨了约 5 倍，土地单价为美国的 100 倍，地产泡沫膨胀，但是 1991 年后经济泡沫破灭，各类资产价格暴跌，经济进入长期萧条。在这样的背景下，百货店业销售额从 1991 年达到顶峰的 9.7 兆日元以后，2004 年降到 7.8 兆日元。减幅最大的是百货店内服装类商品，约占 45%。2006 年经济开始复苏，到 2013 年全国百货店总销售额（店铺总数未经调整）按年增长 1.2%，为近 16 年以来首次高于按年水平。

3. 日本百货店的发展趋势

（1）大型化竞争激烈。从目前日本国内情况看，国内消费市场仍处在复苏阶段，整个日本百货店行业市场竞争日趋激烈，经营业绩波动较大。据统计，2006 年日本百货店年销售额约 78 万亿日元。到 2010 年后，日本百货店出现了新一轮大型化扩张趋势：年销售额在 1 万亿日元以上的大型百货店集团有 4 家，对市场和顾客的争夺将日趋激烈。

城市间百货业市场的竞争愈演愈烈，导致百货店越来越集中到大型城市。许多百货企业加大对大城市内重点店铺的投资力度，发挥大型店铺在客流、进货渠道、销售效率等方面的优势，充分发挥规模效应。

（2）行业整合加速。日本百货店经过长达 10 多年的萧条低迷，目前已开始探索通过并购重组来加快行业整合，以大型集团化企业来应对市场竞争。从 2007 年 5 月起，日本废除了对三角合并的限制，即允许外国资本通过它的日本子公司，以“换股”方式来收购日本企业。这样一来，日本百货店可以积极寻求合并以实现规模经济和整合效应，因此合并和重组活动日趋活跃。

（3）积极进行经营革新。随着购物中心的发展，百货店在日本零售业总销售额中的比重正在下滑，而购物中心的比重却稳步增加。以大型综合超市为主力店的购物中心，既对城市商店街发展冲击较大，同时也动摇了城市商业街百货店经营的根基。

为此日本百货店积极应对以综合超市为主力店铺的购物中心的挑战，调整发展战略，谋求自身的发展，积极进行经营革新。这些经营革新大体包括以下三个方面：

1）编制长期经营战略和投资计划。百货店既要考虑眼前利益，更要有长期经营战略。近年来，部分日本百货店开始注重制定长期经营战略和投资计划。例如，在经济低迷期仍顺利实现销售额增长的松板屋制定并实施了平衡型长短期战略，一方面基于长期投资战略，对化妆品专柜进行装修，以招揽新顾客为目的提升百货店形象，同时，作为短期战略，强化提升面向 50 岁以上顾客群的生鲜卖场。

2）形成反映顾客需求的机制。成功的百货店需要形成一个能够及时有效了解消费者需求的机制，从顾客需求出发布局卖场和提供服务。因良好业绩广受好评的伊势丹，为了及时将顾客的声音反映在商品和服务上，专门有员工带着顾客意见表穿梭于卖场里，以根据顾客的需求来改进卖场。同时它将顾客投诉理解为顾客需求的重要组成部分，视其为经营革新的重要信息反馈来源。

3）着力提高谈判能力。无论是出租的个性化品牌专柜，还是自营的一般专柜，百货店都必须具备较强的谈判能力。强大的销售规模是谈判的基础，但是百货店经营的是个性化、小批量商品。因此，一些大城市内大型百货店以大商圈和多店铺为条件来提高谈判地位。而地方中小型百货店则通过多个中小型百货店组成联合采购，以联合共同采购模式来提高谈判能力。

五、零售组织演化规律理论

1．零售轮转理论

零售轮转理论又被称作“车轮理论”，是美国哈佛商学院零售专家M. 麦克尔教授提出的。他认为，零售组织变革有着一个周期性的像一个旋转的车轮一样的发展趋势。新的零售组织最初都采取低成本、低毛利、低价格的经营政策。当它取得成功时，必然会引起他人效仿，结果，激烈的竞争促使其不得不采取价格以外的竞争策略，诸如增加服务、改善店内环境，这势必增加费用支出，使之转化为高费用、高价格、高毛利的零售组织。与此同时，又会有新的革新者以低成本、低毛利、低价格为特色的零售组织开始问世，于是轮子又重新转动。超级市场、折扣商店、仓储式商店都是沿着这一规律发展起来的。

2．手风琴理论

手风琴理论早在1943年就有人提出了，1960年又有人对其完善。它是用拉手风琴时风囊的宽窄变化来形容零售组织变化的产品线特征，手风琴在演奏时不断地被张开和合起，零售组织的经营范围与此相似地发生变化，即从综合到专业，再从专业到综合，如此循环往复，一直继续下去。拉尔夫·豪尔说：“在整个零售业发展历史中（事实上，所有行业都如此），似乎具有主导地位的经营方法存在着交替现象。一方面是向单个商号经营商品的专业化发展，另一方面是从这一专业化向单个商号经营商品的多元化发展。”根据这一理论，美国等西方国家零售业大致经历了五个时期：一是杂货店时期；二是专业店时期；三是百货店时期；四是超市、便利店时期；五是购物中心时期。

3．自然淘汰理论

这一理论的具体内容是：零售组织的发展变化必须与社会经济环境相适应，诸如生产结构、技术革新、消费增长及竞争态势等。越是能适应这些环境变化，越是能生存至永远。否则将会自然地被淘汰或走向衰落。适者生存的思想，是公认的真理。对于某种零售组织来说，总是产生在一个与其环境相适应的时代，但环境不是僵化不变的。当环境变化时，零售组织就极有可能与之不协调。因此，任何一种零售组织都难以永远辉煌。要生存和发展，就必须不断进行自我调整，适应变化的环境。当然，调整也不是无限的，当调整冲破了原有零售组织的局限，就表明这一类型组织将消亡。

4．辩证过程理论

零售业的辩证过程理论基于黑格尔的辩证法。就零售业来说，辩证模型是指各零售组织面对对手的竞争相互学习并趋于相同。因此，一个企业遇到具有差别优势的竞争者的挑战时，将会采取某些战略和战术以获取这一优势，从而消除了创新者的部分吸引力，而同时，这些革新者也不是保持不变。更确切地说，这些革新者总是倾向于按其否定的企业的情况改进或修正产品和设施。这种相互学习的结果，是两个零售企业逐渐在产品、设施、辅助服务和价格方面趋向一致。它们因此变得没有差别，至少是非常相似，变成一种新的零售企业，即合体。这种新的企业会受到新的竞争者的“否定”，辩证过程又重新开始。辩证过程理论带有普遍性，它揭示了零售组织发展变化的一般规律，即从肯定到否定，再到否定之否定的变化过程。但是，这一规律描述得过于抽象，并把程度不同的变化等同起来。实际上，不少正、反、合的变化并没有引起组织形式的更替，只是各种零售组织自身进行了反向调整。

5. 生命周期理论

零售组织像生物一样，有它自己的生命周期。随着时代的发展，每一种零售组织都将经历创新期、发展期、成熟期、衰退期四个阶段。这一理论分析了各种零售组织从产生到成熟的间隔期，并对各个阶段零售组织的特点做了描述，提出了处于不同阶段的各零售组织可采取的相应策略，包括投资增长和风险决策方面、中心业务管理方面、管理控制技术的运用方面和最佳的管理作用方面等。

6. 商品攀升理论

与手风琴理论有些类似，商品攀升理论也是从零售组织的产品线角度解释其发展变化的。不过，商品攀升理论说明的是零售组织不断增加其商品组合宽度的规律，当零售组织增加相互不关联的或与公司原业务范围无关的商品和服务时，即发生了商品攀升。例如，一家鞋店原先经营的品种主要有皮鞋、运动鞋、拖鞋、短袜、鞋油等商品，经过一段时间的发展，其经营的商品种类越来越多，又增加了诸如手袋、皮带、伞、帽子、毛衣、手套等商品，这就是攀升了的商品组合。

第二节　我国零售业的发展

零售作为商品从流通领域进入到消费领域的最后一道环节，有其自身的内涵、特点和功能。

一、我国零售业的发展历程

根据我国 2001 年 8 月推出的《零售业态分类规范意见》，零售业态是指零售企业为满足不同的消费需求而形成的不同的经营形态。业态的分类主要依据零售业的选址、规模、目标顾客、商品结构、店堂设施、经营方式、服务功能等确定。目前，我国零售业的主要业态有百货店、超级市场、大型综合超市、便利店、仓储式商场、专业店、专卖店、购物中心等。中国零售业的发展，如果以业态的发展为标志，可以划分为两个阶段：20 世纪 90 年代以前以国有大型百货业态为主体的单一业态阶段；1992 年尤其是 1996 年以来以连锁超市为主体的多业态并存的阶段。

1. 大型百货业态为主体的单一业态阶段

从 1978 年中共十一届三中全会召开到 20 世纪 80 年代中期，是中国经济体制改革的起步阶段，这时，大型商业零售业还没有成为我国流通规模扩张的主导型商业形态。1984 年 10 月，中共十二届三中全会以后，以城市为重点的经济体制改革全面展开，全国形成了兴建大型商厦的热潮。不仅商业系统，许多国营单位、地方政府以及各行业部门也纷纷立项上马，仅从 1986 年到 1990 年，我国新建的大型零售商场就相当于前 35 年建设的总和。到了 20 世纪 90 年代初期，大型商场的发展速度更是惊人。

2. 以连锁超市为主体的多业态并存的阶段

大约在 20 世纪 80 年代中后期，超市在我国出现，其原始形态是大中型百货商场设立的自选商场或自选柜台以及城市小商品批发市场里的自选摊位。从其产生到 90 年代中期的一段时间里，超市在城市零售市场里并未占有什么重要地位。然而自 20 世纪 90 年代后期尤其是近几年来，大中型连锁超市企业的销售规模逐年递增，销售增长明显高于社会商品零售总额的增长与传统百货商店的增长。

二、我国零售业的发展特征

随着改革开放的深入进行，向市场经济转变的步伐加快，各种新的零售业态形式相继在我国登场，形成了各业态竞争的局面。原有的业态形式，如百货店、专业店不断向规范化发展；食品超市、大型综合超市、方便连锁店、专卖店等新的业态也迅速成长起来。如今，仓储商场、廉价商店，以及邮购、电视购物、网上购物等无店铺零售形式，也相继问世。这些零售业态在产生和发展过程中呈现出了极强的中国特色。

1. 新业态进入的同时性

发达国家的新业态是依次进入市场的。19 世纪以前是一般零售店铺的时代；1852 年出现了百货店，到 20 世纪初期居于主导地位；1930 年出现了世界上第一家传统超市，到 50 年代便风行世界；20 世纪 50 年代初出现了折扣商店；60 年代出现了方便店；70 年代出现了购物中心等。近三四十年，新的业态形式相继出现，百货店——超级市场——采取连锁经营的业态店——无人售货方式等，每一种新兴业态的出现，都有一个时间间隔，每种业态形式都是随着时间的推移，依次进入市场的。然而，我国零售业新兴业态并不是依次进入市场的，而是几乎同一时期进入的。我国从建国初期至 20 世纪 90 年代，百货店一直是主要的业态形式，超级市场、便利店、购物中心等新业态几乎都是在 20 世纪 90 年代出现的。90 年代以来，伴随着超级市场的率先进入，连锁经营方式也一同引进，之后是便利店随着外资的进入而出现。近几年，大型综合超市、仓储超市、专卖店、购物中心以及无店铺零售等业态形式相继出现，并且都显示出了强大的生命力。这就在经营范围上形成了专业化与综合化并存的局面。

2. 零售业从劳动密集型转变为资金、技术和知识密集型的现代商业

从我国零售业态的演变看，百货店逐步发展以分部门经营、提供多样化的服务项目和备货的齐全性，满足了消费者在一地购买到多样化商品的需求，具有较高的服务水平竞争优势；超级市场以自我服务来降低劳务费用、以大量进货和共同配送降低进货管理成本，再加上现代化的库存管理技术，使其形成了“廉价”的竞争优势；便利店以及加盟连锁逐渐拥有了高

效的配送系统以及现代化的信息反馈系统，拥有“方便、快捷”的竞争优势等。总之，各种新兴零售业态都是依靠自己的技术创新优势发展起来的，进而发展成为一定历史时期和经济发展阶段的主导业态。

传统零售店与现代百货店的对比表如表 1-1 所示。

表 1-1 传统零售店与现代百货店的对比表

项　　目	传统零售店	现代百货店
店铺	店铺小、设备简陋	店面宽敞、环境好
商品组合	商品单调、以日用品为主	品类齐全
交易方式	顾客在柜台外购买	顾客可以自由进出
价格	可以讨价还价、易货或赊销	明码标价、现金交易
服务	商品质量缺乏保证	可以进行退换货
组织管理	店主一人管理人、财、物	部门经营、统一管理

3．业态形式与经营上不够规范

我国新兴的零售业态形式几乎都存在着不规范的问题。超级市场只注重自我服务方式革新的一面，主要是针对支付能力强、生活水平高的消费者力；传统的国有百货店仍以满足大众消费者的需求为主，而与规范化的百货店业态相距甚远；我国至今还没有产生本土化的真正意义上的方便店，仅存在散布在各地的便民店，它在目标顾客、备货、店铺选址和服务时间、价格策略上几乎都与超级市场相同，基本上不具备规范化的方便店的业态特征，且在建筑上不统一，服务项目少，营业时间短，成本较高，缺少集中配送等；采取连锁经营的业态店只是实行了统一的店名、店貌，而做不到统一采购、统一管理、统一配送和统一核算。

4．现代主导业态快速发展

百货店、大卖场、专业（卖）店、超市、家电中心、便利店、购物中心、专营店等零售业态，成为我国大型零售企业发展的主流零售业态。这些零售业态通过直营或自愿连锁等经营方式，市场覆盖率迅速增长，市场定位明确，规模化与网络化优势明显，核心能力突出。

5．零售市场持续增长

随着我国零售市场快速发展，社会消费品零售额年增长速度均明显高于同期我国 GDP 的增长率。零售市场在拉动内需、扩大消费、推动经济增长，促进上游生产企业实现规模化和产业化、扩大就业等方面发挥着日益重要的作用。

综上所述，当前零售市场的新特征、新变化具有内在相关性。它一方面反映出在中国经济高速成长过程中，流通乃至销售终端对整个经济的影响作用不断增大；另一方面反映出，越是竞争激烈，大型乃至超大型企业便越发产生出来；此外，在博弈互动的市场环境中，政府的市场监管职能必然强化，以便充分满足市场经济发展的客观需求。

三、中国零售业变革的动因

对于中国这场正在进行的深入而广泛的零售变革，目前有三种说法解释其背后引发的原因和原动力。

第一种说法是零售业的变革源于技术进步力量的推动。近代以来，西方零售业的发展经历了三次重大变革，并在信息技术的催化下正在酝酿第四次重大变革，如今西方国家发达的现代零售业就是这几次零售革命的必然结果。近代零售业的多次变革，每一次都能找到技术力量推动的影子，它是伴随着同期技术革命所引发的产业革命而诞生的孪生兄弟。尤其是信息时代，网络技术在社会、经济各个领域的广泛运用，电子商务的兴起，迫使传统零售企业从管理观念、管理模式、组织结构和作业流程都将发生相应变革。而在中国，引发前三次零售革命的技术条件均已成熟，网络技术也已逐渐渗透到社会经济生活的各个角落，因而中国零售业变革是大势所趋。与西方发达国家不同的是，中国零售业是多项变革同时进行，而不是呈阶段性发展，这就导致这场变革的复杂性和急剧性。

第二种说法是零售业外部市场环境变化导致零售业内部作出相应调整。根据“零售组织进化论”的“适者生存”观点：零售企业必须同社会经济环境的变化相适应，才能继续存在和发展，否则就将不可避免地被淘汰。经过多年的经济体制改革，中国市场环境已经发生了根本性的变化，在从卖方市场向买方市场转化过程中，消费者逐渐成为控制市场的主导力量，信息技术的发展使得消费者的个性化和多样化需求得到充分满足，如果零售商不相应调整经营方式，则制造商极有可能越过中间商直接向消费者提供商品和服务；同时，跨国零售集团的进入，以更先进的管理方式提供更优质的顾客服务，使中国零售竞争在更高平台上展开，这些都迫使中国零售商为赢得生存空间而进行全方位的变革与创新。

第三种说法是经济发展进程中零售业自身发展规律所引发的内部结构调整。从近代西方发达国家零售业发展路径来看，零售业有着自身的发展规律，如西方学者总结的“零售轮转理论”“手风琴理论”“辩证过程理论”和“生命周期理论”等，都从不同角度阐释了零售业发展演变规律，说明商品流通系统通过自身的发展变革，能够在大量生产与多样化消费之间，通过创造新的组织形式，充分发挥协调生产与消费的功能。在中国经济高速发展时期，零售组织的自我更新引起零售业的嬗变，西方新型组织形式和经营方式的引入促进了零售业内部进行着质的变化。

四、我国零售业的发展趋势

1. 高质平价商品市场将快速发展

根据我国第六次人口普查数据，2010 年同 2000 年相比，我国城镇人口比重上升了 13.46 个百分点，城镇化率以年均 1.34 个百分点的速度推进。这些城镇新增人口已经形成了一定的品牌消费意识，对于高质平价的商品有着很大需求；目前我国品牌商品尤其是服装等定价普遍偏高，而城市中尤其是广大的三、四线城市中仍以中低收入消费群体为主；在连续几年高物价的环境下，我国呈现出明显的消费下移趋势，一些高品质、价格合理的品牌商品已经受到广泛青睐。因此未来几年高品质平价商品市场将在我国快速发展。

2. 专业化零售渠道将快速发展

目前，我国百货、超市等业态的同质化较严重，竞争激烈，这将推动零售企业向专业（卖）店发展。随着我国人民生活水平的提高，个性化、特色化、专业化、方便化需求快速上升，为专业（卖）店的发展创造了巨大的发展空间。近年来服装（ZARA、H&M、UNIQLO）、家电、家具等专业（卖）店的快速发展，已展现出市场发展方向。目前越来越多的百货店和购物中心希望通过与知名专业（卖）店合作提高经济效益。因此，专业化零售渠道在我国将快速发展。

3．本土企业将继续扩大区域领先优势

在经济和消费增长减缓的环境下，本土企业继续扩大区域优势，利用品牌效应扩大服务范围和服务内容。目前在河北、吉林、湖北、重庆等地已经涌现出一批本土强势零售企业。同时一批企业已经开始尝试向买断、扩大自营比重、扩大自有品牌等方面转变，更加注重服务、环境、功能配套，以提高市场竞争力。

4．百货业态将面临新的调整与转型

由于近年来我国百货零售企业传统联营、收取进场费的经营发展模式对企业发展造成负面影响，如零供矛盾突出、零售企业功能异化、引导消费和创新消费能力弱化、自身品牌形象难以提升、企业诚信度不高等，制约企业进一步快速发展，因此，大型零售企业亟须转型。转型方向主要是：更多地与知名品牌专业（卖）店进行合作；加快对时尚的反应速度；将实体店与网上购物相结合，充分发挥网络和实体店优势；建立买手队伍，提高自营比例。

5．社区商业将快速发展

近年来，我国城市建设快速发展，城镇化水平持续提高，与此形成鲜明对照的是社区商业发展落后，居民社区消费不方便的问题十分突出。政府以及商业主管部门对此非常重视，近年来一直在积极推动社区商业的发展。社区商业的快速发展可以缓解城市交通压力。

6．网上销售保持快速增长，与实体店差距逐步缩小

第一，网上销售在很大程度上缓解了高物价给消费者购物带来的压力，高物价和消费下移带动了网上购物的快速增长；第二，实体店通过网上订货店中当天取货、网上订货店中现金付款、实体店中缺货网上订货等方式将实体店与网店优势相结合，提高市场竞争力；第三，随着市场监管的加强，网上销售的商品越来越多的是正牌商品，价格相应提高，网上销售的商品价格与实体店的差距缩小。第四，随着基数扩大，市场进一步规范、税收政策完善、与实体店价格差距缩小，在经济、消费增长速度减慢的环境下，网上销售发展增速将逐步减慢。

本章小结

零售是指以分散、零星的形式把商品或随商品提供的服务直接出售给最终消费者的销售活动。零售业是以向最终消费者提供所需商品和服务为主的行业，随着生产发展和需求的增长，零售企业为满足不同的消费需求，按照一定的战略目标，有选择地运用商品经营结构、店铺位置、店铺规模、店铺形态、价格政策、销售方式、销售服务等经营手段，提供销售和服务的类型化服务，这样就形成了零售业态。本章主要从零售业的基本概念入手，讲述了零售的职能和特点、零售业大的分类和零售业的演变过程以及我国零售业的发展历程和发展前景。

同 步 测 试

基础训练

一、选择题

1. 零售机构中数量所占比例最高的是（　　）。
   A. 直营连锁商店　　B. 特许连锁商店
   C. 独立商店　　D. 消费者合作社

2. 零售商经营多个属于同一所有者的相同商号的商店，构成一个整体的单一的经营企业，是指（　）。
   A. 特许连锁商店　　B. 直营连锁商店
   C. 自愿连锁商店　　D. 独立商店

3. 商店所有者在经过授权的情况下，使用他人的品牌和经营模式，并在合同约定的同一经营体系下从事零售活动的商店，是指（　）。
   A. 特许连锁商店　　B. 直营连锁商店
   C. 自愿连锁商店　　D. 独立商店

4. 下列关于零售组织演化规律理论的说法正确的是（　）。
   A. 零售轮转理论说明了零售组织存在从高价格、高毛利向低价格、低毛利转化的规律
   B. 杂货店向专业店再向百货店转化的现象说明零售组织从专业化向综合化再向专业化转化的规律
   C. 商品攀升理论从零售组织的产品线角度解释其发展规律
   D. 手风琴理论是一个循环往复的过程

二、多选题

1. 零售业具有下列功能：（　　）。
   A. 服务功能　　B. 商品储运功能　　C. 信息传递功能　　D. 融资功能
   E. 娱乐休闲功能

2. 我国零售业的发展将会发生以下变化：（　　）。
   A. 规模化　　B. 信息化　　C. 品牌化　　D. 集团化
   E. 国际化

3. 百货店的类型主要有：（　　）。
   A. 方便百货店　　B. 高档百货店　　C. 时尚百货店　　D. 生活百货店
   E. 折扣百货店

4. 零售业体验营销策略可以归纳为：（　　）。
   A. 感官式策略　　B. 刺激式策略　　C. 跳跃式策略　　D. 情感式策略
   E. 思考式策略

5. 超市的发展趋势是：(　　)。
A. 市场定位统一化　B. 自有品牌系列化
C. 生鲜食品主打化　D. 投资主体单一化
E. 物流配送集中化
6. 大型购物中心选址须考虑的因素：(　　)。
A. 竞争指标　B. 经济指标　C. 人口指标　D. 交通指标
E. 地块指标
7. 商圈的特性表现在以下几个方面：(　　)。
A. 层次性　B. 重叠性　C. 不规则性　D. 动态性
E. 成长性

三、判断题

1. 零售是向最终消费者提供生活消费品和服务，以供其最终消费之用的全部活动。
2. 零售业是一个低技术门槛的行业，零售经营不需要高端技术和先进理念的支持。
3. 零售业是一个国家最古老的行业之一，所以它是一个国家最重要的行业。
4. 商品攀升现象的盛行说明不同类型零售商之间的竞争加剧。
5. 网络购物的兴起将令传统的有店铺的商业消亡。
6. 根据近几年的统计数据来看，中国的百货商店正在从成熟期走向衰落期。
7. 零售业态与零售业种实际上是同一个概念，只是表述的角度不同而已。
8. 零售企业运用促销手段其目的就是希望达到立竿见影的业绩增长效果。
9. 零售业态是在零售业种上发展起来的一个现代概念，与零售业种没有本质的区别。

四、简答题

1. 什么是零售、零售业？
2. 简述零售业的四次革命。
3. 简述零售业的功能和特征。
4. 简述我国零售业的特征。

五、论述题

结合实际谈谈我国零售业的发展趋势。

实训项目

把班级分成若干组，对自己所在城市的零售业发展情况进行调查，写一篇2 000字左右的调查报告。

案例分析

广百集团的发展战略

广州百货企业集团是广州市国有百货业改革重组时形成的两大零售商业“旗舰”之一。目前的广州百货企业集团有限公司是以广百股份有限公司为核心包括200多家商贸企业在内的一家大型国有商业集团公司，其业务涉及百货零售、超市零售、批发代理、仓储运输、汽车贸易等。在新形势下，随着外来商业资本的进入，商业竞争日益加剧，消费需求不断更新，新型零售业态纷纷涌现，城市商业中心多极化，以及传统百货这一零售业态步入调整期，广百集团面临严峻的挑战，迫切需要整合现有资源，调整业务方向，寻求新的发展空间和利润增长点，重新打造广百形象。

目前，广百集团拥有的主要优势是：广百大厦和新大新公司是全国知名的百货店品牌；一批专业店品牌，如亨得利、李锦记、妇儿商店、文化用品商店等是广州传统商业领域的知名品牌；百货零售营业网点已基本覆盖广州市主要商业区；长期以来在零售业领域积累了丰富的经营管理经验。但广百集团也存在许多劣势，如改革包袱沉重，业态过于多元化，主业不突出，经营成本较高等。

根据广州市目前零售业的发展状况来看，百货商店经营普遍艰难；大型综合超市发展势头迅猛，广受欢迎；标准超市正在兴起；便利店刚刚起步，未来前景看好，专业大店尚在摸索之中。鉴于此，广百集团将引入目前普遍看好的大型综合超市和便利店为新的主要发展业态。

问题：

（1）广百集团目前确定的发展战略是否合适？

（2）你认为其发展重点应主要集中在哪些业态上，为什么？

第二章　连锁经营概述

学习目标

知识目标：

- 了解连锁经营的产生和发展
- 掌握连锁经营的实质与特征
- 掌握连锁经营的各种类型
- 了解我国连锁业的业态分布

能力目标：

- 了解连锁经营的产生和发展
- 熟悉连锁经营的本质特征
- 了解连锁经营的各种类型
- 了解连锁业的业态分布类型

【案例导入】

肯德基——世界餐饮巨头

肯德基是世界最大的炸鸡快餐连锁企业，在世界各地拥有多家餐厅。这些餐厅遍及多个国家或地区，从中国的长城直至巴黎繁华的闹市区，在风景如画的索非亚市中心以及阳光明媚的波多黎各，都可见到肯德基标识的快餐厅。每天有1 000多万顾客在世界各肯德基餐厅品尝着由山德士上校近半个世纪前开创的肯德基原味鸡，它是由11种神秘配方裹粉烹炸而成。顾客还可在世界各地的肯德基餐厅内品尝到近400多种其他食品，如科威特的鸡肉饼和日本的鲑鱼三明治。

肯德基于1987年进入具有悠久饮食文化的古都北京，从而开始了它在这个拥有世界最多人口的国家的发展史。1987年11月12日，肯德基在中国的第一家餐厅在北京繁华地带前门正式开业。以此为起点，肯德基开始摸索、学习中国市场，逐步打造具有中国特色的管理模式。1992年，中国肯德基餐厅总数为10家；到1995年，发展到71家。1996年6月25日，肯德基在中国的第100家店在北京挂牌营业。这是一个里程碑，标志着肯德基在中国进入了一个稳步发展的阶段。到2005年年底，肯德基在中国共开了1 757家餐厅，到2013年为止，肯德基在中国开店的总数突破4 000家。

肯德基公司归属于世界上最大的餐饮集团——百胜全球餐饮集团，集团拥有肯德基餐厅、必胜客餐厅、Taco Bell餐厅公司，到2012年在全球110个国家和地区运营、授权和合资开设了超过38 000家餐馆。肯德基成功的秘诀在于其采用了连锁经营模式。连锁经营模式的多连锁店组织、网络化经营和标准化管理是其运营的优势；规模化、专业化、标准化、信息化是其成功的主要原因。

第一节 连锁经营的产生与发展

一、连锁经营的产生

1. 连锁经营的概念

连锁经营是一种现代零售商业的组织形式、经营方式和经营制度。它一般是指经营同一个类别项目的商品和服务的若干企业，以一定的形式组成一个联合体，通过企业形象的标准化、经营的专业化、管理的规范化及现代化，从而实现规模效益的组织和经营方式。

2. 连锁经营的产生

连锁店是一个美国创用词，第一家具有规模的连锁店是由乔治·吉尔曼和乔治·亨廷顿·哈特福德两人于1859年在纽约创建的“大美国茶叶公司”，在1869年更名为“大西洋和太平洋茶叶公司”，到1880年时已经发展到100多家分店的规模。这个公司的成功极大地鼓励了后来者，使得连锁店的经营形式在美国得到了快速的发展。在同一时期的另一家通过连锁经营取得成功的公司是“胜家缝纫机公司”，它于1865年开始采用“特许经营”分销网络的方式进行产品销售，收到很好的效果，迅速打开产品销路，成为该行业的领导者。经过100多年的发展，这一经营形式在世界各地得到迅速推广，尤其是日本的连锁店的发展速度更为惊人，以7-ELEVEN为例，1974年5月，日本的7-ELEVEN第一家本土便利商店在东京都江东区开张，到2003年时，7-ELEVEN的本土商店的总店数达到10 000家，2005年5月，它在广东省开出中国内地的第200家店。截至2013年3月，7-ELEVEN在京津地区总计开设了约200家店，其中仅天津地区就有60余家。

二、我国连锁业的发展

我国的连锁经营从20世纪80年代起步，90年代得到了发展，由于政府的大力扶持和企业的积极开拓现在已初具规模，在中国内地，中国连锁经营的起步是皮尔·卡丹专卖店在1984年落户北京。随后连锁经营作为一种企业组织形式在我国发展迅猛，尤其是以食品、零售、餐饮业等行业最具代表性。随着国际大企业进入中国市场，这种经营方式猛烈地冲击着传统的流通体系。连锁经营在中国火爆起来，连锁经营已遍布整个第三产业的几乎所有行业，特别是被广泛地应用于服务业领域。

（一）我国连锁业的发展历程

1. 计划经济时期（1950—1978）

新中国成立以后的中国国营商业体系是国家所有，具有统一的经营政策，实行统购统销、统购包销的方针。例如，那个时期的城市国营粮店属于粮管局系统，城市里每一粮店均按统一票证供应，供应的品种几乎完全一致，价格也完全划一，这一时期的中国商业体系虽然具有连锁的个别特征，但总体来说，与现代连锁概念相距甚远：两种经营形态所处的外部宏观环境是不相同的。国家统一经营是计划经济体制的产物，在这一体制下，产品实行供给制，供应某一类产品的商店均属专业商店。

2. 改革开放以后连锁店的投入期（1979—2000）

改革开放后到 20 世纪末，我国的连锁经营在经营理念、技术水平、数量规模上发生了很大的变化。1986 年，天津立达集团公司创办天津立达国际商场，并开始在国内外建连锁商店，揭开了中国现代化连锁商业体系建设的序幕。1991 年，中国政府开始提出“大流通、大市场、大商业”的战略构思，加快流通领域的改革步伐，也提出了探索连锁店的组建和发展的新思路。从 1991 年开始，中国连锁店的发展走向规范化的道路。中国商业最发达的地区——上海，其连锁业在全国也处于领先地位。上海连锁店的主导业态是以便民、利民为宗旨的连锁超市和便利店，其中又以两家最大的连锁超市公司——联华、华联为主。

3. 21 世纪中国连锁业的快速成长期（2001 年至今）

中国连锁商业在 21 世纪初已进入快速成长期。2001 年以来，多年增幅超过 30%，随着规模的扩大，规范程度提高，业种增多，业态逐步完善，中国连锁商业企业日趋走向成熟。通过对 2002—2006 年连锁百强企业调查统计数据进行认真研究和分析后发现，近五年来中国连锁商业主要呈现持续高速增长、行业集中度加强、外资商业增速明显、购并兼并成为扩张的重要方式以及向多行业、多业态方向发展的特征。

到 2013 年，百货超市增幅下降，便利店增长较快。2013 年，50 家以百货业务为主的百强企业销售增长 9.6%，店铺数量增长 0.4%，均低于百强平均水平，分别比去年下降 0.7 和 0.8 个百分点。

（二）我国连锁经营发展的现状

连锁经营是把现代化工业大生产的原理应用于商业流通领域。连锁经营最早兴起于商业发达的美国。这种先进的经营业态后来不断扩散。现在，连锁经营正风靡全球，在欧、美、日等经济发达国家商业领域占据了主导地位。中国买方市场的形成和新兴业态的兴起，推动中国零售业格局在世纪之交发生了重大变革。数十年来以传统百货店为主的中国零售业，将逐渐进入以连锁经营为主的业态多样化时代。

2001—2005 年，是中国连锁业发展最快的几年。其中前四年，中国连锁百强企业的平均年店铺增长率达 51%，年销售增长率达 38%。连锁业快速发展的几年，也是政府管理部门探索连锁行业管理、连锁企业深入思考和实践发展模式的几年。

2006 年中国连锁经营 100 强销售规模达到 8 552 亿元，同比增长 25%，大大高于社会消费品零售总额 13.7%的增幅。门店总数达到 69 100 个，同比增长 57%，剔除个别企业超常规发展因素，调整后门店总数增长 26%，与销售规模增幅基本持平。营业总面积达 5 170 万平方米，同比增长 16%。员工人数达 204 万人，同比增长 31%。在规模扩大的同时，连锁企业间并购活跃。从 2007 年上半年来看，45 家零售类上市公司平均主营业务收入为 19.85 亿元，同比增长 23.55%；平均净利润为 5 650 万元，同比增长 50.11%，为 10 年来最高水平。根据

2007 年最近四年的上市公司财务报表显示，商业连锁类上市公司的 EPS 分别是零售行业的 1.25 倍、1.6 倍、1.69 倍和 1.38 倍。

到 2013 年，连锁百强企业销售规模达到 2.04 万亿元，同比增长 9.9%，新增门店 6 600 余个，总数达到 9.5 万个，同比增长 7.6%。销售额和门店增幅分别比 2012 年下降 0.9 和 0.4 个百分点。2013 年，百强企业销售额占社会消费品零售总额的 8.6%。

此外，我国连锁经营还呈现以下三个特点：

1．我国连锁经营企业涉及各行各业

连锁经营覆盖了包括零售业、家电业、餐饮业、药品零售业、书报零售业、美容美发业等许多业态。其中，以经营广大消费者生活必需品为主的大型超级市场连锁经营企业的发展速度最快，企业的发展规模也最大。按我国连锁经营企业的这种发展趋势，在我国商业服务业领域，连锁经营模式将会成为主流经营模式。

2．跨国连锁业投资入驻速度加快

国外著名的连锁经营企业已不断地进入我国市场，使我国的商业服务业态融入世界市场。我国经济的持续快速发展和市场的繁荣，使国外发达市场经济国家的许多著名的大型连锁经营企业都看好我国的商业和服务业市场，目前已有许多著名的大型连锁经营企业进入我国市场，使得我国的商业服务业市场已全面地融入了世界市场。我国本土成长起来的连锁经营企业也将与国外一些著名的大型连锁经营企业形成长期并存与竞争的局面。

3．我国连锁业相互竞争激烈

自从 1995 年当时的国家国内贸易部以政府的身份正式在全国推动连锁经营事业发展以来，我国连锁经营企业的数量和规模经过了十几年的高速发展之后，目前我国许多大城市的连锁经营企业的数量和连锁分店已经接近“饱和”，甚至有些城市已经“饱和”。因此，我国许多大城市中，连锁经营的发展出现了三个新的情况：一是在城市中适合连锁经营分店生存的良好的商业地理位置已基本被各同类连锁经营企业“瓜分”完毕，连锁企业想进一步扩张其分店数量和分布规模，找到比较理想的开设连锁分店的商业地理位置已经十分困难了。二是由于许多大城市中各类连锁经营企业的分店在分布上已经饱和，不可避免地出现了许多不同连锁经营企业的分店之间“商圈”重合的现象，这种分店的“商圈”重合，必然导致不同连锁企业的分店之间出现争夺顾客的激烈的市场竞争行为。三是由于以大城市为代表的我国连锁经营的发展已进入了初期饱和、整合与兼并阶段，因此，总体上看，我国连锁经营企业除在全部零售企业所实现的销售额的比例方面肯定还会不断地增加之外，连锁经营企业的增加数量，以及连锁分店的扩张速度都会逐步降下来。

三、连锁经营发展的趋势

1．连锁经营企业将进一步向规模化、跨国化方向发展

所谓连锁经营企业的规模化、跨国化就是指，有些大型连锁经营企业在进行规模化扩张时，发展的分店数量越来越多，分店的市场布局越来越广，甚至突破了国界，向多个国家进行跨国化的分布，并且由于分店数量多，市场占有率高，其销售额也达到了相当高的水平。连锁经营企业的规模化、跨国化发展趋势，是在经济活动不断国际化的大环境下，连锁经营企业在竞争中不断淘汰、兼并、组合、扩张的必然结果。目前，在一些经济发达的市场经济国家中已经形成了一些规模化、跨国化的大型连锁企业，这些大型连锁经营企业在激烈的国内国际市场竞争中，取得了相当好的业绩。同时，也对包括我国在内的一些连锁经营企业起到了良好的示范作用。现在国内外有许多连锁经营企业都在努力奋斗，不断扩张与发展，将来会有更多的连锁经营企业向大型化、规模化、跨国化发向发展。

2. 连锁经营所涉及的行业和范围将不断扩大

连锁经营方式以其独有的市场开拓方式、规范的企业管理特性和较强的市场竞争能力，在国内外零售商业领域的竞争与发展过程中取得了相当好的业绩。因此，处在商业服务业领域中的许多行业中的企业都看好连锁经营形式，并在努力地学习、探索连锁经营的管理模式与发展方式。目前，除了零售业之外，餐饮业、美容业、药业、旅店业等行业中都有许多企业在探索和发展连锁经营方式，有些已经取得了相当好的业绩。可以看出，连锁经营方式所涉及的行业和范围不断扩大，连锁经营将成为商业服务业市场中占主导地位的经营方式。

3. 大型连锁经营企业有向多业态发展的趋势

由于市场竞争越来越激烈、消费者的需求越来越复杂，一个连锁经营企业采取一种业态形式，越来越难以满足和适应变化多端的市场需求与竞争要求了。因此，现在国外一些著名的大型连锁经营企业已经采取了多业态连锁化的发展战略。所谓多业态的连锁发展战略就是，在一个连锁经营企业中，采取“大型综合超市连锁”“便利店连锁”“会员店连锁”等多种连锁业态在一个企业中并存发展的战略。随着连锁经营事业的不断发展，将来可能有更多有发展潜力、有竞争实力的大型连锁企业采取多业态的发展战略，以适应不断发展变化的市场，在竞争中赢得主动。

【小资料】

2013 中国连锁百强发布

中国连锁经营协会“2013 年度行业发展状况调查”日前结束，“2013 中国连锁百强”发布。

统计结果显示，2013 年连锁百强企业销售规模达到 2.04 万亿元，同比增长 9.9%，新增门店 6 600 余个，总数达到 9.5 万个，同比增长 7.6%。销售额和门店增幅分别比 2012 年下降 0.9 和 0.4 个百分点。2013 年，百强企业销售额占社会消费品零售总额的 8.6%。

一、连锁销售增速继续放缓，成本持续攀升

2010 年以来，连锁百强的销售增幅持续回落，从 2010 年的 21%下滑至 2013 年的 9.9%，先后回落 9.0、1.2 和 0.9 个百分点。2013 年，销售增幅首次出现个位数，是百强统计以来销售增幅最低的一年，但与前两年相比，回落幅度缩小，行业进入整体放缓但相对稳定的发展阶段。

2013 年，房租和人工成本上涨依然较快。百强企业房租支出增长 11%，人工成本增长 18%，与 2012 年涨幅相近，继续处于快速上涨的状态。两项成本的增长均明显高于企业的销售增幅。

成本上升迫使企业开店放缓。百强企业中，有 21 家企业的店铺总数出现负增长，这一企业数比上年多了一倍。销售出现负增长的企业也明显增加，达到 15 家，为历年最多。

帮助企业降低成本成为政府与行业协会推动连锁发展的重中之重。2013 年，政府先后出台了取消发票工本费、企业存货损失税前扣除等若干项措施，但依然任重而道远。

二、百货超市增幅下降，便利店增长较快

2013 年，50 家以百货业务为主的百强企业销售增长 9.6%，店铺数量增长 0.4%，均低于百强平均水平，分别比 2012 年下降 0.7 和 8 个百分点。

以经营超市为主的快消品百强企业销售增长 8.5%，低于百强平均增幅 1.4 个百分点，门店增幅则与百强总体增幅持平。按有可比销售的快消品企业计算，外资企业在销售和门店增长方面均优于内资企业，分别高出 3.8 和 0.4 个百分点。

便利店发展较快，门店数量排名前 45 家的便利店企业门店增长 9.5%，快于百强平均增幅 1.9 个百分点，按其中有可比销售的便利店企业计算，销售额同比增长 16%，在各业态中增幅最大。

三、积极开展网络零售，自建平台成为主流

2013 年，百强企业中共有 67 家开展了网络零售业务（2011 年和 2012 年分别为 41 家和 62 家）。2013 年开始网络零售的企业有 9 家，另有 4 家暂停网络销售，净增 5 家。

开展网络零售以自建方式为主。67 家企业中，51 家采用自建平台方式，8 家采用自建平台和入驻第三方平台相结合的方式，8 家未自建平台，仅入驻第三方平台。百强企业利用移动互联技术，在促销推广、商品查找、下单、在线支付等方面积极尝试，提升客流，改善顾客体验。开展网络零售的百强企业线上销售额占企业总销售额的比例由 2012 年的 2.9%上升到 3.7%。

2013 年是连锁发展较为困难的一年，企业经受了多方面的挑战。连锁企业普遍认识到，必须以改善消费者体验为出发点，以商品管理、供应链管理及渠道无缝对接为重点，真正实现从规模向效益转变，从外延向内涵转变。

资料来源：中国连锁经营协会

第二节 连锁经营的实质与特征

连锁经营的成功，就在于它较为完善地解决了流通中规模与灵活、效率与方便之间的矛盾。连锁经营在发展中所表现出来的强大生命力，除了受连锁经营自身的革命性突破、经济发展水平支撑等各种客观条件影响之外，也是由它的实质和特征所决定的。

一、连锁经营的实质

连锁经营的实质是把现代化大生产原理有效地应用到传统商业中去，改变传统商业那种购销一体、柜台服务、单店核算、主要依赖经营者个人经验和技巧来决定销售的小商业经营模式，它实现在店名、店貌、商品、服务方面的标准化，商品购销、信息汇集、广告宣传、员工培训、管理规范等方面的统一化，从而把复杂的商业活动分解为像工业生产流水线那样相对简单的一个个环节，提高经营效率，实现规模效益。

1. 经营理念的统一性

连锁企业的经营理念是该企业的经营宗旨、经营哲学、价值观念和中长期战略，是其经营方式、经营构想等经营活动的依据。连锁企业无论拥有多少门店，都必须持有一个共同的经营理念，这一经营理念完全着眼于消费者，从消费者、使用者的立场出发来发展企业。例如，为消费者提供“舒适的购物环境”“快捷的服务”“衷心的关怀”和“时尚的消费”等，这是一种贯穿于连锁企业经济活动全过程的经营准则。

2. 企业识别系统的统一性

连锁企业要在众多店中建立统一的企业形象。这是指连锁企业所有暴露给公众的直观印象，主要包括连锁企业的招牌、标志、商标、标准色、标准字、装潢、外观、卖场布局、商品陈列、包装材料、员工服装等。这种统一设计的企业识别系统，不仅有利于消费者识别、购买连锁企业各门店的商品，更重要的是有利于让消费者认同该企业，对企业产生依赖感。

3. 商品及服务的统一性

连锁企业中各门店所经营的商品都是经过精心挑选的，即按照消费者的消费需求作最佳的商品组合，并不断更新换代；提供的服务也经过总部统一的规划，总部对所有门店的服务措施进行统一规范，使消费者到任何一家门店，都保证可以享受到连锁企业所提供的统一的商品和统一的服务。传统的商业企业购销合一，连锁企业则将采购和销售两种职能分开，由总部和门店分别承担。总部集中进货，一方面连锁企业汇集多门店的进货数量，形成较大批量的订货，有利于生产企业安排生产；另一方面由于集中采购，总部采购者的专业化水平得到提高，使连锁企业在与生产企业交往时处于较为有利的位置，能购进廉价商品，使连锁企业的采购职能在总体上与现代化的社会生产相适应，不断地增强连锁企业的竞争力和吸引力。而各门店的分散销售，一方面使其享受到集中进货所获得的低成本优势，并在此基础上，根据市场竞争状况及消费者偏好，制定较为灵活的市场战略，以便在与其他类型的零售企业的竞争中取得主动地位；另一方面，由于门店贴近消费者，与消费者有较为密切的“便利关系”，可以通过近距离的促销和服务建立感情纽带，增强消费者与门店及整个连锁店系统的心理联系。这种买卖职能的分离，固然对连锁企业内部经营管理提出了新的课题，但如果正确地处理好集中化进货与分散化销售的关系，就会为连锁企业在市场中发挥优势、开拓渗透打下坚实的基础。

4. 经营管理的统一性

连锁企业在经营战略、经营策略上实行集中管理，即由总部统一规划，制定规范化的经营管理标准，并下达给各门店认真执行。对于连锁企业而言，经营管理的统一性最集中地体现在连锁企业的营运手册上。

连锁经营就是在上述四个统一性的前提下，形成专业管理及集中规划的经营组织网络，利用协同效应，使企业资金周转加快、议价能力增强、物流综合配套，使其经营活动适应分散化、多元化的消费特点，通过众多网点的分散化、商品经营的独特化以及销售服务的周到化，最终实现现代化大生产与商业经营规模化及消费需求多元化的有机结合。

二、连锁经营的基本特征

连锁经营是通过规模经营获取规模效益的，它把现代社会化大生产的基本原理，结合商业的特点，运用到流通领域，即在专业化分工的基础上，实现了流通的系统化和规模化，达到了规模效益与灵活方便的统一。连锁经营的基本特征，集中表现在规模化的经营方式、网络化的组织形式和规范化的管理方式三个方面。规模化的经营方式是连锁经营的核心内容；网络化的组织形式是连锁经营的前提条件；规范化的管理方式是获得连锁经营规模效益的基本保证。

（一）经营方式规模化和专业化

连锁经营顺应社会化大生产的要求，把分散的流通经营主体组织起来，形成统一管理、统一营运的群体。一方面，由于连锁企业拥有大量的门店，具有大批量销售的市场优势，可以引导供应商真正做到根据市场需求和商业经营者的要求来进行生产，从而形成了以大商业为先导，以大工业为基础的现代经营格局；另一方面，连锁门店数量多、分布广，深入各个消费腹地分散销售则迎合了消费的分散性和就近购物的消费习惯，也增强了消费者与连锁企业之间的感情联系，从而有效地解决了传统经营中追求规模效益与消费分散性之间的矛盾。连锁企业不同于传统的单店经营。单店是独立经营管理的店铺，大多具有一定的经营特色，偏向于特色经营。而连锁企业是从单店向多门店发展的，在经营方式上有了革命性的突破，实行分散经营和集中决策的管理体制，经营业务由总部集中决策，门店分散销售，因而连锁企业兼有大企业与小店铺两方面的优势。一方面，连锁企业整体作为一个大企业，有规模经营的各种优势；另一方面，由于其所属的店铺，实行分散经营，深入到居民区与消费者中间，它又具有小店的渗透优势。

（二）组织形式的网络化

连锁经营既是一种经营方式，又是一种组织形式。这种经营方式的“统一”，恰恰是组织化程度提高的结果。连锁经营把传统的流通体系中相互独立的各种商业职能有机地组合在一个统一的经营体系中，实现了采购、配送、批发、零售的一体化，从而形成了产销一体化或批零一体化的流通格局，提高了流通领域的组织化程度。

从连锁经营方式在商业领域的应用情况来看，其组织形式是由一个总部和众多的门店所构成的一种企业联合体，这些被纳入连锁经营体系的商店，如同一条锁链相互连接在一起，所以称之为“连锁商店”。因此，联合化、网络化的组织形式在传统企业的组织形式基础上又有了革命性的突破。传统企业的组织形式虽然也存在着一定程度的联合，但主要是局部的合作，如工商联营、引厂进店或多方合作开发技术项目或产品及市场；而连锁经营的组织形式则是整体性、稳定性、全方位的联合，所有的连锁店都使用同一个店名，具有统一的店貌，提供标准化的服务和商品，而且连锁企业的形象一旦确立便始终贯彻。如麦当劳公司，它以金色的拱门大“M”招牌作为特定的质量、服务、环境和价格的象征，并向客人保证：无论你在哪一个地方的麦当劳快餐店吃汉堡包，其大小、分量、质量和味道都完全一样，否则它就不是麦当劳汉堡包。所以，连锁经营是标准化的联合。如果只有店名和店貌的统一而无服务和商品的标准化，那就只有连锁经营的“形”，而无连锁经营的“神”，就不是连锁经营。

（三）管理方式的规范化和现代化

连锁商店采用统一进货、统一经营、统一管理的经营方式，所辖门店都执行总部统一制定的经营管理规范和标准。因而，管理方式的规范化和现代化，是连锁经营的第三大革命性突破。连锁经营企业改变了传统企业其管理方式主要依赖于经营者个人经验和技巧的状况，而是把复杂的经营活动分解为像工业生产流水线上每一个环节那样简单，并在各个环节推行规范化、标准化运作，从而有效地强化了连锁经营企业的管理。有些传统企业采取分店式经营，虽然其分店可能也是由总部投资，但各分店通常实施独立经营；尽管各店的招牌相同，但并不要求都实行统一管理，分店往往具有较大的自主权和灵活性。但是，分店在发展到一定的程度后，就要受到资金、人员以及管理等方面的制约，扩展难度较大，规模效益也不明显。因而，不少分店式传统经营企业在发展到一定程度以后，最终都采取规范化的连锁经营形式。连锁经营企业的管理系统强调的是对总部各职能部门管理权限的界定与控制、管理制度的建立和管理方法的设定；强调的是对业务环节的专业协作管理、每项业务流程的科学化管理；强调的是门店的每个人员、每个岗位的合理设定以及每个人员的作业流程的定时、定量的单纯化管理。规范化的管理方式，集中体现在管理的“三化原则”（又称“3S 原则”）上。

1. 简单化

简单化（Simplification），即尽可能地将作业流程“化繁为简”。连锁企业的作业流程、工作岗位上的商业活动应尽可能简单，以减少经验因素对经营的影响。连锁系统整体庞大而复杂，必须将财务、采购、物流、信息、管理等各个子系统简明化，去掉不必要的环节和内容，以提高效率，使“人人会做，人人能做”。因而，在各个环节的控制上都需有一套特定的运作规则，要求精简不必要的过程，达到事半功倍的效果，以最少的资源付出获取最大的经济利益。

2. 专业化

在连锁经营中，所有的商业活动都具有详细而具体的分工，以保证连锁经营的正常运转。管理的专业化（Specialization），即将连锁经营的各个环节根据不同的经营过程而分成各个业务部门，并使其固定下来。这种专业化既表现在总部与门店的专业分工上，也表现在各个环节、岗位、人员的专业分工上。由于连锁企业是同行业、多门店的经营，总部统一开发的经营技巧可以广泛应用于各个门店，使所有门店的经营水平普遍提高，获得技术共享效益（相对其他企业来说是一种超额利润），同时分摊了技术开发的成本。

3. 标准化

连锁经营的标准化（Standardization）是连锁企业适应市场竞争的需要而采取的形式，是为持续性地生产、销售预期品质的商品而设定既合理又较理想的状态、条件以能反复运作的经营系统。连锁企业的所有工作都按规定的标准去做。例如，企业整体形象的各项内容，商品规格包装等各项指标，经营管理的运作流程等，都一一制定出标准来，每一个部门、环节、职工、门店都按统一的标准运作。通常连锁经营管理的标准化主要表现在商品、服务的标准化和企业整体形象的标准化上。

（1）商品、服务的标准化。在连锁经营中，标准化管理贯穿于从商品的订货、采购、验货，到按统一的流程配送到所属各门店等各个环节；贯穿于从各阶段销售方案的制订、销售之前按统一的商品配置表把商品陈列在指定的位置上，到始终不断地对各连锁店进行监督指导、交流、培训等各项工作，从而保证了各连锁店在商品、服务等各方面的统一性，以满足消费者对标准化的商品和服务质量的要求，力求吸引顾客，不断地扩大销售。

（2）企业整体形象的标准化。实行连锁经营的企业，各门店运用统一的店名、店貌，使用统一的标识，进行统一的装饰、装修，并保持其外观、色彩、使用字体、价格标牌等的一致化。在员工服饰、营业时间、广告宣传、商品质量、商品价格等方面也都保持一致性，从而使连锁企业的整体形象标准化。连锁企业整体形象的一致性与商品、服务上的标准化结合在一起，使连锁企业即使在不同的地区，甚至不同的国家开设门店，都可以对相同的顾客群体收到相同的效果。

这样，消费者不仅保持对一家门店的信任，而且延伸到不同的地区甚至是不同的国家，使购物者有一种宾至如归的感觉。规范化的管理必须遵循以上管理上的“三化原则”，三化之间既互相配合，又互为条件，缺一不可，要作为一个整体来实行。

三、连锁经营与传统经营模式的区别

连锁经营与传统的经营模式有着显著的区别，具体表现如表 2-1 所示。

表 2-1 连锁经营与传统经营模式的区别

经营方式 项目	连锁经营	传统方式经营
定义	公司连锁，同一资本所有，经营同类商品和服务的组织化零售企业集团	商业企业集团下属企业，独立经营模式，由总部投资扩建的分店有较大的自主权
特点	分店必须有统一的经营风格；分店不独立，与总部具有协作关系，特别强调总部与分店的互动关系	分店都独立运作，没有形成统一的经营风格；偏重于差异化管理
经营范围	一般以流通业、服务业为主	涉及诸多行业，范围更广
运作方式	需足够的资金和合适的业态类型，同时需受总部约束	一般总部掌握分店的所有权，分店的经营决策有很大的自主性
法律关系	依各种连锁模式而定	分店属总部所有
发展方式	扩大规模只需有市场、有资金，总部必须有成熟的运行模式和专有技术	取决于企业集团的决策

第三节 连锁经营的基本类型

连锁经营发展形式，各国虽有所不同，但常用的有直营连锁、特许连锁和自由连锁，这三种连锁形式具有不同的特征和优势，适用范围各不相同。

一、直营连锁

（一）直营连锁的含义

直营连锁又叫正规连锁（Regular Chain，RC），是指连锁的门店由连锁公司全资或控股开设，在总部的直接控制下，开展统一经营的连锁经营方式，是处于同一流通阶段，经营同类商品和服务，并由同一个资本及同一总部集权性管理机构统一领导，进行共同经营活动的零售企业集团，即所有权属于同一公司或同一老板，由总公司直接经营的店铺。连锁店在建立早期一般采用直营店的方式，在实力日渐雄厚，名声越来越大之后，便开始征求加盟店，这是连锁店发展的规律之一。

（二）直营连锁店的特征

直营店总部对门店实施人、财、物及商流、物流、信息流等方面的统一管理。直营连锁作为大资本运作，利用连锁组织集中管理、分散销售的特点，充分发挥了规模效应。它的特点如下：

1. 所有权集中单一

所有门店必须归一个公司、一个联合组织或个人所有，各门店不具备法人资格，各门店经理是雇员而不是所有者。

2. 实行统一核算，门店自主权较小

直营连锁由总部统一核算，各连锁门店只是一个分设机构，利润全部由总部支配，门店经理由总部委派，门店经理和员工的工资奖金也由总部决定。

3. 实行标准化、规范化管理

各门店的经营管理由总部集中统一领导，进行标准化、规范化的经营管理，实行统一标识、统一采购、统一配送、统一程序、统一广告、统一人事、统一决策。总部为每个连锁门店提供全方位服务，以保证连锁企业集体优势的发挥。

（三）直营连锁的优缺点

1. 优点

直营连锁在市场竞争中体现的主要优点是：能够通过大批量采购，大幅度降低经营成本和价格，可以统一调配资金、设备、商品及人员，有利于充分利用企业资源，提高经营效率；各连锁店可以将主要精力用在商品管理和改善服务上。另外，由于各连锁店不是独立主体，其关闭、调整和新店的开设基本上属于公司内部的事务，受外界制约较小，因此，总公司对分店布局和新店开发具有较大的灵活性和方便性。但是，采用直营连锁的方式，总公司一般必须有较强的经济实力，而且要能够处理好集中管理和分散经营的关系。

由于直营连锁具有上述优点，因此，从国内外连锁经营的发展历史来看，直营连锁一直处于主流地位，被大量连锁企业所采用。

2. 缺点

从国内外连锁经营的实践来看，直营连锁也存在着以下缺点：

（1）资金投入大，扩张速度慢。由于直营连锁由公司总部统一开发，投资主体单一，在开办众多门店时，需要投入大量资金，若企业资金不足，企业的发展速度和连锁规模的扩展将会因此而受到限制，不能及时取得规模效益，影响连锁企业发展。

（2）企业总部承担的风险大。与其他连锁形式相比，在直营连锁中，各门店的开发投资均是由企业总部独自进行。由于各门店的地理位置、经营管理等原因，可能会导致部分门店经营失败，此时，直营连锁总部就要承担所有的风险。

（3）不利于调动门店员工的积极性。在直营连锁中，各门店由总部按一定的规章制度和标准的操作流程统一管理，各门店没有经营自主权，门店的经营效益与员工的利益关系不够

密切，不利于充分调动各门店员工经营管理的主动性、积极性和创造性。

二、特许连锁

（一）特许连锁的含义

特许连锁（Franchise，FC），也称合同连锁、加盟连锁，是指拥有注册商标、企业标志、专利、专有技术等经营资源的企业（简称“特许人”），以合同形式将其拥有的经营资源许可其他经营者（简称“被特许人”）使用，被特许人按照合同约定在统一的经营模式下开展经营，并向特许人支付特许经营费用的经营活动。

（二）特许连锁的特征

特许连锁作为一种现代连锁经营方式，其主要特征如下：

1．必须有一个主导企业为连锁总部

在一个特许连锁经营体系中，必须有一个主导企业为连锁总部，这个主导企业应拥有商标、技术、经营和管理等方面的知识产权，有较强的获利能力和市场竞争能力，这样才能吸引其他企业加盟，接受主导企业的授权和管理，成为主导企业连锁经营体系中的一个特许加盟者。特许加盟者与特许方（主导企业）单独签订特许合同，各加盟者只对总部负责，与其他加盟者之间没有横向业务联系。

2．加盟企业具有独立的法人资格

在一个特许连锁体系中，加盟者之间，加盟者与连锁总部之间的资产是相互独立的，主导企业只是以其独特的物质技术或知识产权来吸引加盟者加入连锁体系，并对经营管理进行指导，各加盟店和总公司仍实行独立核算、自负盈亏，拥有人事、财务等权力，并不改变原来的所有权性质。

3．特许授权经济合同是维系特许连锁经营经济关系的纽带

直营连锁是以资产为纽带来组建连锁经营体系的，而特许连锁经营体系是以特许授权经济合同为基础的。一般来说，特许授权经济合同是由主导企业制定的，不需要加盟双方协商确定，它规定了加盟者必然履行的权利、义务和要求，以及连锁总部相应的授权责任与义务。加盟者只有接受授权经济合同的内容才能加盟。

（三）特许连锁的优缺点

1．优点

特许连锁的优点主要体现在以下三个方面：

（1）投资少、扩张快。在特许连锁中，由于各加盟者均有独立的财产权和人事权，开发连锁门店时装修、设备购置、员工招聘和房屋租赁等方面发生的资金投入和费用支出均由加盟者自行负责，这就大大降低了总部进行门店扩张的成本和费用，使得总部能以较少的人、财、物力迅速地拓展市场、扩大规模，以取得较好的规模效益。此外，也可以通过经营权转让为总部积累大量资本，使公司的无形资产转化为有形资产，从而增强总部实力。

（2）作为独立的经营实体，风险小、积极性高。这里的风险小是对总部而言的。由于在特许连锁中，各加盟门店独立核算、自负盈亏，因此，各特许连锁门店的经营风险自然要由加盟者自行负责，总部所承担的经营风险就会大大减小。同时，由于各加盟门店独立核算、自负盈亏，这就把加盟门店经营状况与加盟者经济利益捆绑在一起，加盟者就会积极经营和管理自己的门店，以降低成本，提高利润。

（3）有利于投资者创业。在社会上，许多具有一定资金实力的企业和个人想投资创业，但往往苦于没有成熟的经营技术和经验，特许连锁给了这些投资者一条很好的途径。他们可以通过特许加盟方式，利用总部的技术、品牌和商誉等知识产权开展经营，并享有总部全方位的服务，经营风险比较小，利润比较稳定，成本低、见效快，有利于企业和个人投资创业。

由于特许连锁具有上述优点，所以它是当今世界发展较快的一种连锁经营方式。

2．缺点

特许连锁在发展过程中也存在着一些不足之处，需要进一步完善。缺点如下：

（1）特许人（总部）有片面追求收益、忽视管理的倾向。在特许连锁经营中，一些特许人（总部）会在利益驱动下，不顾企业的服务和管理能力，盲目扩大规模，片面追求加盟费，而忽视有效的管理和服务，这就可能使被特许人经营不善或达不到标准，损害被特许人的利益，严重时会导致整个特许连锁系统的崩溃。

（2）合同纠纷多，管理难度大。在特许连锁中，特许人对被特许人的管理依据是特许合同，而合同不管如何完善，都会由于双方的理解和解释不同而形成许多纠纷。同时，因连锁双方不存在上下级关系，处于平等地位，总部的行政手段和措施往往难以奏效，这就大大增加了管理难度。特别是当一些特许门店取得成功以后，希望停止特许合同，独立经营，以免交特许费，获得更大利润，此时对连锁门店管理就更难了。

（3）容易造成知识产权流失。在特许连锁经营中，特许人在与被特许人签订合同后，特许人就应把自己长期积累的品牌、技术、商誉和管理等知识产权传授给被特许人，以便其能开展正常有序的生产经营。但若加盟者素质不高，就有可能造成上述知识产权的泄密或外流等不良后果。

【知识拓展】

肯德基在中国的特许经营模式

肯德基在中国有两种特许经营模式，即“西安模式”和“常州模式”。

（1）西安模式。所谓“西安模式”，其实是指肯德基在中国开立的第一家特许加盟店所采用的模式。1993年4月，肯德基在西安授权了中国第一家特许经营公司，一位台湾人买断了肯德基在陕西的经营权，从此西安成为肯德基在中国开展特许加盟店的“试验田”。“西安模式”虽然取得了成功，但它只是一个特例。因为买断一个地区的经营权不只是经营好一家店那么简单，而是要开发一个市场并涉及多家餐厅的运营。这就要求加盟商不仅要有雄厚的资金实力，而且必须清楚了解开店所在地市场，并熟知肯德基的经营理念和政策，从而才有可能在特许人的指导下开拓新市场。因此，餐厅的运营业绩在很大程度上依赖于加盟商的经营能力。出于各种原因，“西安模式”并没有在其他地区继续推行下去，其中找不到合适的加盟商无疑是一个关键因素。

（2）常州模式。“常州模式”始于2000年8月，肯德基在中国地区开设了第一家“不从零开始经营”的特许加盟店。这种方式要求加盟商一次性缴纳800万元人民币的转让费，以此获得一家成熟的正在盈利的肯德基餐厅。这种“不从零开始”的加盟方式可以说是针对中国市场专门设计的。这对于加盟商来说，不仅可以省去从自行选址、开店到招募、培训员工一系列繁杂的前期工作，而且接受这些已被证明的选址正确、经营业绩良好的餐厅，可以大大降低风险。此外，由于所有的员工都是经验丰富的老员工，这对于新进的加盟商而言，无论是从管理上还是从熟悉市场环境上都更容易上手，同时也有助于加盟商尽快融入肯德基的国家标准特许经营体系。这种模式对于加盟者来说，存在初期投资过大和投资回收期过长的风险。

三、自由连锁

（一）自由连锁的含义

自由连锁又称为自愿连锁和合作连锁（简称“VC”）。这是指一些经营业务相同的企业，为了降低成本、扩大采购规模、增强竞争力，在保持独立地位的前提下，自愿组成连锁经营体系，共同经营同类业务的连锁方式。

自由连锁形成的原因，是众多中小企业在与一些规模庞大、实力雄厚的大型连锁公司的竞争中，由于势单力薄，竞争力下降，占有的市场份额日益萎缩，为了摆脱困境，若干零售商共同投资设立机构，负责共同进货，通过促销和开展广告宣传等活动，以降低成本，提高利润。可见，自由连锁是中小零售商对抗大型连锁店而自行发起的组织。

（二）自由连锁的特征

自由连锁的最大特点，在于各店铺在所有权和财务上是独立的，与总部没有隶属关系，只是在经营活动上存在协商和服务关系，统一订货和送货，统一使用信息及广告宣传，统一制定销售战略。各店铺不仅独立核算、自负盈亏、人事安排自主，而且在经营品种、经营方式、经营策略上有很大的自主权。它的具体特征如下：

1. 各连锁门店具有较大的经营自主权

在自由连锁中，各门店不仅独立核算、自负盈亏、人事自主，而且在经营品种、经营方式和经营策略等方面也具有较大自主权。但在店名、店貌、采购、配送、销售和服务等方面要由总部实行统一管理，并应按照加盟协议的约定向总部上缴一定的加盟金及指导费。

2. 以自愿加盟协议为基础组建连锁体系

直营连锁是以资产为基础组成的连锁经营体系；特许加盟是以知识产权为基础通过特许加盟合同组建的连锁经营体系；而自由连锁则是以自愿加盟协议为基础组建的连锁经营体系。因此，与直营连锁和特许连锁相比，自由连锁的总部对各门店约束力相对较弱，是个比较松散的连锁体系。

3．联合采购，降低成本

自由连锁是中小企业为了对抗大型连锁企业而成立的，目的是在激烈的市场竞争中降低成本、提高利润、扩大市场占有率。而降低成本的重要手段之一是联合采购，只有拥有巨大的采购量，供应商才有可能以较低价格提供商品，采购成本和物流成本才能有下降空间，因此，联合采购、降低成本是自由连锁的重要特征之一。

（三）自由连锁的优缺点

1．优点

自由连锁的优点主要体现在以下三个方面：

（1）有利于调动门店的积极性。在自愿连锁中，由于各门店独立核算、自负盈亏、人事自主，拥有所有权与一定程度的经营自主权，经济利益与门店经营好坏直接挂钩，有利于调动各门店经营管理者的主动性和积极性。

（2）投入少、扩张快。由于加盟自愿连锁体系的各门店原来就有经营设施和相对稳定的市场，总部在发展门店时无需进行大量的市场调研和投资。同时，在自愿连锁体系中，各门店既有一定的自主权，又能享受统一经营带来的整体优势，加盟积极性较高，是一种“双赢”选择，所以具有投入少、扩张快的优点。

（3）成本低、收益高。在自愿连锁体系中，由于各成员店既可以保持一定的独立性，又可以享受统一进货、统一经营的好处，有利于形成规模效益，这就为降低成本、提高收益打下了良好基础。

2．缺点

自由连锁的缺点是：

（1）控制力不强，一致性较差。在自愿连锁体系中，总部与各连锁方的关系是松散型连锁形式，总部对各门店的统一领导力往往会受到限制，特别是在经营战略、经营方针和经营决策等方面的管理效率不如直营连锁高，直接影响连锁体系的竞争实力。

（2）利益冲突多、形象维护难。由于自愿连锁体系中的各方均为独立的利益主体，因此，在经营过程中容易发生利益冲突。同时，当一些门店为了获得自己的利益，做出损害整体形象的行动时，而总部则因对各门店的约束力低而得不到有效的维护，以致影响本连锁经营体系的社会声誉。

第四节　连锁经营行业分布与业态分类

连锁经营是一种先进的经营方式，它首先在零售业中得以运用并获得巨大的发展，最后渗透到餐饮业和服务业中，充分发挥了它潜在的优势。

一、连锁经营的行业分布

连锁经营主要分布在零售业（包括大型综合超市、超级市场、方便店、廉价店）、餐饮业（包括快餐店、酒吧、便当店、比萨店）、服务业（包括补习班、酒店、出租车、不动产）等三大行业。

1．零售业

现代连锁经营最早发迹于零售业，通过适应当时的市场环境、消费条件，加上经营者的顽强拼搏，引起轰动效应，各个行业纷纷仿效，最终成为当代西方发达国家在流通领域的重要经营形式。零售业的特点是市场相对稳定，主要有大型综合超市、超级市场、便利店、折扣店。

2．餐饮业

餐饮业一直是连锁经营的主力业种，西方国家餐饮业广泛采用连锁经营这种模式，日常生活中，我们所熟悉的连锁餐饮有“必胜客”“星巴克”“哈根达斯”等。到了20世纪80年代，海外大型饮食业集团进驻大陆市场，国内餐饮业面临着严峻挑战，一些企业以连锁形式（粗放式的开分店）应战，利用自身的优势，开始连锁经营的探索。如上海“荣华鸡”、天津“狗不理包子”集团已发展壮大起来。80年代，北京“全聚德”、天津“桂发祥”也试行了连锁。90年代，这些企业和“马兰拉面”、沈阳“好利来”、内蒙古“小肥羊”等依靠连锁经营发展壮大起来。

饮料连锁也是餐饮业中颇具竞争性的方面。如“可口可乐”和“百事可乐”两家世界上实力最强的软饮料公司的竞争，也通过合资连锁的形式，在全球范围内争夺市场份额。

3．服务业

第三产业的重要组成部分便是服务行业，包含旅馆饭店、美容美发、信息咨询、家庭服务部门、娱乐业、休闲旅游业、培训教育等。服务业由于涉及的行业广泛，有巨大的开发空间。服务业多采用特许经营形式开展连锁。连锁饭店集团一般以中高档饭店居多，并且都有自己比较鲜明的风格和特色，进入的门槛非常高。如香格里拉饭店、希尔顿饭店在许多国家就意味着“高级豪华”。而对于大多数服务行业，比如维修服务业、娱乐业、休闲旅游业、培训教育等，它在连锁经营中采用的多是特许经营形式，具有非常广阔的开发空间。

二、连锁经营的业态分类

所谓业态，指针对不同消费者的不同需求，按照既定的战略目标，有选择地运用商品结构、价格政策、销售方式、店铺选址、规模及形态等手段，提供销售和服务的种类化经营业态。业态主要是根据“如何销售？销售什么？”来划分的。连锁不是独立的零售业态，是一种企业经营形式和管理模式，它必须与具体的业态相结合，才能显示其存在的形式和独特的魅力。

（一）影响连锁业态选择的要素

具体地说，决定连锁业态的选择主要有以下三个要素：

1．经营品种、品种结构和范围

通常便民店只经营食品和日常用品；专卖店只销售某一单一品牌的商品；专业店则经营某一系列的产品；而百货商店所经营的是综合性、挑选性强的消费品以及高价值、高技术、高服务、高档次的商品。具有相同或相似的经营范围和商品结构是认识或划分零售业态的基本条件。

2．销售形式

销售形式主要是指经营者以何种形式出售商品，包括商品摆设、顾客与商品的接触方式、结算方法等。小商贩以散装为主，零星出售；仓储商店则主要采取成箱、成捆批量销售的形式；而超市、便民店则实行定量包装、敞开售货、集中收款的形式。

3．经营方式

经营方式是指经营商品过程所采取的手段和方法，包括网点设置、服务形式以及与顾客联系的方式。百货店建在市中心繁华地段，购物中心则处于城郊的结合部，超市、便民店必须设在居民区以方便群众购买。百货店、专业店要求全方位服务，而超市、仓储商店更多地采取顾客自我服务形式。

（二）连锁经营业态选择的原则

随着生活方式日益多样化，消费者的需求也日益多样化，满足不同的购买用途，是区别商业经营方式的主要标志。随着社会的进步，以客层划分为标志的店铺定位逐步被以用途区别的业态选择所取代。因而选择业态必须考虑消费用途的区别。选择业态的四个基本原则是：

1．提供用途的差异

即向消费者提供能满足他们某些用途的商品。以食品为例，可以分为三类：

（1）每日三餐桌上必需的食品是食品超市的经营品种。

（2）隔一段时间才购买一次，是部分高档专业食品店或百货店经营的品种。

（3）偶然性、一次性购买的食品，是更多的地方特色店、礼品店经营的类型。

2．价格带与服务水平的差异

价格带是指某一类品种的价格以基本价位为基础从低到高形成的价格范围，是区别业态的一个主要标志。用途不同，价格带自然不同，用途的区别意味着使用频率和购买频率不同。使用频率、购买频率高的商品，价格必须在消费者容易接受的范围内，而且同类商品价格差异不宜太大，否则不利于消费者选择购买。

3．来店频率的差别

经营商品越是大众日常生活中使用和购买频率高的商品，价位低且价格带越窄，顾客越是易于、乐于购买，顾客来店频率越高；相反，经营商品如果是使用和购买频率低、价位高且价格带宽的品种，顾客来店的频率必然低，相应的店铺商圈必然也大。

4．每一店铺商圈人口的差别

不同业态对商圈大小要求也不同，经营大众日常必需品的店铺 70%以上消费者会经常光顾，因而一般以店铺周围地区消费者为主，商圈范围不大。现在单店式经营的百货店逐步走向衰落，而超级市场、大型综合超市、折扣商店、便利店、购物中心、专业店等类型业态正风靡中国市场。随着经济的不断发展，将会出现新的连锁业态。

（三）连锁经营的业态分类

零售业态是零售企业为满足不同的消费需求进行相应的要素组合而形成的不同经营形

态。根据原国家内贸局《零售业态分类规范意见》的分类，我国的零售业态可以分为八种，这八种业态是百货店、超级市场、大型综合超市、便利店、专卖店、专业店、购物中心、仓储式商场。此后，国家有关单位对零售业态分类进行了研究和重新修订。新国家标准按照零售店铺的结构特点，根据其经营方式、商品结构、服务功能，以及选址、商圈、规模、店堂设施、目标顾客和有无固定场所等因素将零售业划分为 18 种业态，包括食杂店、便利店、折扣店、超市、大型超市、仓储式商场、百货店、专业店、专卖店、家居建材商店、购物中心、厂家直销中心、电视购物、邮购、网上商店、自动售货亭、直销、电话购物等，下面针对连锁企业主要采取的业态进行介绍。

1．便利店

便利店通常主要经营食品和日常用品。世界著名的日本 7-ELEVEN 便利店，现在也已进入我国，并于 2004 年年初在北京开了第一家店。我国的北京物美集团、上海联华超市、江苏苏果超市等也开办了一些便利店，上海“可的”拥有 1 300 多家便利店。便利店具有投资少、选址方便、资金回收快等特点，随着人们工作节奏加快和生活习惯的改变，便利店在我国有很大的发展空间。

2．折扣店

折扣店以销售自有品牌和周转快的商品为主，限定销售品种，是以有限的经营面积、简单的店铺装修、有限的服务和低廉的经营成本，向消费者提供“物有所值”的商品为主要目的的零售业态。折扣店是小型超市的一种，特点是商品价格低廉，如家乐福的迪亚折扣店。

3．超市

超市，是指以顾客自选方式经营食品、家庭日用品为主的大型综合性零售商场，我国是 20 世纪 90 年代才发展起来的一种零售业态，如北京物美超市、华润超市、上海联华超市等。

4．大型超市

大型超市在我国发展很快，但主要集中在经济发达的大城市。随着人们生活水平的提高、交通条件的改善，大型超市必将在我国快速发展。近年来，法国的家乐福、美国的沃尔玛综合超市等主要是以这一业态进入我国的。上海农工商超市公司、北京物美集团、小白羊超市、亿客隆连锁超市开设的也主要是大型超市。

5．仓储式商场

仓储式商场在我国起步较晚，目前主要是以外资或合资合作方建立，如沃尔玛山姆会员店、上海锦江麦德龙。

6．百货店

百货店目前仍是我国零售业的主力业态之一，如上海第一百货商店、北京王府井百货大楼、北京燕莎友谊商城等。百货店在一些大中城市已处于饱和状态，相互间的竞争也非常激烈。

7．专业店

专业店在我国发展已经比较成熟，如各种服装经营店、钟表店、电器店、鞋店、计算机店、药店等。山东三联商社、北京国美电器、江苏苏宁电器等专业店已经具有相当的规模。

8．专卖店

专卖店指的是专一经营某类行业相关的专营店，在我国也得到了很快的发展，特别是品牌服装、电器、化妆品的专卖，如李宁专卖店、联想专卖店等。专卖店在树立品牌形象，防止假冒产品方面有着很好的效果。

9．家居建材商店

这种业态在我国非常普及，只是有一定规模的家居建材商店较少，规模比较大的有东方家园、天津家世界等，国际著名的百安居建材商店也已全面进入我国。

10．购物中心

我国称为购物中心的零售企业很多，但真正的购物中心并不多。在北京的购物中心有北京金源购物中心、北京东方广场等。

【知识拓展】

家乐福的三大主打业态

从 1999 年与普拉马德斯合并开始，家乐福的业态就有了新的发展，现在家乐福的主要业态有大卖场、超级市场、折扣店。

1．大卖场

大卖场（Hypermarket）是由家乐福首先提出的零售业态，也是家乐福在全球地理分布最为普遍的业态。到目前为止，家乐福已经在中国成功开了 60 多家门店，主要为大卖场的经营模式，这是家乐福在中国最主要、最成功的业态形式。家乐福的大卖场所具有的一般特点是：家乐福的大卖场主要是以极具竞争力的价格提供广泛的食品和非食品，平均约有 70 000 种商品。营业面积大多是 7 000～12 000 平方米，能较完整地涵盖标准食品超市和百货商店的经营内容。

大卖场这种大型超市模式是目前在中国发展速度最快、规模最大的零售业态。家乐福就是它的典型代表，另外也有一些国外的零售商业采取这种零售业态，国内的大部分大型超市也采取这种业态模式。

2．超级市场

超级市场（Supermarket）规模处于大卖场与折扣店之间，如家乐福超级市场。

市场包括 Champion（冠军）、GS、Norte、Gb 和 Marinopoulos 等。这种业态都是以具有竞争力的价格提供绝大多数食品，场地面积一般为 1 000～2 000 平方米。其中“冠军”超级市场是家乐福一大品牌。从家乐福创建到现在，其超市布局一直是大棚式的建筑物。这样的超市布局使得其投资少，经营机动性大。

3．折扣店

家乐福的折扣店（Discount Stores）主要有 Dia（迪亚）、Ed 和 Minipre。这些折扣店大约提供 800 种食品，其中半数产品都是在迪亚品牌店里销售的，折扣店的面积通常较小，一般为 200～800 平方米左右。

由于折扣店特殊的定位，它是作为专业、廉价的商品的销售业态，因此折扣店在欧美商业领域占有很重要的地位，是家乐福的三大主打业态之一，也是家乐福全球店数最多的业态。这种业态在法国本土分布极为普遍。

迪亚在中国的第一批折扣店的规模在 100～200 平方米之间，采用仓储式销售，店内商品结构主要以食品为主，其他还有一些日化产品等，食品和日常用品比例为 4∶1。所有商品主要是找大的生产厂商贴牌生产的自营品牌。

目前在中国，家乐福的大卖场已经占据一大部分零售业的市场，同时家乐福的超级市场也已经深入到商业最繁荣的上海和北京两地。等到“冠军”标准超市进入北京市场，同时再加上折扣店等业态的出现，家乐福集团在中国的销售收入，市场份额的增加程度可想而知。

本章小结

连锁经营作为一种现代化的商业经营模式和组织形式，具有广泛的适应性，在很多行业都屡试不爽，成为很多商业投资者和管理者首选的经营模式。现代意义上规范的连锁经营创建于美国。世界上最早的正规连锁公司是美国的大西洋和太平洋茶叶公司（A&P）。

连锁经营是通过规模经营获取规模效益的，它把现代社会化大生产的基本原理，结合商业的特点，运用到流通领域，即在专业化分工的基础上，实现了流通的系统化和规模化，达到了规模效益与灵活方便的统一。连锁经营的基本特征，集中表现在规模化的经营方式、网络化的组织形式和规范化的管理方式三个方面。规模化的经营方式是连锁经营的核心内容；网络化的组织形式是连锁经营的前提条件；规范化的管理方式是获得连锁经营规模效益的基本保证。

连锁经营发展形式，各国虽有所不同，但常用的有直营连锁、特许连锁和自由连锁，这三种连锁形式具有不同的特征和优势，适用范围各不相同。

连锁经营与传统商业经营方式的区别主要表现在经营体制不同、自主权不同、抗风险能力不同三个方面。

同步测试

基础训练

1. 简述连锁经营产生与发展的条件。
2. 简述连锁经营的实质和基本特征。
3. 总结连锁经营成功的原因。
4. 什么是特许连锁经营？它有何特征？找一家当地的连锁企业，分析其是否具备这些特征。
5. 试分析说明连锁经营与传统商业经营的区别。发展连锁经营又有何意义？

6. 试述直营连锁、特许连锁、自由连锁的特点和优缺点，并找出这三种连锁经营的不同点。

7. 零售连锁企业可采取的业态有哪些？试调查、分析当地主要的连锁企业采取的业态。

实训项目

组织讨论：请结合身边连锁经营的案例，讨论连锁经营模式给企业的发展带来哪些优势。

案例分析

"一致药店"的连锁效应

1995 年 9 月，深圳市医药生产供应总公司首先把二级公司的采购统一起来，成立了总公司采购供应部，规范了购销渠道。1997 年初，他们又将原属 18 个二级公司的 70 多家药店全部分离出来，成立一致医药连锁有限公司，并首批推出 25 家"一致药店"。从此，"一致药店"招牌的数目在市内不断增加着。

"一致药店"连锁经营以"五个一致"和"三项承诺"为理念。"五个一致"包括，一致的品牌、一致的价格、一致的配送、一致的经营管理、一致的服务规范。而"三项承诺"则是：绝不出售假冒伪劣药品，严格执行国家物价政策，热情接待每一位顾客。

"一致连锁"是一个识时务的抉择。

"一致药店"面积大小不等，但是店内一律辟出五分之一作为药品超市开架售卖，其余部分作为中药专柜设专人服务。药品种类多的门店药品种类达到 5 000 多种，小门店也有 2 000 多种。随着店铺数目的不断增多，一致医药连锁有限公司在连锁门店达到百家之际，与广州药业股份有限公司、南京医药股份有限公司、重庆医药股份公司、沈阳医药股份有限公司签订关于强强联盟的合作意向书；与山东兖州矿业（集团）有限责任公司合资组建一致兖矿医药有限公司；与香港企业合资组建深圳市制药厂头孢原料分厂。在此基础上，它们联合建成当时华南最大的医药配送中心，加强区域联手配送功能，使"一致配送中心"为众多生产企业、连锁药店、集团消费群体提供一系列服务。

以直营连锁为主、特许连锁为辅，并探索与大型超市联营，使"一致药店"迅速低成本扩张，目前，门店总数已近千家。"一致"品牌从零售向生产延伸，"一致药店"的门店招牌为白底蓝字，药店的标志是一枚变体蓝十字。它意味着健康和安宁，又象征着"一致药店"是医药行业的新星和希望之星。而"一致"的得名除了因为药店在经营中保持"五个一致"外，还因为它与"医治"是谐音。

从"一致药店"的门店装饰看，并不豪华，但庄重、平实的格调却让人产生信任感。为了形成品牌效应，在开店过程中，公司拨出近千万元专款对早期的 51 家门店进行改造和装修。统一外表后的"一致药店"，在市民中起到意想不到的示范宣传作用。除此之外，公司还设立了"一致药店"便民服务项目，包括"24 小时全天候服务窗口""电话购物""家庭药箱"等；而一些分店还引进专业设备免费为顾客测血压和心律，此举吸引着附近居民定期前来。

"一致药店"在经营形式上，首先选择了直营连锁形式。即使在今天名声大噪时，公司对发展加盟店也很是“保守”。“一致”成名后，前来考察和谋求加盟的企业很多，但是作为公司的长远发展战略，目前公司更注重企业自身积累和品牌塑造，这个战略是切合医药市场实际的。更重要的一点是，品牌的身价要靠其内在品质要素来提高，而不是单靠规模扩张。

“一致药店”门脸也没有冠以“连锁”字样，但以企业文化和内在管理为保障的扩张保证其店店盈利、个个成功。特别是当门店达到一定数量后，公司立即着手建起配送中心，使“一致药店”连锁真正连起来，也真正实现低成本扩张。

“一致药店”给自己描述的蓝图是：由滚动式积累到跳跃式资本营运，组建成集团上市并通过兼并、收购、联合实现专业化规模发展，无疑，届时“一致”将成为一个更响亮的品牌。

问题：

（1）什么是直营连锁？什么是加盟连锁？二者有何区别？

（2）“一致药店”为什么选择直营连锁的形式？

第三章　特许连锁经营

学习目标

知识目标：

- 理解特许连锁经营的概念及特征
- 明确特许连锁经营的类型、发展历程与趋势
- 熟练掌握特许连锁经营的本质和运营规则
- 熟悉特许连锁经营的合同订立流程及要求
- 了解我国特许连锁经营有关法律法规

能力目标：

- 能解释特许连锁经营的概念及特征
- 知道特许连锁经营的类型、发展历程与趋势
- 会签订特许连锁经营的合同
- 能知道我国特许连锁经营有关法律法规

【案例导入】

特许连锁经营为“大联想”战略助力

从1998年起，联想公司开始建设联想1+1特许专卖店体系。经过一年多的建设，“联想1+1专卖店”逐渐落户到20多个城市，建成60多家特许店。联想公司消费市场本部专卖店发展处的王经理表示：特许连锁经营将成为主流。

为什么要建设特许专卖店体系？

随着计算机步入家庭，联想计算机产品也分为商用计算机和联想1+1家用计算机两大类。联想认为，现在家用计算机的销售，或采用委托代理制，或通过大型百货商场零售代销，并不真正适合家庭用户。计算机的科技含量较高，使用和维护都有一定的难度，商场销售人员无法满足家庭用户对专业化服务的需求。因此，联想针对家庭用户建立全新的专卖店体系。

由代理制转变为特许连锁经营是市场的选择。王经理介绍说，“原来在一条街上，就会出现代理商无序竞争的现象，不利于联想品牌的树立。采用特许连锁经营的方式，可以提高整体竞争力，实现对品牌、管理经验的整合，产生‘大联想’的品牌效应。”

特许连锁经营是一种强调“双赢”的竞争模式，这就要求特许者与被特许者建立并保持良好的关系，这不仅可以使经营更加愉快，也可以使整个网络变得牢固而有力。因此，如何选择理想的加盟者是非常重要的。

目前的“联想 1+1 专卖店”，绝大部分是由原代理商转变而来的。它们与联想合作多年，在管理、企业文化等方面有一定的认同。公司对这些代理商更是“知根知底”，对它们的信用程度有多年的记录。这为联想构建特许连锁经营体系打下了良好的基础。

王经理认为，管理特许店要比管理代理商难。对于代理商，只需在年初签订好代理协议，就可以坐等收成了，一年也就接触两三次。但是特许店的管理则是多层次、多方面的。“联想 1+1 专卖店”要做到六个统一：即统一产品及价格、统一理念、统一布局、统一形象、统一管理和统一服务。这也是特许连锁经营的基本特征所在。为了达到这六个统一，公司对专卖店的管理要从店长渗透到员工，从小处做起，并要着眼于大局。

由于特许连锁经营在国内的发展还处于起步阶段，观念的转变是重要而艰难的。比如一些被特许者还没有认识到自己是“出资者”。一些投资者参与经营管理的意识很强，甚至到店里来打扫卫生也觉得很高兴。王经理认为，构建特许连锁经营体系，要按不同的阶段进行，每个阶段的重点是不一样的，比如，第一阶段是建设，在运行过程中会不断发现问题，然后再强化管理，这样螺旋上升，不断提高管理的水平。

“倒空杯子里的水，以小学生的心态来学习”，对于特许连锁经营体系的建立与管理要多借鉴成功经验，并尽可能得到专业咨询公司的支持，少走弯路，少交学费。

第一节　特许连锁经营的含义与特征

特许连锁经营在国内的兴起始于 20 世纪 80 年代末 90 年代初，当时一些中国大陆本土的企业开始涉足特许连锁经营。李宁公司是特许连锁经营在中国创造的第一个神话；1993 年全聚德集团成立后，开始探索用特许连锁经营方式发展分店，随后华联、联华、马兰拉面、荣昌洗染等企业都快速地发展了特许加盟店。作为先进的经营方式和商业模式的特许连锁经营，正迅速成为我国商界热点，并越来越得到重视、普及和发展，使得我们不能不认真地学习和了解特许连锁经营。

一、特许连锁经营的含义

特许连锁经营——“Franchise”原本为法文，英文意为特别的权利，即封建时期帝王、君侯、领主等赋予个人的特权。19 世纪末以来，“Franchise”应用到商业上，被赋予了新的含义。

（一）特许连锁经营的定义

商业特许连锁经营是指拥有注册商标、企业标志、专利、专有技术等经营资源的企业（也就是特许人）通过订立合同，将其拥有的上述范围内的经营资源许可其他经营者（也就是被特许人）使用，被特许人按照合同约定在统一的经营模式下开展经营，并向特许人支付相应费用的经营活动。对于特许连锁经营的定义，虽然有多种不完全相同的表述，但其基本内涵和要素是一致的，只是其侧重点有所不同而已。

特许连锁经营都具有以下四个基本要素：

（1）特许人必须是拥有注册商标、企业标志、专利、专有技术等经营资源的企业。特许人如果不具备上述条件，特许连锁经营也就无从谈起。

（2）特许人和被特许人之间是一种合同关系。特许人和被特许人是相互独立的市场主体，双方通过订立特许连锁经营合同，确定各自的权利和义务。因此，特许连锁经营本质上是一种民事行为。

（3）被特许人应当在统一的经营模式下开展经营。特许连锁经营是一种高度系统化、组织化的营销方式，统一的经营模式是其核心要求之一，也是保证服务的规范性、一致性以及维护品牌形象的需要。这种统一的经营模式体现在各个方面，大到管理、促销、质量控制等，小到店铺的装潢设计，甚至标牌的设置等。

（4）被特许人应当向特许人支付相应的费用。特许人拥有的经营资源一般都经过了较长时间的开发、积累，具有较高的商业价值。被特许人经许可使用这些经营资源也是为了开展经营活动，因此需要支付相应的费用。支付费用的种类、数额以及支付方式，由双方当事人在合同中约定。

（二）特许连锁经营的基本特性

在特许连锁经营过程中，对于一个企业来说，各式各样的特许连锁经营体系既可以成为创业人自己看好的，可以特许授权的一个商业机会、一个事业希望；也可以是对成功的一种克隆；更是商业流通领域中的一种规模化、低成本的智慧型“扩大再生产”的商业扩张方式。

1. 特许连锁经营的创业性

所谓创业性是指特许连锁经营中的企业主所具备的创业素质、创业精神、创业激情。创业素质是指企业主在创业初期愿意而且准备长时间地从事艰苦工作；创业精神是指企业主要有努力工作的愿望和承受压力的能力；创业激情是指企业主要有迫切的学习愿望和追求成功的欲望。

2. 特许连锁经营的可复制性

所谓可复制性是指特许连锁经营中的特许者将自己所拥有的商标、商号名称、服务标记、标识、产品、专利或专有技术、经营模式等以特许连锁经营合同的形式授予被特许者使用，被特许者按合同规定，在特许者统一的业务模式下从事经营活动，并向特许者支付相应的费用。这种由获得特许权的若干被特许者所组成的，以特许者为首的整个经营体系就具有特许连锁经营的可复制性。

3. 特许连锁经营的低成本扩张性

所谓低成本扩张性是指特许连锁经营企业利用无形资产实现企业战略扩张。传统农业经济和工业经济是以土地、大量资金、设备等有形资产的投放实现企业的发展扩张。最后总会在企业发展中的某一阶段，因人、财、物等某个环节不时会出现一些这样或那样的瓶颈，而最终不能实现资源配置的最大化。在实现特许连锁经营的过程中，对于一般企业来说，该如何实现企业扩大再生产、做大做强的商业目标呢？企业的目标就是最大限度地占领市场，最终实现盈利。众多事例说明：21 世纪的主导商业模式——特许连锁经营，可依靠商业战略、推广体系和客户服务方式，凭借其低成本、可扩张性来成功达到企业目标，实现企业价值。

二、特许连锁经营的发展历程和趋势

为了更加全面、清晰地理解特许连锁经营，我们有必要在了解特许连锁经营发展历程的基础上，准确地把握特许连锁经营未来的发展趋势。

（一）特许连锁经营的发展历程

1. 雏形初具的古代特许连锁经营

与特许连锁经营相似的商业协议远在中世纪就存在，特许专卖权制度在封建社会也已司空见惯，这可算得上是特许连锁经营的萌芽。在中世纪，特许连锁经营代表着一种特权或权力，当地的君主、贵族会通过授予这种权力来控制市场，操纵本地渡口，或在其封地打猎。这一概念随之扩展到国王就修路、酿造啤酒等各种商业行为而授予的“特许连锁经营权”。究其本质，就是国王将垄断某一特定商业行为的权力授予了某人。随着时间的推移，约束特许连锁经营权的条例成为欧洲中世纪共同法的一部分。

2. 近代意义上的特许连锁经营

几个世纪过去了，特许连锁经营这一概念随着世界经济的演变而演变。19 世纪 40 年代，德国一些主要啤酒酿造商将特许连锁经营权授予了某些小店，即给予那些小酒店啤酒的专卖权。这就是我们现在所知道的特许连锁经营权这一概念的开始。

1851 年，胜家（Singer）缝纫机公司开始以特许连锁经营的方式出售其缝纫机分销特许连锁经营权，双方以特许连锁经营协议书的方式构成双方的特许加盟关系。通过这种方式，它们很快组织成了特许连锁经营网络，占有了美国缝纫机市场绝大部分的市场份额。19 世纪末至 20 世纪初，胜家（Singer）模式在若干个行业中得到复制，因此胜家被认为是特许连锁经营的鼻祖。20 世纪初期，汽车制造商和饮料公司纷纷仿效这种做法，建立全国的分销网络。人们把这一阶段的特许连锁经营称为第一代特许连锁经营，又称许可证、执照或商品商标型特许连锁经营。它一般包括两种类型：

（1）制造商授予零售商特许连锁经营权。如福特汽车公司发展的特许连锁经营零售商，需按福特汽车公司规定的销售方式和服务标准出售福特汽车。

（2）制造商授予批发商特许连锁经营权。如可口可乐公司给不同市场的装瓶商以经营权，这些装瓶商向该公司购买原浆，配兑装瓶后出售给零售商。可见第一代进行特许连锁经营的特许者都是消费品制造商，至今诸多制造商仍沿用这一做法。

3. 现代意义上的特许连锁经营

现代意义上的特许连锁经营又称为经营模式特许连锁经营，特许者购买的不仅仅是商品的销售权和商标使用权，而是整个商业模式的经营权，特许人要在企业创建和经营运作方面对被特许者给予支持和指导，也被称为第二代特许连锁经营。肯德基公司被认为是第二代特许连锁经营的代表之一。第二代特许连锁经营的应用以零售业、快餐业、服务业最为突出。

与第一代相比，它们更强调商标、经营技术和店铺设计等以知识产权为核心的特许。在美国，在过去几十年的特许连锁经营销售额中，第一代特许连锁经营占 70%，第二代占 30%；但近年来，前者有逐渐衰落的趋势，目前已形成平分秋色之势。如今，特许连锁经营已无处不在，无时不有，已经成为了一个高度规范化的产业，为那些真正要实现梦想并从事自己事业的人们提供了绝佳的机会。

（二）特许连锁经营的发展趋势

经过 100 多年的发展，特许连锁经营由于其对于商业、经济的巨大作用而迅速传播到了世界各地。我国在 20 世纪 80 年代末也出现了特许连锁经营，经过短短 20 多年的发展，现在已具备相当规模，更有专家预言，中国将成为全球最大的特许连锁经营市场。

1．特许连锁经营浪潮席卷全球

进入 21 世纪以来，特许连锁经营作为当今世界最具活力、发展最快的一种商业企业运作方式，越来越多的企业感受到它的魅力，它已得到了业界人士的普遍认可。特许连锁经营在越来越多的行业中得到应用，而最新的互联网和信息技术也在特许连锁经营企业中得到了广泛应用。特许连锁经营还成为个人创业投资的首选模式。特许连锁经营企业本身的扩张解决了许多人的就业问题，缓解了社会压力。随着市场经济体制的建立和完善，特许加盟正显示出强大的生命力和良好的发展前景。被特许者可利用著名品牌的无形资产价值获取巨大的商业成功，实现真正意义的品牌资源共享，省去自己从小作坊做起的艰辛创业，在分享著名品牌无形价值的同时，也享受着自己轻松赚钱的快乐。

2．特许连锁经营将成为 21 世纪主导商业模式

特许连锁经营是继百货商店、超市之后的第三次商业领域里的革命，是有史以来最成功的营销概念，将成为 21 世纪的主导商业模式。20 世纪 80 年代以前，连锁经营还是以直营连锁为主要形式，主要集中于日用消费品销售企业。20 世纪 80 年代以后，由于全球市场准入和相应法律规范的完备，极大地约束了特许连锁经营中的投机不法行为，特别是科学技术的极大进步，以连锁加盟为手段的特许连锁经营重新启动，之后迅速渗透到社会商业和服务业等，特许连锁经营被赋予崭新的含义，它成为一种新的经营模式和经营管理制度。一些优势企业不再局限于自有资本的规模，而将其成熟的自我约束机制、管理模式、技术手段、品牌商品、文化理念和服务体系以合同的形式进行输出，迅速地在全球范围内把不同资本持有者在合同的规范下形成一个资本统一经营的外在形象，超大规模地进行海外市场的“强行进入”，成为西方国家绕过第三世界国家外资投资领域限制，扩大国际贸易的有效手段，产生了一般合资性企业集团难以望其项背的规模效益，创造了又一次“全球性的商业革命”。

3．特许连锁经营在我国发展前景广阔

从特许形式和行业领域看，特许连锁经营在商品流通领域和社会服务领域有着巨大的发展空间。我国的特许连锁经营从一开始就是以第二代特许连锁经营即全套经营模式特许为主，而不像国外从第一代商品商标型特许连锁经营起步，逐步发展到第二代特许连锁经营。即使在美国，目前第一代特许连锁经营仍占整个特许连锁经营的 30%～40%。我国的特许连锁经营主要起步于第三产业中的零售业、餐饮业和服务业，相比之下国外的特许连锁

经营一般起步于制造业，而且至今制造业的特许连锁经营仍占一定比重。可见，我国特许连锁经营的起点比较高。截至2006年，我国特许连锁经营体系达2 600多个，涉及超级市场、便利店、家电专业店等近60个行业及业态。在2013年的时候，特许连锁经营体系达到4 000多个，几乎遍及各个行业和业态。

三、特许连锁经营与其他连锁经营的区别

连锁经营是一个种概念，而特许连锁经营是一个类概念，是连锁经营的模式之一。有人把特许连锁经营作为与连锁经营平行、并列的概念，是不够准确的。当然，有时人们在狭义上使用连锁经营的概念，这时的连锁经营实际上仅特指直营连锁经营。在这种意义上，特许连锁经营和连锁经营是并列、平行的概念。因此，谈到特许连锁经营与连锁经营的区别，实际上指的是特许连锁经营与连锁经营的另外两种模式——直营连锁经营和自由连锁经营的区别。

（一）特许连锁经营与直营连锁经营的区别

1. 产权关系不同

特许连锁经营是独立主体之间的合同关系，各个特许加盟店的资本是相互独立的，与总部之间没有资产纽带；而直营连锁店都属于同一资本所有，各个连锁店由总部所有并直接运营、集中管理。这是特许连锁经营与直营连锁经营最本质的区别。特许连锁经营总部由于利用他人的资金迅速扩大产品的市场占有率，所需资金较少。相比之下，直营连锁经营的发展更易受到资金和人员的限制。

2. 管理模式不同

特许连锁经营的核心是特许权的转让，特许者（总部）是转让方，被特许者（加盟店）是接受方。特许体系是通过特许者与被特许者签订特许合同而形成的，各个加盟店的人事和财务关系是独立的，特许者无权进行干涉。被特许者需要对特许者授予的特许权和提供的服务以某种形式支付报酬。而在直营连锁经营中，总部对各分店拥有所有权，对分店经营中的各项具体事务均有决定权，分店经理作为总部的一名雇员，完全按总部意志行事。

3. 涉及的经营领域不完全相同

直营连锁经营的范围一般限于商业和服务业，而特许连锁经营的范围则宽广得多，除商业、服务业、餐饮业、制造业、高科技信息产业等领域外，在制造业也被广泛应用。

4. 法律关系不同

在特许连锁经营中，特许者和被特许者之间的关系是合同双方当事人的关系，双方的权利和义务在合同条款中有明确的规定。而直营连锁经营不涉及这种合同（分店经理与总部的雇佣合同则另当别论），总部和分店之间的关系由公司内部的管理制度调整。

5. 发展方式不同

特许连锁经营通过招募独立的企业和个人加入而扩大体系，特许者不仅需要吸引潜在的被特许者，还需选择被特许者，并为被特许者提供培训和服务。而通过直营连锁经营扩大规

模则要筹集足够的资金，配备大批的管理人员。相比之下，特许连锁经营是利用他人资金扩大市场占有率，所需资金较少。而直营连锁经营的发展更易受到资金和人员的限制。

（二）特许连锁经营与自由连锁经营的区别

（1）特许连锁经营是总部和加盟店依照一对一的特许连锁经营合同成立的，而自由连锁经营是加盟店按自发的意志、自愿共同结成的组织。

（2）特许连锁经营的加盟店与总部之间存在纵向关系，各加盟店之间没有横向联系；而自由连锁经营的加盟店之间则存在横向联系。

（3）自由连锁经营体系是由加盟店集资组成的，所以加盟店可以得到由总部利润中作为战略性投资的、持续性的利润返还，而特许连锁经营中没有这种总部对加盟店的利润返还机制。

（4）自由连锁加盟店享有的经营自主权比特许连锁经营加盟店多，相互联系更为松散。

（5）特许连锁经营加盟店在合同期内不能自由退出，自由连锁加盟店可以自由退出。

（6）自由连锁经营总部一般是非营利性机构，不收或收取少量的会费。特许连锁经营中则有特许连锁经营费用和保证金等。

（7）特许连锁经营通常依托于特许人开发的某些独特的产品、服务、经营方法、商号、商誉或者专利，而自由连锁经营则不需要以此为依托。

【知识拓展】

六种最热的特许行业

1. 餐饮业

餐饮业是特许连锁经营发展最蓬勃的行业，尤其是快餐店的发展，更是蒸蒸日上。21世纪前五年美国增长最快的十大特许连锁经营企业中，有5家是快餐店。加盟特许连锁经营餐饮业投资额从几万到上百万不等，一般可以给投资者带来稳定的回报。

2. 便利店

这是全球发展较为成功的特许业务，最早的便利连锁店“7-ELEVEN”便利店已有60年历史，在全世界拥有1万家分店，其中半数以上是特许加盟店。加盟便利店相对来讲对管理要求比较低，因为有总部负责配送货及店堂管理指导，经营流程比较简单，获利也较稳定。

3. 日用品/食品零售

这一行业的稳定性及成功率都较其他行业高，也是非常普及的特许连锁经营行业，一般投资额不大，也无需相关经验，加盟门槛较低。

4. 教育/培训

这是个正被大家看好前景的特许连锁经营业务，但业内人士普遍认为，这行需要较大的投资，而且特许合同期限一般都很长，不适宜一般的投资者考虑。目前世界最大的英语教育品牌“英孚教育”“阶梯英语”等品牌，在中国都已具有非常成功的经验。

5. 商业服务

这是一个全新的特许连锁经营业务，绝大部分出现在1980年后期，包括会计报税、广告代理、企业顾问、房产中介、快递等各项服务，目前在全球呈快速发展势头。全球最大的快印连锁系统“速必得”快印、世界五百强企业之一的“TNT”等均为业内领先品牌。

6. 汽车用品及服务

这是一个较新的特许连锁经营行业，出现历史不超过 20 年。但是随着经济的发展及个人汽车的普及，拥有广阔的市场前景，值得投资者关注。

资料来源：http://www.scea.org.cn/a/texu/jygl/2012/0420/2846.html

第二节 特许连锁经营的合同订立

一、特许连锁经营合同概述

（一）特许连锁经营合同的特点

特许连锁经营合同不是合同法上定型化的合同类型，属于许可合同但又不能归入知识产权许可合同范畴，它概括了在特许连锁系统运营中特许人与被特许人之间的权利义务关系。具体而言，特许连锁经营合同具有以下特点。

1．双务有偿性

特许连锁经营合同具有双务合同的性质，带有双务合同普遍存在的成立上的牵连关系、履行上的牵连关系（同时履行）、风险负担、担保责任等特性。所谓双务合同的牵连性，是指在双务合同中，一方的权利与另一方的义务之间具有相互依存、互为因果的关系。这种牵连性表现在合同关系成立上，就是双方当事人的权利、义务由一个合同所产生，双方的权利、义务从一开始就互为条件；表现在合同履行过程中，则是当事人一方承担的义务以对方承担的义务为前提；表现在合同存续上，则是指非因当事人双方的过错而导致合同实际不能履行时，所发生的风险究竟由哪一方负担、担保责任究竟如何的问题。

因此，有关双务合同中的同时履行抗辩权、先履行抗辩权和不安抗辩权等合同法理论，在关于特许连锁经营合同解释、特许连锁经营合同纠纷解决中同样适用。不过，尽管特许连锁经营合同存在着双务合同的共性，但是，在解决特许连锁经营合同纠纷适用合同法原则时，国外在判例上常常表现出与以规范典型合同为目的的民法（合同法）原则有所不同的态度。

2．格式条款的特殊性

对于特许连锁经营合同具有格式条款的特性，可参见关于特许连锁经营合同体例的讲解。

3．总括性与系统性

特许连锁经营合同具有权利束（集中）的性质。特许组合包含商标的使用许可、经营专有技术的实施许可、教育培训的实施、经营指导等项要素，并且各个要素间存在着互相影响的关系。例如，原材料的购入方法与商品的品质相关，经营专有技术的内容将对店铺的营业方式方法产生影响。正是整合了多种多样的要素，特许加盟店的经营才能成功。在此意义上说，特许连锁经营合同具有集合的总括性特征。

同时，特许连锁经营合同又具有系统性，即特许连锁经营合同是为了聚集多数加盟者创立特许连锁系统而制作的。因此，尽管特许连锁经营合同是直接地确定了特许人与被特许人一对一的权利、义务关系，但是合同本身是为特许连锁经营体系全体加入者设定的，因而这种统一的目的和机能，不得不对个别的特许连锁经营合同的制作、解释和运用产生影响。从纠纷处理的角度来看，对组织体内个别案件的任意处理将有可能对特许连锁经营体系整体产生不良影响。

4. 合同效力的继续性

特许连锁经营合同是作为具有持续性的交易内容而被设定的，同时特许连锁经营体系也是以让被特许人进行经营为目的而创建的，这样自然以长期持续性为前提。因此，特许连锁经营合同就设置了对应于合同期间的设定合同、解除合同、更新（续签）合同、合同终止后的措施、情势变更等内容的条款。

另一方面，普通合同的效力应当只在合同有效期内发挥作用，但是，对于特许连锁经营合同来说，合同的效力不只局限于合同存续期间内，即使在合同成立前或合同终止后，也发生基于民法、合同法及《商业特许经营管理条例》规定的以诚信为原则的保护义务。具体而言，在特许连锁经营合同订立前，特许人有按照《商业特许经营管理条例》和《商业特许经营信息披露管理办法》等规定如实披露必要信息的义务，有按照民法、合同法及《商业特许经营管理条例》第四条规定的诚实信用原则在当事人为缔约而进行磋商的过程中向对方负有相互协力、通知、说明、照顾、保护等附随义务。因此，特许人在合同签订过程中，如存在《中华人民共和国合同法》第四十二条列示的“当事人在订立合同过程中有下列情形之一，给对方造成损害的，应当承担损害赔偿责任：①假借订立合同，恶意进行磋商；②故意隐瞒与订立合同有关的重要事实或者提供虚假情况；③有其他违背“诚实信用原则的行为”等情形时，并且主观上存有过错，就应当承担合同上的缔约过失责任。

特许连锁经营合同终止后的效力则是指当合同中约定有竞业禁止条款时，该条款的效力将延续至合同存续期间以后一定期间。此外，特许连锁经营合同中当事人有关保密义务的约定，也同样具有超过合同存续期间的约束力。

（二）特许连锁经营合同的形式

尽管特许连锁经营合同种类繁多、各式各样，但概括而言，可以分为全规定记载型和分离记载型两类。

1. 全规定记载型

所谓全规定记载型，是指将特许连锁经营合同涉及的全部详细的约定内容集中汇编在一份合同书中而不附其他文件的格式。通常，此种格式条款合同书在刚刚开始从事特许连锁经营的特许人中较为多见，也是目前国内可见书籍中介绍的格式。中国特许连锁经营的发展只有 20 多年的历史，为何中国的特许连锁经营体系总也长不大，特许连锁经营体系运营总是不顺畅？究其原因，特许连锁经营合同书的构成方法可以说是一个大问题。

通常，特许连锁经营合同书的内容构成，应是在明确合同当事人双方的权利、义务基础上，对运营中必要的相互关联事项进行成文化的描述、约定，在时间序列上也应包括合同履行中与合同终止后的事项。如果考虑到特许系统运营的复杂性，将所有内容全部纠缠在一起汇集于一个文本中，事实上是很困难的，实践中也难以很好地履行。因此，目前国外的特许连锁经营合同多采取分离记载型。

2. 分离记载型

所谓分离记载型，是将合同的主要内容规定于特许连锁经营合同书中，而涉及有关具体问题的规定，则分门别类地做成合同书的附属文件，共同组合为合同书的形式。实际上，分离记载型合同书可称为特许连锁经营合同文件体系，内容构成庞大，涉及特许系统的方方面面，并且凝聚着特许连锁经营合同制作的技巧、经验。就整个特许连锁经营体系而言，《商业特许经营管理条例》第十一条规定：从事特许经营活动，特许人和被特许人应当采用书面形式订立特许经营合同。

特许经营合同应当包括下列主要内容：

（1）特许人、被特许人的基本情况。

（2）特许经营的内容、期限。

（3）特许经营费用的种类、金额及其支付方式。

（4）经营指导、技术支持及业务培训等服务的具体内容和提供方式。

（5）产品或者服务的质量、标准要求和保证措施。

（6）产品或者服务的促销与广告宣传。

（7）特许经营中的消费者权益保护和赔偿责任的承担。

（8）特许经营合同的变更、解除和终止。

（9）违约责任。

（10）争议的解决方式。

（11）特许人与被特许人约定的其他事项。

《商业特许经营管理条例》第十二条规定：“特许人和被特许人应当在特许经营合同中约定，被特许人在特许经营合同订立后一定期限内，可以单方解除合同。”

《商业特许经营管理条例》第十三条规定：“特许经营合同约定的特许经营期限应当不少于3年。但是，被特许人同意的除外。特许人和被特许人续签特许经营合同的，不适用前款规定。”

二、特许连锁经营合同的体例

（1）在前言中，应当包括当事人的商号、名称、特许连锁经营体系的名称及合同的目的等内容的阐述。

（2）定义条款是对合同书中反复使用的词汇或在合同中具有特定意义的用语进行解释和说明。

1. 总则

（1）特许连锁经营权的授予。

（2）特许连锁经营原则。

（3）当事人的关系。

2．商标、商号等的使用许可

（1）商标、企业标识等的使用许可。

（2）使用许可的条件。

（3）商标、标识的保护。

3．专有技术的提供

（1）专有技术的提供。

（2）运营手册及其他商务文件的交付。

（3）开业前的培训。

（4）开业后的培训、经营指导。

4．加盟店的建立与运营

（1）加盟店的建立。

（2）加盟店的运营。

（3）开业日期、营业时间。

（4）从业人员。

（5）卫生管理。

（6）经营状况调查。

（7）报告义务。

（8）消费者投诉。

（9）最善努力义务。

（10）竞业禁止义务。

（11）地域制。

（12）遵守法律。

5．进货与销售

（1）商品的质量管理。

（2）货物的持续供给与配送。

（3）库存义务。

（4）订单与发货。

（5）交付与验收。

（6）进货、生产、加工的限制。

（7）生产方法。

（8）加盟店的销售。

（9）销售商品的目录。

（10）商品的销售方法。

（11）广告与促销。

（12）产品责任。

6．支付与结算

（1）加盟金。

（2）使用费。

（3）预付款。

（4）广告分担费用。

（5）租金。

（6）迟延利息。

（7）保证金。

（8）财务管理。

7．合同的终止

（1）合同期间。

（2）合同即时解除。

（3）通知解除。

（4）合同终止后的效果。

（5）商标、标识等使用的停止。

（6）物品的返还。

（7）附期限条件的解除。

（8）合同终止后的竞业禁止。

8．附则

（1）保密义务。

（2）合同的转让。

（3）合同上地位的继承。

（4）损害赔偿额的算定。

（5）参加保险义务。

（6）因不可抗力的免责。

（7）销售额与营业收入保证的不存在。

（8）合同的变更。

（9）争议的解决。

（10）连带保证。

三、特许连锁经营合同的结构

1．前言

在前言中，应当包括合同当事人的商号、名称、特许连锁经营体系的名称及合同目的等内容的阐述。

2．定义条款

在合同书中频繁使用的概念，如果反复进行解释，合同书将显得非常繁杂、零乱。因而，预先将表现这些概念的词汇进行定义，将使合同书变得简洁、易懂，并保持前后一致，这就是定义条款存在的意义。

定义条款的作用在于：一是明确合同中使用的用语在该合同书中的意义和内容，防止解释上发生歧义，实现“用语的明确化”的目的；二是避免反复解释同样的用语而使合同书零乱、繁杂。对于前者，通常采取的方法是，从某一语句的一般意义中摘出在合同书中使用的特定意义并加以限定；对于后者，采取的则是对某一固有名词赋予全新的简略型和名词化的简洁方法，追求“合同书简洁化”的目标。具体而言，在合同书设定定义条款，应追求实现以下目标：

（1）求得正确的定义。对用语的定义最为正确的表述方法是对该用语包含的内容与不包含的内容进行明确的记述，依此确定用语所包含范围的界线。例如，在英文合同中规定了“一方对另一方书面通知后 7 日（Seven Days）以内对方必须答复”的内容，那么“7 日”中是否算入星期六和星期日。即使是仅仅计算“Day”，也有多种解释的可能，将公休日、星期六、星期日算入的场合称为“Calendar Days”，而除去公休日、星期六、星期日仅计算实际工作日的场合称为“Business Days”。

（2）追求简洁化的定义。在期待上述正确性定义的同时，应追求合同书整体的简洁化，对频繁出现的用语应以“略语”进行置换，使合同易读。

在实务中，通常的作业是为了明确化和简洁化而进行的，因此合同当事人对“定义范围”都能取得一致，而出现问题较多的是“进行怎样的定义”。

通常，定义条款作为合同的第一条。不过，合同书开篇洋洋数页的定义条款也使得把握合同书的要点更为辛苦。因此，在持续性的交易中，如果没有造成双方解释上误解的担心，可以不设置定义条款。但是，即使是简短的合同书，如果重要的用语频繁出现，也应采用定义条款方式。

定义条款设立的目的是为了在解释合同相应条款时求得统一，并在发生合同纠纷时，作为解释合同条款具体内容的标准。如果定义本身就不准确，也就无法发挥其应有的效用。比如，有关保证金的定义，实际上保证金的作用和设立目的在于担保被特许人的债务履行。在特许连锁经营合同履行中或解除后，一旦被特许人不能及时清偿所欠特许人债务，将以被特许人预付的保证金进行抵消，在合同终止时将剩余部分返还给被特许人。如果不对保证金的性质进行说明或错误定义就可能影响保证金的使用。在实务中，很多总部是将保证金的一部分作为抵付货款使用的。

3. 合同当事人

《商业特许经营管理条例》明确规定特许经营合同应当记载特许人、被特许人的基本情况。

特许连锁经营合同的当事人是特许人和被特许人，他们是分别独立的经营者。因此，他们各自承担自己经营的费用和责任，并且二者不是雇佣、代理关系，对第三者分别承担独立的责任。

在“合同当事人”条款中，一般的合同书中都设立有“当事人的地位”说明，有的特许连锁经营体系要求更为严格，明确设立“加盟资格”规定。

4. 特许连锁经营权的授予

所谓特许连锁经营权的许诺或授予，是指特许人许可被特许人在与自己店铺同一的形象下，使用同一的营业方法经营加盟店。

在特许连锁经营合同中，较多见的是在开篇明示特许连锁经营权的授予，只是表现方法各种各样。如果进行分类，可归纳为：

（1）写明授予特许连锁经营权。

（2）写明许可特许连锁经营体系的使用。

（3）写明授予注册商标、企业标识和经营专有技术的使用权。

（4）写明许可被特许人使用特许人规定的方法（经营专有技术等）进行销售活动等。

从特许连锁经营的内容来说，基本上是依靠"形象的授予"和"营业方法的授予"两方面来实现的。"形象的授予"主要是以商标、企业标识等的使用许可为中心，而"营业方法的授予"则是以经营专有技术（商业秘密）、专利技术、经营模式等经营资源的使用许可为中心。

在以上两个方面，商标、企业标识等的使用许可是明确化的，而经营专有技术等经营资源则具有抽象性。如果在定义条款中已有概括，尚能多少做些解释，但即便如此也存在着抽象性的问题。一旦发生纠纷，被特许人经常提出的理由是特许人没有经营专有技术。因此，对经营专有技术进行明确定义很有必要。

5．授权地域

目前国内可见到的特许连锁经营合同文本存在的普遍问题，就是有关特许授权地域条款的不确定性。不明确的授权地域范围将给特许连锁经营合同的履行留下隐患，并将引发无穷的诉讼纠纷。

（1）必须区别授权地域与授权地点在概念上的不同。授权地域指的是特许人划定的被特许人可以使用获得的特许权进行经营的地域范围，授权地点则是指被特许人（加盟店）的营业地。

（2）授权地域实际上等同于加盟者获得特许授权进行经营的商圈范围（当然二者定义不同）。一方面，被特许人（加盟者）仅能在该地域范围内进行经营；另一方面，其他加盟者也不能跨入在先获得特许授权者的授权地域内从事经营活动。

（3）地域限制与商圈保护是特许连锁经营的基本问题。特许连锁经营体系是否采取严格的地域制，由特许人根据本系统和经营环境的状况来具体设定。但是，即使特许系统不采取严格的地域制，也要对加盟者商圈进行有效保护。

（4）在采取地域制的情形下，虽然在授权地域内特许人承诺不再授权予他人，即不再发展其他加盟商，但是，是否允许特许人自己在该地域进行经营，应在特许连锁经营合同中进行明确规定。

（5）由于经营环境的改变，在授权地域内如果确有必要增开新店而被特许人又没有出店意愿时，特许人将会采取怎样的措施和方法解决面临的新问题，也应当在特许连锁经营合同中加以明确。

6．商标与经营专有技术的使用

许可商标与经营专有技术是特许连锁经营的两大要素。在特许连锁经营合同中，特许人在许可被特许人经营专有技术的实施和商标等的使用的同时，将决定知识产权的实施和使用的条件，设定两者间的权利、义务关系。

另外，经营专有技术与营业标识在法律上并不具有较强的权利性，因此需要当事人间在特许连锁经营合同中强化其权利性，这就是为什么在特许连锁经营合同中设定有关"商标与经营专有技术的使用许可"专门条款的意义。

7. 商标与营业标识等使用方式和方法的限制

在授权商标、营业标识等使用许可之际，特许人可以设定各种各样的使用限定条件。通常，其在特许连锁经营合同中的表现有如下几种：

（1）权利的所有。在合同书中规定“被特许人承认特许人拥有关于商标、营业标识等的权利”。

（2）使用义务。规定被特许人必须按照特许人的指示使用商标、营业标识等。

（3）目的外使用禁止。规定被特许人仅在特定的地域、场所、商品和服务中使用商标、营业标识等，不得在特许连锁经营合同允许的目的外使用，更不能让第三者使用。

（4）改变的禁止。被特许人不得改变（变形或损伤）商标、营业标识等。

（5）第三人的侵害。被特许人知道第三人侵害或有可能侵害商标、营业标识等权利时，应当通知特许人。

（6）商标商号注册登记的禁止。被特许人不得将与自特许人处获得使用的商标等同一或类似的标识作为商标或商号进行注册登记。

（7）合同终止后的义务。在特许连锁经营合同终止后，被特许人应立即停止使用在合同期间被许可使用的商标、营业标识等，并且以后也不再使用。

（8）违约金。规定当被特许人不正当地使用商标、营业标识时，应承担违约责任，支付违约金。

8. 专有技术的实施许可与传授

专有技术的实施许可特许加盟店营业的实质内容几乎是由特许人拥有的经营专有技术决定的。因而，根据特许连锁经营合同，特许人与被特许人约定有关经营专有技术提供与使用的基本原则是最重要的事项。

通常，在特许连锁经营合同中规定特许人拥有经营专有技术并且允许被特许人使用。不过，经营专有技术究竟是什么，通常在合同书中是抽象化地表现的，也有具体化表现的个别事例。例如，在合同书中明确记载“关于生产某项产品的专有技术的实施”或者“向加盟者提供有关特许加盟店经营管理的专有技术”等。此外，也有采用更为具体化的“列举式”记载方法的，比如，向加盟者提供“店铺选址”“店铺设计、装潢、陈设”“设备机器选定咨询”“商品制作方法的指导”“经营管理的信息”“广告宣传实施”等指导。

在合同书中对专有技术进行列举式的表述，其优点是有关专有技术的内容通俗易懂，因此合同书的表述越具体越好。但是，具体化表现形式也有其自身的不足，因为依据文字不可能对任何事项都能详细无遗漏地进行描述，所以采用“列举式”的最大弊端就是可能遗漏有关事项。基于这种考虑，在合同书中，设置通用条款，仅确定基本原则而不涉及细节规定，是最为稳妥的。

第三节　我国特许连锁经营有关法律法规

特许连锁经营在我国虽然只有十几年的时间，但发展速度很快。由于特许连锁经营本身的特点，加上我国市场发育尚不成熟，社会公众对特许连锁经营的了解不够充分，特许连锁经营在快速发展中也存在一些突出问题，主要是：特许连锁经营活动不规范，市场秩序较为混乱；特许连锁经营活动当事人特别是被特许人的合法权益得不到有效保障；以特许连锁经营名义进行欺诈等违法犯罪活动时有发生。这些问题不仅阻碍特许连锁经营的健康发展，扰乱市场秩序，而且容易发展成为影响社会稳定的因素。由此可见，特许连锁经营在快速发展的同时也引发了很多法律问题，对此进行了解是很有必要的。

一、特许连锁经营所涉及的法律关系及其核心

特许连锁经营法律关系按其性质，可分为特许连锁经营的内部关系和外部关系，并且分别受不同的法律规范调整。从外部关系上看，被特许人在经营中与第三方发生的任何关系，都应独立承担法律责任。因为，特许人和被特许人是两个法律地位相互独立的民事主体，被特许人不是特许人的分公司、子公司、合伙人或代理商。从内部关系上看，特许人与被特许人之间的权利、义务关系由特许连锁经营合同规定。特许人授予特许权，供被特许人使用，并加以指导；被特许人依约从事特许业务，在与特许人同一形象下，销售同样的产品或服务，并负有向特许人支付相应代价，遵守特许人特别限制的义务。

特许连锁经营法律关系的核心是特许权。其特征是：从本质上说，它是一种使用许可权。特许权的持有人不因特许的法律事实而影响其权利本身，被特许人取得的只是使用权。特许权是一种组合式的知识产权，由商标、商号、商业秘密、专利权等组成，但绝对不是他们的简单相加，而是各种知识产权间有机结合，由此构成一种崭新的权利即特许权。围绕特许权构建的特许连锁经营合同是建立特许连锁经营法律关系的核心。

二、特许连锁经营涉及的法律问题

从我国特许连锁经营实践来看，特许连锁经营涉及的法律问题主要有以下几个。

（一）特许业的市场准入问题

特许连锁经营是一种组织化、制度化、标准化程度较高的经营方式。规范特许业务，建立特许业的市场准入制度体现了国家对特许业的监督和管理。

我国对特许方的规范主要表现在下列方面：

（1）国内企业（包括外国特许组织建立的合资企业）开展特许业务对特许人的实质性要求是：

1）具有独立法人资格。

2）具有注册商标、商号、专利和独特的、可传授的经营管理技术或诀窍，并有一年以上良好的经营业绩。

3）具有一定的经营资源。

4）具备向被特许人提供长期经营指导和服务的能力。

对特许人的程序性要求是：应向工商管理部门申请注册登记。

（2）外国特许组织在我国开展特许连锁经营业务实质性要求应同于对国内企业的要求，给予国民待遇，但程序性要求应有别于国内企业。即：

1）外国法人的认可。外国特许组织依其国内法的规定可以开展特许连锁经营，不等于说，也就想当然地可在我国从事特许连锁经营。外国特许组织要在我国开展上述业务，必须经我国国务院或国务院授权的主管机关的批准。

2）工商登记。经批准的外国特许组织，要到国家工商行政管理局或其授权的地方工商行政管理局申请登记注册。外国特许组织经登记主管机关核准登记注册，领取《中华人民共和国营业执照》后，方可开展特许连锁业务。未经审批机关批准和登记主管机关核准登记注册，外国特许组织不得在中国境内从事经营活动（注：参见国家工商行政局《外国（地区）企业在中国境内从事生产经营活动登记管理办法》第二条），对被特许人的规范也有必要。在国外，它往往规定在特许连锁经营合同中，为当事人意思自治的内容。但从我国的现实出发，为了保障交易的安全，也对被特许人的条件作出了明文规定，包括：

① 有合法资格的法人或自然人。

② 拥有必要的经营资源（资金、场地、人才等）。

③ 具有一定的经营管理能力。

（二）特许连锁经营合同内容的规范问题

对特许人来说，特许权是整个特许体系得以发展的根基，如何利用特许连锁经营合同对之进行适当的保护，关系重大。因为，如果没有必要的约束，一旦一家特许店砸了这块牌子，整个特许体系的经营、发展就会严重受挫；对被特许人来说，进入特许体系后，自己的命运就和体系的发展息息相关。而且，应向特许者支付多少代价，特许者能否及时提供服务等均依赖于特许连锁经营合同的规定。因此，忽视特许连锁经营合同，不愿订立或不注意合同的条款，对特许业来说，将是致命的。

1．签约前告知义务

为保障特许申请者得到有关特许店、总部、特许权的充分信息，以便作出是否加入该特许体系的正确判断，总部必须向其提供规定的文件。因为，特许连锁经营合同是一个非常专门性的合同，且存在信息非对称性，即总部具有明显的信息优势。根据诚实信用原则，总部有提供相关信息的义务，即对于特许申请者是否缔结特许连锁经营合同有着重要判断价值的信息，应予提供。特许人至少应在正式签约10天前，以书面形式向特许申请者提供真实的有关特许连锁经营的基本信息资料。这些资料至少应当包括：特许人的企业名称、基本情况、经营业绩，所属被特许人的经营情况，已经实践证明的特许网点投资预算表，特许连锁经营权费及各种费用的收取方法，提供各种物品或供应货物的条件和限制等。而被特许人也有义务按照特许人的要求如实提供有关自己经营能力的资料，主要包括合法资格证明、资信证明、产权证明等。

2．合同当事人的基本权利、义务

（1）特许人的基本权利是：

1）为确保特许体系统一性和产品、服务质量的一致性，有权对被特许人的经营活动进行监督。

2）有权向被特许人收取特许连锁经营权费及各种服务费用。

3）对违反特许连锁经营合同规定，侵犯特许人合法权益，破坏特许体系的行为，有权

终止被特许人的特许连锁经营资格。

（2）特许人的主要义务是：

1）信息披露义务，在签约前向特许申请者提供关于该特许组织、特许权完整、准确的信息资料。

2）将特许权授予被特许人使用并提供代表该特许体系的营业象征及经营手册。

3）提供服务的义务，在签约后向被特许人提供包括选址、培训、设备、商品采购、商品陈列、营业现场管理等一系列的初始服务；开业后继续提供包括商品配送、经营分析、管理等后续服务。

（3）被特许人的基本权利是依约获得特许人的特许连锁经营权，包括：

1）在合同约定的范围内行使特许人所赋予的权利。

2）依约获得特许人所提供的经营技术及商业秘密。

（4）被特许人的主要义务是：

1）严格按照合同规定的标准开展营业活动。

2）按照合同约定按时支付特许权使用费及其他各种费用。

3）维护特许体系的名誉及统一形象。

4）接受特许人的指导和监督。

3．特许连锁经营合同条款

特许连锁经营合同中细节问题订得越实际，则越有助于维持一个健康的长期关系。而且，特许连锁经营还会涉及合同当事人以外的人的利益，如整个特许体系中的其他被特许人、消费者。由于特许合同只是特许人事先拟好的格式合同，合同的内容当然会因特许人的利益而有所取舍。因此，规范合同内容将是必要的。尽管特许业务不同，特许权也会相应有所区别，但下列条款，应是所有种类的特许连锁经营合同都必须具备的。

（1）授予特许权条款。这是特许连锁经营合同的核心，是首要条款。特许人同意授予被特许人特许权。具体包括特许权的内容、范围、期限、地域。

（2）特许人的服务条款。特许人提供的服务是特许权的重要组成部分。没有服务，特许店甚至特许体系将难以维持下去。特许人的服务由初始服务、持续服务构成，如对被特许人的培训和指导。

（3）特许费及其他费用的支付。特许费是特许人转让特许权所取得的收入。一般分为两部分：一是加盟费，这是固定的；二是使用费，一般是根据受许方一年毛收入的一定的百分比来计算。其他费用主要是广告促销费、培训费等，具体由谁负担，也取决于特许人和被特许人的约定。

（4）品质管理条款。高品质标准是保证特许连锁经营成功的关键，不能在一个业务单位中保持品质标准就会损害整个特许体系的利益。这些要求和规格一般写在业务操作手册中，被特许人应严格遵守业务操作手册的内容。

（5）保密条款。合同的核心是特许权，而特许权是由商标、专利、商业秘密等知识产权构成的一个有机组合体。尤其是商业秘密，一旦泄露，无可挽回，必然严重损害特许人的利益，故应予以约定。

（三）特许人知识产权的法律保护问题

特许人的知识产权是开展特许业务的基石，是构成整个特许权的最重要的组成部分。特许人的知识产权包括其拥有的商标、商号、经营诀窍、商业秘密、专利权、著作权等项权利。因此，为了保护特许人的利益，必须对特许人的知识产权提供充分的法律保障。目前，关于知识产权的保护，专利权、商标权、著作权方面的法律都相当完善，重点应放在如何保护特许人的商业秘密权上。因为：首先，关于商业秘密的法律不很完善，在实践中很难界定商业秘密的范围，甚至连证明其存在都有相当的困难；其次，商业秘密的特点决定了必须给予重点保护。商业秘密的存在及价值取决于其秘密性不为人所知，一旦商业秘密失“密”，就进入公知领域，权利人无法收回其商业秘密，损失将无可弥补。

对商业秘密的保护，可从以下两个方面着手：

一是合同法上的保护。《中华人民共和国合同法》（以下简称《合同法》）应当确认特许连锁经营合同中当事人关于商业秘密保护约定的法律效力。特许连锁经营本质是一种契约关系，根据合同自由的原则，特许人为了保护自己的商业秘密，当然可以在合同中作出详尽规定，使之成为被特许人的一种约定义务。《商业特许经营管理条例》已经规定保密条款应是特许经营合同的必要条款，包括：

（1）特许人商业秘密范围。

（2）特许人授予被特许人特许权。

（3）被特许人使用商业秘密的范围、方式及其保密义务。

（4）竞业限制条款。被特许人的员工离职后，不得利用掌握的特许人的商业秘密从事与特许人有竞争关系的经营；特许终止后一定期间内，被特许人有不得使用商业秘密的义务。

二是反不正当竞争法上的保护。侵犯商业秘密行为是《中华人民共和国反不正当竞争法》（以下简称《反不正当竞争法》）所禁止的不正当竞争行为之一。该法规定了商业秘密的定义、构成，并列举了几种侵犯商业秘密行为。

按照该法，侵权人的法律责任有：

（1）行政责任，即监督检查部门应当责令停止违法行为，或根据情节处以 1 万元以上 20 万元以下的罚款。

（2）民事责任，权利人可对侵权人提起诉讼，侵权人应依法承担损害赔偿责任。责任范围为权利人因侵权所受损失或侵权人所获利润、权利人因调查侵权行为所支付的合理费用。

（3）刑事责任，侵犯商业秘密构成犯罪的，要追究侵权人的刑事责任。另外，为了防止泄密进一步扩散，《中华人民共和国民事诉讼法》还专门规定，对于商业秘密侵权案件，当事人申请不公开审理的，法院可以不公开审理。可以说，《合同法》《反不正当竞争法》连同配套的其他法规，共同构成了一个比较完备的关于商业秘密的法律保障机制。

（四）特许连锁经营中的法律责任问题

特许连锁经营的法律责任应区分为外部责任、内部责任。对于内部责任，由特许人与被特许人双方在特许连锁经营合同中的约定来确定。关于外部责任即总部（注：总部即指特许人）对于加盟店（注：加盟店即指被特许人）经营中与第三人发生的纠纷是否承担法律责任问题，法律无明文规定，而特许连锁经营的外部责任应是最重要的，特许连锁经营法律关系的复杂性会在外部责任的归属问题上凸显出来。

从特许连锁经营发展的历史来看，尽管特许连锁经营是市场经济的产物，但发展到一定阶段，就必然地需要法律的规范与保护，需要国家干预这一有形之手来建立正常、有序的市场秩序，以促进特许业的进一步展。1979 年，美国联邦政府正式立法，颁布了《联邦贸易委员会法规》规定所有的特许组织必须发行全国性的公开说明书，交付与可能的加盟投资者，同时也维护了合法正派的特许连锁经营者。从此以后，特许连锁经营大放异彩。特许连锁经营产生、发展的历史，说明了法律规制的必要性。我国国务院在 2011 年颁布了最新的《商业特许连锁经营管理条例》，保障了特许业健康、有序的发展。

本章小结

特许连锁经营是现代连锁经营中发展迅速的一种经营方式。本章详细地剖析了特许连锁经营的概念、历史、特许连锁经营的本质和运营规则以及相关法律法规，力求使读者能够尽快地熟悉和了解特许连锁经营这种先进的商业模式。主要介绍了特许连锁经营的含义与特征，国内外特许加盟经营的发展历史以及特许加盟合同的基本知识，特许连锁经营的合同订立以及我国特许连锁经营法律规范等主要内容。

同步测试

基础训练

一、判断题

1. 经营模式特许连锁经营被称为第一代特许连锁经营。

2. 特许连锁是连锁店的一种组织形式，又称合同连锁、加盟连锁，与直营连锁、自由连锁并列为连锁的三种类型。

3. 特许连锁经营是特许人和被特许人之间的契约关系。

4. 现代意义上的特许连锁经营被公认起源于 19 世纪中后期的英国。

二、简答题

1. 什么是特许连锁经营？特许连锁经营的特征有哪些？

2. 特许连锁经营有哪些类型？

3. 特许连锁经营所涉及的法律关系有哪些？特许连锁经营法律关系的核心是什么？

4. 特许连锁经营合同条款包括哪些？

5. 什么叫特许权？

6. 特许连锁经营相关法律法规主要有哪些？

实训项目

1. 搜集一些特许加盟企业，了解其经营状况，讨论避免加盟契约方之间的纠纷的方法有哪些。

2. 任选一特许连锁经营企业，为其拟定一份格式合同？

案例分析

麦当劳的特许连锁经营

众多特许连锁经营商中，麦当劳公司的特许连锁经营非常成功且极具特色，值得我们学习和借鉴。

麦当劳公司成立于1955年，它的前身是麦当劳兄弟于1937年在美国的加利福尼亚州开设的一家汽车餐厅。1948年，兄弟俩对餐厅业务进行了大胆的改革，压缩了食品的品种，引进了自助式服务方式，把厨房操作改为流水线作业，加快了食品的产出速度，适应了人们生活节奏加快的需要，顾客对此很满意。为了使生意做得更大，麦当劳兄弟产生了以特许加盟的方式经营连锁店的想法，并作出了尝试。1953年，一个名叫尼尔·福克斯的人向麦当劳兄弟付了1 000美元，获得了特许连锁经营权，接着又先后批准了十几家特许加盟店。这些特许加盟店没有义务遵循麦当劳的经营管理制度，结果使麦当劳的形象和声誉受到损害。1954年，雷·克罗克看到了麦当劳特许加盟和连锁经营的发展前景，经过一番努力，他得到麦当劳兄弟的授权，处理麦当劳特许连锁经营权的转让事宜。1961年，雷·克罗克买下了麦当劳公司的所有权，并且大刀阔斧地改进了特许加盟和连锁经营制度，使麦当劳得到迅速发展。

麦当劳作为世界上最成功的特许连锁经营者之一，以其引以为豪的特许连锁经营方式，成功地实现了异域市场拓展、国际化经营。在其特许连锁经营发展历程中，积累了许多非常宝贵的经验。

1. 明确的经营理念与规范化管理

麦当劳的黄金准则是顾客至上，顾客永远第一。提供服务的最高标准是质量（Quality）、服务（Service）、清洁（Cleanliness）和价值（Value）即QSC&V原则，这是最能体现麦当劳特色的重要原则。

2. 联合广告基金制度

设立广告基金是麦当劳的重要营销策略。由于大部分加盟者只有一家或少数几家店，不可能负担大部分广告费用，而大家联合起来，就可以筹集到较丰厚的广告基金。

在宣传“麦当劳”品牌的过程中，坚持统一广告与区域性广告相结合的原则，即不同的地区、不同的广告基金，在宣传同一个品牌时可以实行不同的创意。也就是说，各个地区是根据自己地域的促销重点和当地价值观、消费习俗等作不同的广告设计来对同一个汉堡包进行宣传。这也是麦当劳公司特许连锁经营以租赁为主的房地产经营策略。

3. 以租赁为主的房地产经营策略

麦当劳公司的收入主要来源于房地产营运收入、从加盟店收取的服务费和直营店的盈余三部分。由于加盟者一般都没有足够的资金支付3万美元的土地费用和4万美元的建筑费用，也常无力争取贷款，麦当劳公司就负责代加盟商寻找合适的开店地址，并长期承租或购进土地和房屋，然后将店面出租给各加盟店，获取其中的差额。这是麦当劳公司收入的主要来源。这实质是麦当劳房地产公司（为实施房地产策略而成立的公司）用各加盟店的钱买下房地产，然后再把它租给出钱的加盟店。这种房地产经营策略，实际上是把第一债权人的权利转让给了麦当劳房地产公司，以便它能具备从银行取得贷款的资格。这既解决了加盟者开店的资金困难问题，又增加了麦当劳公司的收入，同时，通过控制房地产，更有利于麦当劳加强对被特许人的管理。

4．相互制约、共荣共存的合作关系

麦当劳在处理总部与分店关系上非常成功，主要有三个特点：

（1）麦当劳收取的首期特许费和年金都很低，减轻了分店的负担。

（2）总部始终坚持让利原则，把采购中得到的优惠直接转给各特许分店。

（3）麦当劳总部不通过向被特许人出售设备及产品来牟取暴利（许多特许组织都通过强卖产品的方式获得主要利润，这就容易使总部与分店发生冲突）。

麦当劳的诚意换来了加盟者和供应商的忠诚，麦当劳与加盟者、供应商的关系是相互制约、共存共荣的合作关系。这种共存共荣的合作关系，为加盟者各显神通创造了条件，使各加盟者营销良策层出不穷，这又为麦当劳品牌价值的提升立下汗马功劳。

问题：

（1）麦当劳成功的秘密有哪些？

（2）特许人营销规划要解决哪些营销问题？

（3）麦当劳是如何树立企业形象的？

第二篇
连锁经营的管理体系

第四章　连锁经营的组织管理

学习目标

知识目标：

- 了解连锁企业组织结构的分类、设计原则和程序
- 掌握连锁企业总部的组织结构设计
- 掌握连锁企业门店的组织结构设计

能力目标：

- 知道连锁企业组织结构的分类、设计原则和程序
- 能对连锁企业总部的组织结构进行设计
- 能对连锁企业门店的组织结构进行设计

【案例导入】

一整天的公司高层例会结束后，D公司S总经理不禁陷入沉思。

例会由S总经理主持、几位副总经理参加。原本他就想商谈一下公司今后的发展方向问题，但会上的意见争执却出乎自己的预料。很明显，几位高层领导在对公司所面临的主要问题和下一步如何发展的认识上，存在着明显的分歧。

6年来，D公司由初创时的几个人、1 500万元资产、单一开发房地产的公司，发展到今天的1 300余人、5.8亿元资产、以房地产业为主，集娱乐、餐饮、咨询、汽车维护、百货零售等业务于一体的多元化实业公司，已经成为本市乃至周边地区较有竞争实力和知名度的企业。

公司创业以来一直担任主帅的S总经理在成功的喜悦与憧憬中，更多了一层隐忧。在今天的高层例会上，他在发言时也是这么讲的："公司成立已经6年了，在过去的几年里，经过全体员工努力奋斗与拼搏，公司取得了很大的发展。现在回过头来看，过去的路子基本上是正确的。当然也应该承认，公司现在面临着许多新问题：一是企业规模较大，组织管理中管理信息沟通不及时，各部门协调不力；二是市场变化快，我们过去先入为主的优势已经逐渐消失，且主业、副业市场竞争都渐趋激烈；三是我们原本的战略发展定位是多元化，在坚持主业的同时，积极向外扩张，寻找新的发展空间，应该如何坚持这一定位？"面对新的形

势，就公司未来的走向和目前的主要问题，会上各位高层领导都谈了自己的想法。

管理科班出身、主管公司经营与发展的L副总经理在会上说："公司的成绩只能说明过去，面对新的局面必须有新的思路。公司成长到今天，人员在膨胀，组织层级过多，部门数量增加，这就在组织管理上出现了阻隔。例如，总公司下设5个分公司，即综合娱乐中心（下有戏水、餐饮、健身、保龄球、滑冰等项目）、房地产开发公司、装修公司、汽车维修公司和物业管理公司。各部门都自成体系，公司管理层次过多，如总公司有3级，各分公司又各有3级以上管理层，最为突出的是娱乐中心的高、中、低管理层次竟达7级，且专业管理机构存在重复设置现象。总公司有人力资源开发部，而下属公司也相应设置人力资源开发部，职能重叠，管理混乱。管理效率和人员效率低下，这从根本上导致了管理成本加大，组织效率下降，这是任何一个公司的发展大忌。从组织管理理论的角度看，一个企业发展到1 000人左右，就应以制度管理代替'人治'，我公司可以说正处于这一管理制度变革的关口。我们公司业务种类多、市场面广、跨行业的管理具有复杂性和业务多元化的特点，现有的直线职能制组织结构已不能适应公司的发展，所以进行组织变革是必然的，问题在于我们应该构建一种什么样的组织机构以适应企业发展需要。"

坐在S总经理旁边的另一位是公司创立三元老之一的始终主管财务的大管家C副总经理，他考虑良久，非常有把握地说："公司之所以有今天，靠的就是最早创业的几个人，他们不怕苦、不怕累、不怕丢了饭碗，有的是闯劲、拼劲。一句话，公司的这种敬业、拼搏精神是公司的立足之本。目前，我们公司的发展出现了一点问题，遇到了一些困难，这应该说是正常的，也是难免的。如何走出困境，关键是要强化内部管理，特别是财务管理。现在公司的财务管理比较混乱，各个分部独立核算后，都有了自己的账户，总公司可控制的资金越来越少。如果要进一步发展，首先必须做到财务管理上的集权，该收的权力总公司一定要收上来，这样才有利于公司通盘考虑，共图发展。"

高层会议各领导的观点在公司的管理人员中间亦引起了争论，各部门和下属公司也产生了各自的打算：房地产开发部要求开展铝业装修，娱乐部想要租车间搞服装设计，物业管理部提出经营园林花卉的设想。甚至有人提出公司应介入制造业，成立自己的机电制造中心。

第一节　连锁经营组织结构设计

组织结构是指一个组织内各构成要素以及它们之间的相互关系，主要涉及企业部门构成、基本的岗位设置、权责关系、业务流程、管理流程及企业内部协调与控制机制等。当连锁企业确定了其经营宗旨和战略目标之后，接着就要为实现战略目标设计相匹配的组织结构。组织结构设计不仅仅是描绘一幅正式的企业组织结构图，或根据企业的人员配备和职能管理需要增设或减少几个职能部门，它还要帮助企业围绕其核心业务建立起强有力的组织管理体系。

一、连锁经营组织结构设计的原则

1. 任务与目标原则

连锁企业组织设计的根本目的，是为实现企业的长远发展战略任务和经营目标服务的。

这是一条最基本的原则。组织结构的全部设计工作必须以此作为出发点和归宿点，即连锁企业任务、目标同组织结构之间是目的同手段的关系；衡量组织结构设计的优劣，要以是否有利于实现企业任务与目标作为最终的标准。从这一原则出发，当连锁企业的任务、目标发生重大变化时，如从直营连锁向特许连锁转变或从国内向国际转变时，组织结构必须作相应的调整和变革，以适应任务、目标变化的需要。

2．以人为本的原则

连锁公司的总部属职能机构，组织结构的设计应按标准化、专业化、集中化的管理原则设置，但更应充分调动管理人员、基层人员的积极性，满足他们个人的需要，包括：人际关系是否和谐，员工能否受到有效激励，内部提升是否容易实行，职务内容是否具有挑战性等。尽量避免机构重叠或者交叉管理的人浮于事现象。

3．专业分工和协作的原则

作为现代企业，连锁企业的管理工作量大，专业性强，分别设置不同的专业部门，有利于提高管理工作的质量与效率。在合理分工的基础上，各部门只有加强协作与配合，才能保证各项专业管理的实质性开展，达到组织的整体目标。贯彻这一原则，在组织设计中要十分重视横向协调问题。

4．权责对等原则

连锁企业在设计组织结构时，要明确规定每一管理层次和各职能机构的职责范围，并赋予其完成职责所必需的管理权限。职责与权限必须明确、统一，为了履行一定的职责，就必须拥有相应的权限。有职无权，或权限太小，经营管理者就无法履行其责任；相反，有权无责，会造成滥用权力，瞎指挥，产生官僚主义。因此，连锁企业应根据企业的战略目标，从提高企业的整体利益和综合功能出发，制定各机构、各部门的职权范围和工作规范。

5．有效管理幅度原则

由于受个人精力、知识、经验条件的限制，一名领导人能够有效领导的直属下级人数是有一定限度的。有效管理幅度不是一个固定值，它受职务的性质、人员的素质、职能机构健全与否等条件的影响。这一原则要求在进行组织设计时，领导人的管理幅度应控制在一定水平，以保证管理工作的有效性。由于管理幅度的大小同管理层次的多少呈反比例关系，这一原则要求在确定企业的管理层次时，必须考虑到有效管理幅度的制约。因此，有效管理幅度也是决定企业管理层次的一个基本因素。

6．集权与分权相结合的原则

连锁企业组织设计时，既要有必要的权力集中，又要有必要的权力分散，两者不可偏废。集权是为实现连锁企业规模经济的客观要求，它有利于保证连锁企业的统一领导和指挥，有利于人力、物力、财力的合理分配和使用。而分权是调动下级积极性、主动性的必要组织条件。合理分权有利于分店根据实际情况迅速而正确地作出决策，也有利于上层集中精力抓重大问题。因此，连锁企业的集权与分权是相辅相成的。

7. 稳定性和适应性相结合的原则

稳定性和适应性相结合原则要求组织设计时，既要保证组织在外部环境和连锁企业任务发生变化时，能够继续有序地正常运转，同时又要保证组织在运转过程中，能够根据变化了的情况作出相应的变更，组织应具有一定的弹性和适应性。为此，需要在组织中建立明确的指挥系统、责权关系及规章制度，同时又要求选用一些具有较好适应性的组织形式和措施，使组织在变动的环境中，具有一种内在的自动调节机制。

二、连锁企业组织结构设计流程

同其他组织一样，连锁企业的组织结构建立过程可以分为以下四个步骤。

1. 弄清楚公司要履行的商业职能

职能的分析是建立组织机构的起点。通常连锁企业需要履行采购、仓储、营销、运输、加工、信息、新产品开发、人事管理、财务管理、分店管理等商业职能。

采购职能，即购进商品或设备所完成的一系列相关活动。

仓储职能，商品或设施购进之后，在进入分店销售或使用之前，需要使用自己的仓库，履行储存职能。

营销职能，即帮助产品或服务销售的一系列相关活动。

运输职能，连锁组织总部将商品从仓库配送到各店铺，需要使用自己的运输车，履行运输职能。此外，商品从商场到达消费者手中，有时也需要进行必要的运输工作。

加工职能，即承担适当的商品流通加工职能，如自行分等、挑选、改变包装等。

信息职能，即建立信息管理系统，履行信息收集和处理职能。

2. 将各职能活动分解成具体的工作任务

在确定连锁企业必须执行的基本职能之后，需要将其进一步分解为具体的工作任务。职能是按业务范围的大类划分的，一种职能可能包括多种具体的工作任务，如储存商品职能包括商品验收、堆码、维护等任务。下面是一些连锁企业经常性的工作任务：采购洽谈、变更经营种类、指定商品与服务销售价格、广告活动、产品与店面陈列、店面清洁卫生、控制存货数量、商品统计、财务会计、店面设备的维修和保养、确保店面安全、处理消费者投诉、消费研究、预测销售额、收款、招聘与解雇人员、员工培训、支付工资等。

3. 设立职务

明确职责，弄清楚需要完成的商业职能和工作任务之后，就需将任务划分为职务，并明确相应的职责，使每一个职务包括一组类似的工作任务，担当一定的责任，也就是说具有确定的职责。这些职责在整个公司组织中应该相对持久和稳定。表 4-1 是将工作任务划分为职务的简单例子。连锁企业在把工作任务归集为职务时，应考虑专业化分工。在专业化分工条件下，每名员工只对有限的职能负责。专业化分工的优势包括任务范围明确，具有专业化技能，降低培训费用和时间及可以雇佣到教育水平较低和经验较少的人员等。但过度专业化也可能产生问题：士气低落（工作枯燥无味），员工意识不到自己职位的重要性，需要雇佣更多的员工等。

表 4-1　商品零售企业典型工作任务与职务划分

任　务	工作职务
商品陈列、顾客接洽、包装、顾客追踪服务	销售人员
与顾客结算、处理现金收据、包装、存货控制	收银员
验收商品、检查核对运输单据、商品标价、存货控制、退货	店铺存货
橱窗装饰、内部展示、流动广告、卖场广告	展示员
商品的维修和调换、处理顾客抱怨、顾客调查	客户服务人员
店铺清洁、维修、保养	清洁、修理人员
人事管理、销售预测、预算、任务协调	管理人员

职务的划分有四种主要分类方法。

（1）按职能分类，即按照采购、人事、财务、销售等职能范围划分职务。这种划分具有专业化的优点，但是对横向协调要求高。

（2）按地区分类，即按照分店所在经营地区的不同来划分职务。这种方法有利于协调连锁事业管理的集中统一性与各地区分店适应当地具体环境的灵活性之间的矛盾，在连锁公司由区域性向全国性，由全国性向国际性发展的过程中应用较多。

（3）按商品或服务种类分类，即根据经营类别来划分职务。这种分类法的理由是，经营不同种类的商品或服务对工作人员的要求各不相同，职务按经营类别划分也有利于提高商品管理的水平。如商品零售业分为生鲜部、百货部、家电部。

（4）按职能、经营类别、地区三项因素综合分类。这是实践中常用的方法。建立连锁经营公司的组织机构，通常既按职能又按经营类别还按地区划分职务，只是三者的重要程度和相对地位因连锁事业的规模、发展阶段、经营商品结构等因素的不同而有所区别。

第二节　连锁企业总部的组织管理

连锁总部是连锁经营的指挥领导层和经营决策层，属决策后勤作业单位。通过总部的标准化、专业化、集中化管理使门店的作业单纯化、高效化，这是总部管理的最高原则。有一个健全而坚强的总部，才能指挥门店有良好的业绩，也才能保证连锁企业正常、健康发展。

一、总部职能概述

连锁企业总部的职责是决策和为分店提供支持与服务，其基本职责如下。

（一）策略制定

1. 制定发展战略

连锁企业要研究和制定企业的发展战略，明确企业的发展方向和经营业态，选择有效的投资领域和投资项目。如连锁企业要制定自己企业的连锁模式，是发展单一连锁形式还是多种连锁形式结合（直营连锁、特许连锁、自由连锁）；其次还要根据自己的实力制定连锁企业的业态模式；以及今后不同时期的连锁模式与经营业态（如超级市场、便利店、百货商店、专业店、专卖店等）等发展性问题。

2．确立分店

确立分店的经营规模、选址标准、开业速度以及与此相适应的分店组织形式。

3．进行企业形象策划

连锁企业的形象设计是由总部完成、门店执行，从而实现连锁企业形象识别系统的统一。

4．制定企业的购销政策及商品开发策略

连锁经营的基本特征之一，是其采购政策实行购销分离，即商品采购完全由总部负责，门店则负责商品的销售。因此首先总部要制定好采购政策，以便相应的采购部门操作。比如供应商选择评价标准的制定、采购组织的确定、新商品开发程序制定、滞销品淘汰程序制定等。

5．制定商品的销售政策

制定商品的销售政策主要包括以下三个方面：一是商品的价格策略；二是商品的促销策略；三是卖场布局与商品陈列策略等。

6．确立配送模式

作为连锁总部，还应根据企业的实际情况与需要，对自建配送中心还是依赖第三方物流进行配送作出决策。如果是自建配送中心，还要决策建立几个配送中心，同时考虑配送中心如何划分，如按区域划分，还是按商品划分，或是两者的结合。例如，日本的大荣公司就是按照商品功能法来组建配送中心的，它分别有衣料和杂货中心、电器和家具中心、食品中心等。

7．制定劳动人事政策

劳动人事政策是对整个连锁经营企业人员的录用、培训、考核、奖励、福利待遇等进行管理工作的标准。它是企业成败的关键，关系重大、涉及面广，直接影响到企业经营业务的各个方面。

（二）店铺开发

连锁门店开发是连锁企业经营的基础，连锁企业总部要做好以下工作：

1．安排开店流程并寻找店铺、商圈

开店作业流程通常可按以下步骤操作：寻找备选门店——商圈调查——投资评估——门店购租——门店规划——门店营业准备——开业后评估。

2．划分分店各职能部门职责并制定分店的操作规范及表单

例如，门店选择各项标准；门店规划标准；工程发包作业准则；门店开发总流程表以及部门及项目工作计划表。

（三）商品管理

1. 商品采购与销售

商品采购是连锁企业的重要工作，作为连锁总部，除了制定采购政策外，还应注意解决好以下四个方面问题：

第一，除了坚持统一进货制度外，必须特别注意做好采购部经理、采购部工作人员的选择与配备，因为统一采购并不是将采购权集中到几个人身上，这种“统一”如缺少监控，造成的危害将更大。必须把好商品进货关，杜绝采购中的回扣和作弊行为。

第二，主力商品的选择与培养是连锁企业商品采购的工作重点，有许多连锁企业经营不善，在很大程度上是由于没有选择和培养出具有本连锁企业特色的主力商品所造成的。

第三，狠抓商品的适销率，就每一家门店而言，要对自己的销售业绩负责，而对总部的采购部而言，则要对全公司的销售负责。商品适销率的高低是销售业绩的体现，还会反映在商品周转率的高低上。

第四，抓采购计划的准确性，做到以量压价，降低进货成本，尤其是主力商品必须制订年度（或半年）的采购计划，以保证主力商品货源供应的正常性。

2. 商品存放与货架摆放

负责确定、调整商品在各分店的陈列位置，提高商品的展示率。

（四）商品配送管理

当连锁企业确立了配送模式后，在配送管理中，连锁企业总部主要注意解决好以下四个方面问题：

第一，配送中心的规模和配送能力要与本连锁企业的发展规模和销售能力相适应。通常要保证配送能力比门店的销售能力适当超出，既不要造成配送能力大量放空的现象，也不要由于库存量过小和运输过紧而影响门店的销售。

第二，成本控制与及时供货相适应，既要尽可能减少配送次数控制好成本，又要保证对门店的及时供货。处理好这对矛盾，需要精确计算成本，物流成本要细化到单品，还要合理安排配送，使成本控制在确保门店销售不缺货的前提条件下进行。

第三，提高配送中心商品的拆装组配率，以尽量减少门店的商品库存，减轻门店工作人员的劳动强度，这也是配送中心直接产生利润的重要一环。

第四，界定好配送中心对门店服务的标准，如配送次数、订货和配送到达的时间限制和每次最低配送量等。

（五）资金运作管理

连锁企业总部要做好整个企业的资金管理，才能保证连锁企业健康稳步地发展。在资金运作管理中要注意以下三个问题：

第一，安排好进货资金、在途商品资金、库存商品资金、货款结算资金和发展资金的比例，在资金紧张的条件下，重点保证进货资金和发展资金的使用。

第二，一刻不放松地抓好销售款项回笼至总部的时间控制，严肃这一工作的纪律。

第三，严格履行对供应商的商品货款的结算制度，做到准时足额，以树立连锁公司良好的资信。

（六）商品促销管理

连锁总部除了制定促销政策外，还要做好促销管理工作，选择和利用适当的促销手段，是增加连锁企业销售额的重要方法。然而，促销效果未必与促销费用成正比，关键在于管理，只有通过有效的促销管理，才能确保促销效果，达成促进销售的目的，使销售业绩蒸蒸日上。促销管理主要分三个步骤：

1．设定促销目标

主要有：提高营业额、提高毛利额、提高来客数、提高客单价等促销目标。

2．拟订促销计划

主要应考虑的因素有：顾客购买特征、季节、月份、气候、节令、商品、促销主题、促销方式、宣传媒体、预算、法规、预期效益等。

3．计划执行与评估

依据促销方案告知各有关部门人员配合执行，并于促销活动结束后进行评估。

（七）督导运营

要使连锁企业各门店的顾客享受到一样的服务，总部必须对门店的运营过程进行监督、指导。总部应有一批经过专门培训的优秀督导人员，由他们负责对连锁企业各门店的指导和监督工作。督导人员的主要业务项目包括总部与门店的信息沟通；门店的常规指导；门店商品管理；门店的经营状况分析等。

（八）信息管理

连锁企业总部要对各部门、各店铺的所有数据进行汇总处理，以便总部制定或调整相应的策略。

（九）行政管理

主要包括：

（1）企业各项制度的制定与监督执行。

（2）对分店各项制度的建立提供指导与规划。

除了以上的主要工作外，总部也会因企业的具体情况增加一些其他必要的工作。

二、设立总部职能部门

针对连锁企业总部的职能，设计相应的职能部门来承担完成，并明确各部门具体的工作内容。通常连锁企业都会有最高管理层、财务部、管理部、运营部、采购部、开发部、信息部、营销部、配送中心等部门。其工作内容如表 4-2 所示。

表 4-2 总部职能部门与工作内容

<table>
<tr><th colspan="3">总部职能部门和工作内容</th></tr>
<tr><th colspan="2">职 能 部 门</th><th>工 作 内 容</th></tr>
<tr><td colspan="2">最高管理部门</td><td>连锁经营企业发展形式的制定；组织形态的确定；配送模式的确定；重要经营管理的决策等事项</td></tr>
<tr><td rowspan="3">财务部</td><td>财会组</td><td>流动资金管理（现金、支票）事项；应付账款管理事项；现金管理事项；分析财务报表事项；资金调度计划事项；公司及各店原始凭证的审核；财务计划事项；收支传票凭证审核事项；发票管理（含审核）事项；银行往来公共事务处理事项；借贷款办理事项；预算收支分支事项；预算收支控制查核事项；预算编制事项；运营部运营目标的达成分析；部门费用预算的控制；经营分析；工作成果报告；运营部缴款查核；应付厂商货款整理审核完成；损益表、资产负债表的制作与审核等事项</td></tr>
<tr><td>会计组</td><td>公司每日营业结果报表的编制；公司固定资产的会计记录及计提折旧计算；有关会计文件的档案处理；损益表、资产负债表编制；发票的购买、开立、统计等事项</td></tr>
<tr><td>出纳组</td><td>有关应收账款、应收票据的管理；现金、支票与会计的账目核对；公司库存现金管理；有关财务表格的编制；支票签付等事项</td></tr>
<tr><td rowspan="5">管理部</td><td>管理组</td><td>公司经营策略、计划的推广；公司的发展，人才需求的储备、培训；财务部门工作计划执行的评核督导；行政部门工作计划执行的评核督导；管理问题的反应和呈报；员工士气与绩效的提高；员工的在职训练；其他的有关经营管理事项；公司运营目标的达成与分析；公司管理人员的会议的组织与参与；管理费用预算的控制，差异分析的报告；员工工作绩效的评估与分析；工作成果报告；本部门年度计划的编订等事项</td></tr>
<tr><td>行政组</td><td>部门内下级部门运作事项稽查与协助；行政问题的反映与呈报；人员士气与绩效的提高；其他的有关行政交办事项；公司运营目标的协助达成；公司干部会议的参与；本部门内会议的召开与主持；周工作计划与检讨；人员工作绩效的评估；部门费用预算的编制；工作成果报告；单位费用预算的编制；单位年度计划的编订；年度运作检讨等事项</td></tr>
<tr><td>人事组</td><td>有关人员调度、评估事项的处理；有关本公司人事运作制度的建立与修订；员工任免、迁调、考勤、考级、奖惩、退休及抚恤办理事项；人事资料建立、更新（含劳保及劳动合同）事项；员工出勤、公差、请休假管理事项；各项保险业务办理事项；公司各项制度、决策权限及各种管理章程拟定事项；人员招聘应征事项；工作检讨计划；人力计划编订事项；员工薪金核算；公司组织职责的规划及修订事项；薪资奖金办法的拟定；各项福利措施的拟定事项；员工薪酬支付办法拟定事项；各级人员升级的资格评审规划；推动人员出勤情况；公司人力发展的规划与推动等事项</td></tr>
<tr><td>培训组</td><td>各级人员教育训练课程内容、实数、师资及日期的安排；新进、在职人员教育训练事项；各项训练评核事项；内容和师资的选拔与训练；训练教材的保存与管理；各课程师资的提议及招聘；配合营业单位执行各级训练、专家训练事宜；其他有关人资、教育训练、文办事项等的办理；制订公司年度教育训练计划、编制预算等事项</td></tr>
<tr><td>总务组</td><td>总部财产编号的规划与执行；有关总部与直营店的总务事项；设备器材、日常耗材、办公用品、文具器材、事务性用品采购事项；采购信息收集事项；与商品部协调商品采购事项；比价、询价、定价建议；供货厂商的开发；供货厂商的评估、考核及决定；其他日常采购事项；各项财产管理事项；协助厂商公共事务处理事项；事务用品申请事项；事务性用品仓管事项；报表管理事项；对外公文的撰写、拟稿（用印）事项；盘亏的计算与呈报；财产盘点事项；各项采购业务工作的评估与考核；总部财产与分部仓库定期盘点执行规划与督导；安排督导直营店设备盘点等事项</td></tr>
<tr><td>运营部</td><td>运营组</td><td>各区短、中、长期运营策略的拟定与呈报；年度营业各项活动计划规划，推动督导及评核；公司营业目标的执行、分析与报告；各区营运成果效益的评估、改善报告；年度总营业费用预算的编列报告；督导各区部门服务及加盟店的运营辅导；各区域人员训练与培训；各区部商圈规划、评估、分析报告、资料建档、负责督导各区部开店管理与制度执行；运营报告、统计分析；各区域特别贡献的统计、分析、报告；客户服务与门店管理事项的执行；其他相关运营部的运营管理事项</td></tr>
<tr><td rowspan="2">商品部</td><td>采购组</td><td>商品结构的制定与调整；商品分类与编码；制定商品毛利计划、商品定价；供应商的开发和商品采购；商品价格和合作方式的谈判；滞销商品的淘汰；店面商品布置的设计；促销计划的制订与执行；采购订单与配送单的发出；负责所有原材料及商品的采购事项；其他相关商品采购事项；商品订单的签核；供货厂商的开发；商品的比价、询价事项；新产品的开发、评估、洽商的处理</td></tr>
<tr><td>商品组</td><td>督导商品采购组各项有关商品采购的事项；协助门店解决商品问题；商品绩效的评估；负责与企划部协调有关商品促销的事项；与相关部门协调有关商品事项并适当处理；评估新商品；进行商品定位；协助进行各项消费者信息，其他厂商同类产品的价位、促销等市场信息的收集、分析；争取新商品广告促销、配送及数量折扣或配送；商品开发设计与成本控制；其他相关商品开发事项；现存商品的淘汰评估和执行；商品的规划、执行与资料分析；定期商品开发会议的召开；列出热门、冷门商品排行榜供决策用；新产品开发；新商品试销计划及淘汰建议；国内消费形态、趋势的研究、分析报告</td></tr>
<tr><td>开发部</td><td colspan="2">拟订年度开店计划；商圈规划、评估、分析报告与资料的建档；商圈信息的主动收集；新店地点的开发与呈报；开店计划来源（区域、店数、时间）等计划的推动；执行开店管理制度，执行开店的布点、装潢、施工、维修的规划及协助进行公司经营策略、计划的推广；公司的发展，人才需求的储备、培训；财务部门工作计划执行的评核督导；行政部门工作计划执行的评核督导；管理问题的反映和呈报；员工士气与绩效的提高；员工的在职训练；其他的有关经营管理事项；公司运营目标的达成与分析；公司管理人员的会议的组织与参与；管理费用预算的控制，差异分析的报告；员工工作绩效的评估与分析；工作成果报告；本部门年度计划的编订等事项</td></tr>
</table>

（续）

总部职能部门和工作内容	
职能部门	工作内容
信息部	商场信息初始化；新商品管理；价格管理；商品采购流程；商品库存管理；财务管理；商品配送流程管理；数据传送管理等
营销部	拟订年、季、月营销计划；广告宣传组各项活动的规划执行；营销策略规划与环境分析；有关广告传媒的联络事宜；负责市场信息的收集、分析与呈报；其他相关营销策略规划事宜；广告促销的统筹、规划与督核；门店制作物的设计、规划及门店布置；门店配置图（台账图）规划；门店宣传、美工、广告文字的作业；门店 POP 作业；门店的广告文字、图形的绘制与设计；各项刊物的制作及制作物的设计、规划；负责与媒体的联络事宜；负责媒体的效益评估事宜；负责门店刊物的编撰与发行；门店促销活动教育、指导与执行督导；负责促销活动各项使用物的准备与清点；促销活动现场的布置与彩排；促销成果的通报与修正建议；其他有关宣传与促销现场的执行现场；相关资料的存档（企划案、相片等）；对同行竞争者信息的掌握分析；协助运营部运营目标的达成；部门费用预算的控制；营销专案计划的拟订；年度、季各项广告与促销计划的规划；工作分配与各项工作的指导与监督；人员工作绩效的评估；企划单位费用预算的编列；公司年度经营计划的编订；年度运营检讨；短、中、长期营销计划的发展与拟订

注：连锁总部的工作分类以及职能部门的设置会受到连锁体系类型的影响，也会受到连锁体系规模大小的影响，还会受到连锁体系主要管理者的影响。设计各职能部门以及相应的工作内容根据连锁企业自己的实际情况会变化。

三、连锁企业总部的组织结构图

（一）总部职能部门结构图

总部职能部门结构图如图 4-1 所示。

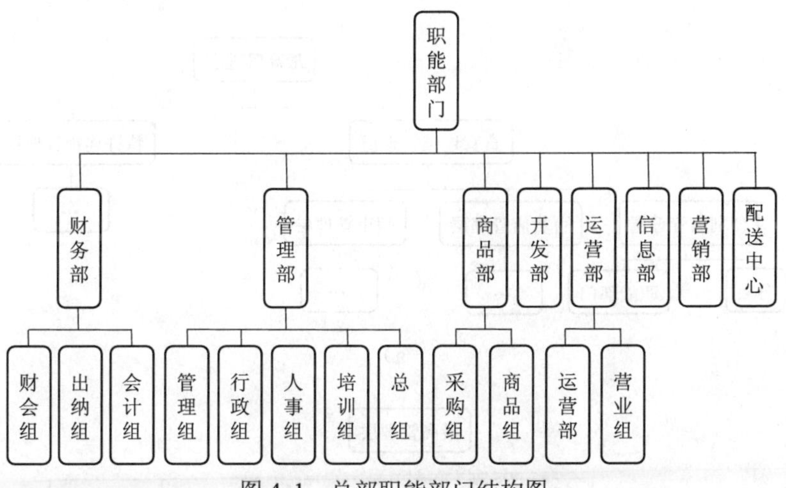

图 4-1 总部职能部门结构图

其中配送中心根据连锁企业实际情况也可以设立为总部直接管理的部门。

（二）总部组织系统形式

因连锁企业发展过程以及发展的具体情况不一样，其总部组织系统主要有以下几种形式：

（1）同一区域同一业态同一连锁模式的连锁企业组织结构设计，如图 4-2 所示。

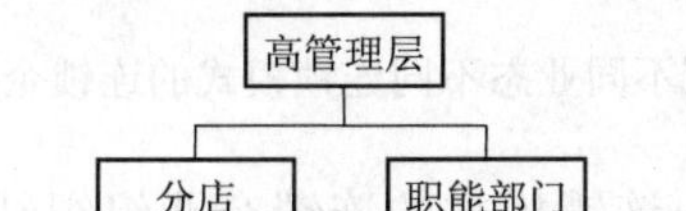

图 4-2 同一区域同一业态同一连锁模式的连锁企业组织结构设计图

（2）同一区域同一业态不同连锁模式的连锁企业组织结构设计，如图 4-3 所示。

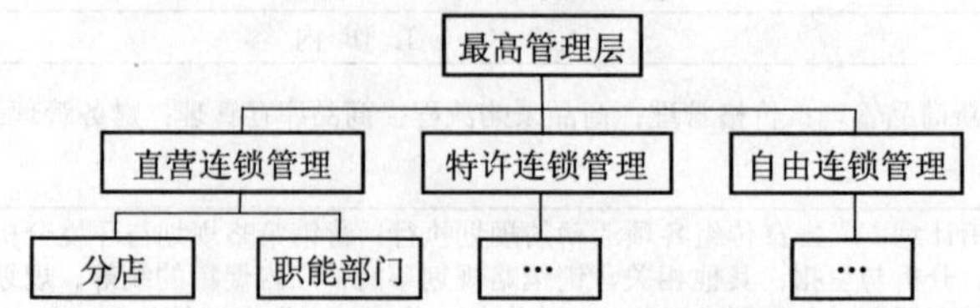

图 4-3　同一区域同一业态不同连锁模式的连锁企业组织结构设计图

（3）同一区域不同业态同一连锁模式的连锁企业组织结构设计，如图 4-4 所示。

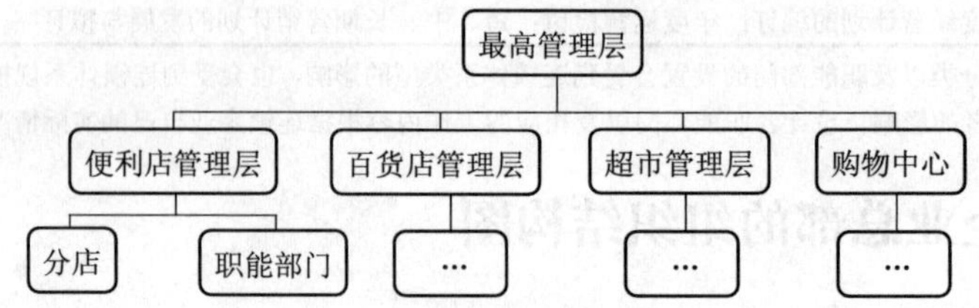

图 4-4　同一区域不同业态同一连锁模式的连锁企业组织结构设计图

（4）同一区域不同业态不同连锁模式的连锁企业组织结构设计，如图 4-5a、b 所示。

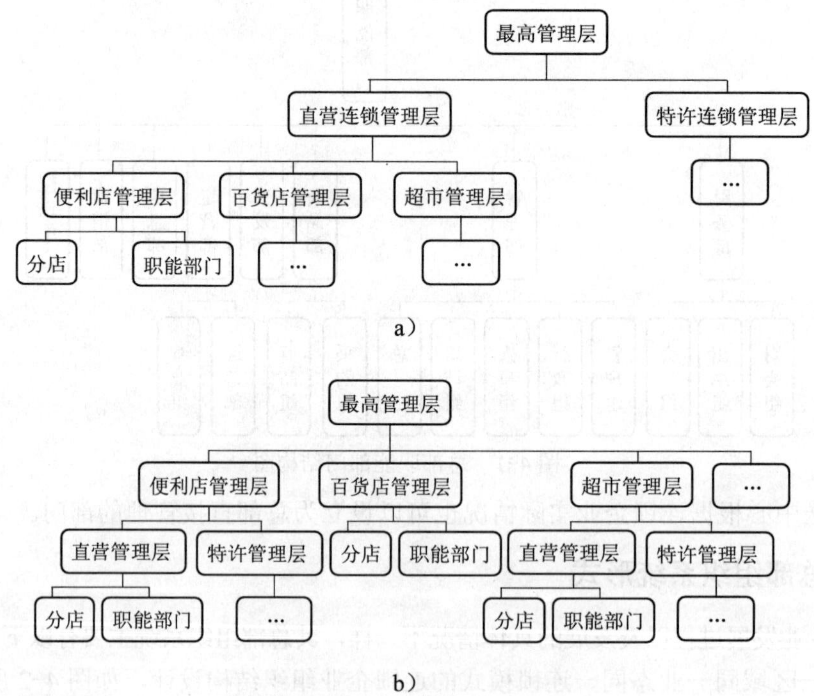

图 4-5　同一区域不同业态不同连锁模式的连锁企业组织结构设计图

（5）不同区域同一业态同一连锁模式的连锁企业组织结构设计，如图 4-6 所示。

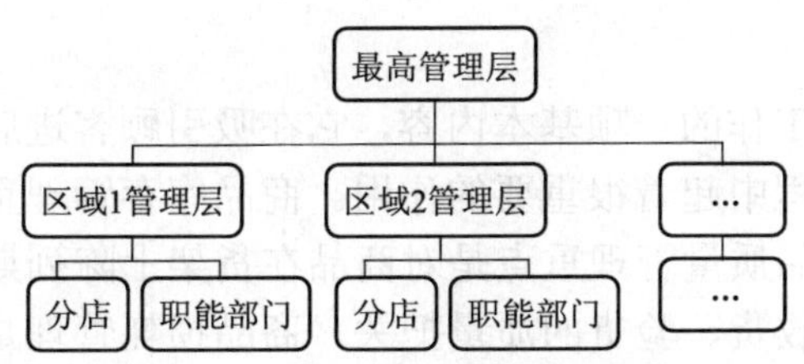

图 4-6 不同区域同一业态同一连锁模式的连锁企业组织结构设计图

另外还有一些形式，这里不再一一举例，主要从中领悟总部组织设计的思路。在实际运用中可以灵活运用，同时结合连锁企业实际情况合理利用各种资源，如可以合并一些职能部门，或一个职能部门为多方面服务。

第三节 连锁企业门店的组织管理

一、门店职能

门店是连锁总部各项政策、制度、标准规范的执行单位，也是利润的直接创造者。换句话说，就是不折不扣、完整地把连锁企业总部的目标、计划和具体要求体现到日常的作业化管理中。门店的基本职能如下。

1. 环境管理职能

环境管理职能主要包括店面的外观管理与卖场内部的环境管理。

第一，创造干净整洁的购物环境，让顾客舒适购物。如每日对店头外观进行检查，并加强维护与管理：橱窗是否明亮，视野是否良好，废弃纸箱叠放是否整齐妥当，废物箱是否干净卫生，门口道路是否畅通，海报张贴高度是否合适，是否有过期海报，店头看板、招牌是否干净牢固，灯光是否明亮，雨伞架是否干净就位，橱窗招贴是否变色、脱落等。卖场内部环境管理：如走道是否畅通，货架是否按商品配置图表来放置，有无擅自增减货架、网架、端架、吊架等情况，各种设备是否清洁卫生、发生故障的设备是否及时进行维修，卖场内的气氛是否良好、如空调、音响、POP 广告等是否合适等。

第二，加强安全管理，创造安全的购物环境。如防火、危机事件的处理等。

2. 人员管理职能

人员管理职能主要包括门店的员工管理、顾客管理以及供应商的管理。

第一，对员工进行科学管理和培训，提高员工素质，为顾客提供良好的服务；做好人员编制以及人员增减、班次安排、劳动纪律、服务纪律、员工考勤、员工评价、员工安全等工作。

第二，建立顾客档案，了解顾客需求，提供个性化、针对化的售后服务。

第三，供应商管理，定期了解供应商的执行情况，与供应商建立良好的合作关系等。

3. 商品管理职能

商品管理职能主要指门店对商品陈列、商品库存、商品质量、商品损耗以及商品销售状况等方面的管理。

商品陈列是卖场管理工作的一项基本内容，它在吸引顾客进店选购商品，激发顾客购买欲望以及在达成交易的过程中起着很重要的作用。商品库存管理重点是正确的库存控制，努力实现内仓的零库存。商品质量管理重点是对商品在货架上陈列期间的质量变化和保质期的控制，陈列设备的维护，收货、验货的质量把关。商品损耗管理是对门店损耗率的控制。由于商品的破包、变质、失窃等因素可能造成较高的损耗率，损耗率的高低就成为获利多少的关键。商品销售状况重点是关注商品在不同销售时间段的销售量，寻找出门店的畅销商品、滞销商品。

4. 现金管理职能

现金管理职能主要包括收银管理和进货票据管理等。

5. 信息资料管理职能

信息资料管理职能主要包括门店运营信息管理。如商品销售日报表、商品销售排行表、促销效果表、费用明细表、损益表和顾客意见表。

6. 销售管理职能

第一，跟进市场销售情况、发展趋势并提出对策及建议。

第二，制订销售计划、促销建议，落实促销方案。

第三，总结销售工作，为企业制订销售计划提供依据。

以上的主要工作在实际运用中视门店的性质、业态特征、规模大小、商品结构等因素而有所增减。

二、连锁企业门店组织结构图

1. 规模较大的门店

规模较大的门店的组织结构图如图 4-7 所示。

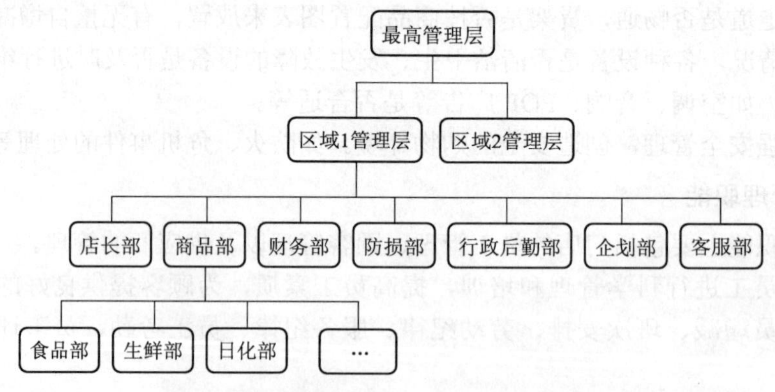

图 4-7　规模较大的门店的组织结构图

2. 规模较小的门店

规模较小的门店的组织结构图如图 4-8 所示。

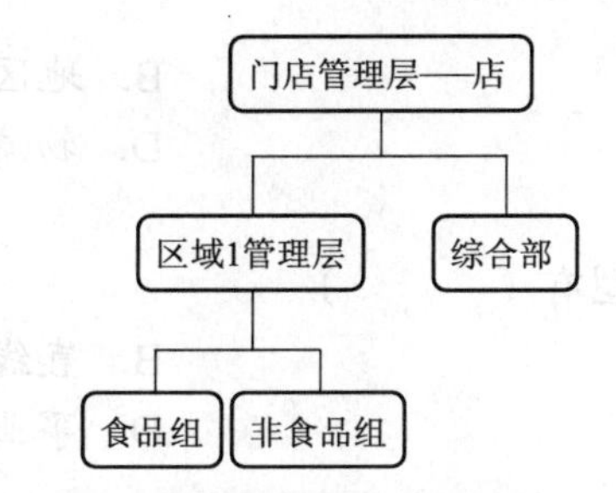

图 4-8　规模较小的门店的组织结构图

本章小结

本章主要介绍了连锁企业组织结构的设计原则、设计思路；连锁企业总部、门店、配送中心主要的工作职能；连锁企业总部、门店、配送中心相关部门的设计以及它们之间的关系。通过本单元的学习，学生应能够认识连锁企业总部的组织管理职能和连锁企业分店的组织管理职能；学会分析连锁企业组织结构，进一步掌握如何建设连锁企业组织文化。

同步测试

基础训练

一、单项选择题

1. 连锁企业的高级组织是（　　）。

A. 连锁总部　　　B. 连锁地区事业部

C. 连锁门店　　　D. 配送中心

2. 连锁企业中负责连锁企业各门店的指导和监督工作的人员是（　　）。

A. 总经理　　　B. 门店店长

C. 督导员　　　D. 店长助理

3. 工作岗位是根据专业化分工原则，按（　　）划分而成的。

A. 工作需求　　　B. 工作职能

C. 人员状况　　　D. 总部要求

二、多项选择题

1. 连锁企业组织结构设置的原则包括（　　　）。

A. 效能原则　　　B. 统一协调原则

C. 统一协调原则　　　D. 责权一致性原则

E. 以营销为中心

2. 连锁企业的基本组织结构一般由（　　　）组成。

A. 总部　　B. 地区事业部
C. 门店　　D. 物流中心
E. 配送中心

3. 连锁企业组织结构的类型有（　　）。

A. 直线型组织　　B. 直线职能型组织
C. 地区事业部制　　D. 事业部制
E. 产品事业部制

三、问答题

1. 简述连锁总部在履行基本职能的过程中发挥的作用。
2. 店长的具体职责包括哪些内容？
3. 简述配送中心的职能。

实训项目

1. 观察一大型商店，了解其经营的业态与商品，如果要把它发展为连锁企业，请设计出总部组织结构并描述其工作职责。

2. 假设现在要以连锁经营形式发展便利店，营业面积在 100 平方米左右，请设计门店组织结构并描述其工作职责。

案例分析

××医药连锁是××省排名前5位的中型连锁药店，2007年由一家单店起家，6年发展到 10 个地区 30 家，兄弟 3 人却因意见不合分家，每人各管 10 家，独立采购，独立运营；2010年始，外来竞争对手进入领地，竞争加剧，盈利下降，为维持地位，确保生存，兄弟3人又合兵一处，说服各自的亲戚朋友及大小股东，合并原30家及新增9家共39家注册成立了××医药连锁有限公司，建立了配送中心，外聘内招了一批人组建起管理总部。

起初，由于整合扩大了采购规模，提高了议价能力，毛利优势很快显现，股东很满意，但1年后，当所有可挖掘的毛利空间已尽后，许多新的难题接踵而至，这让李总非常苦恼。

（1）成本奇高：总部的管理队伍超过 20 多人，每年房租、工资、差旅支出超过 100 万元，去年因为帮助各股东增加了盈利，大家还能够接受，今年没有新的利润增长点，股东开始对这个庞大的总部之存在价值表示怀疑。

（2）效率低下：以前自己亲自管 10 多个店的时候，每天都是亲自巡店，布置工作，执行力非常高，现有了总部，人多了，效率却低了，提拔上来的总监、经理行事畏首畏尾，远不如亲自干来得快，加之门店多，很多店总部半年都关心不到 1 次。

（3）会议频繁：以前遇到难题大家都是站在办公桌前简单讨论几分钟就马上付诸行动，现在大家习惯于动不动就进会议室，一讨论就是半天，最后还没有结论。

（4）失误不断：货发错，款多结，断货一周没人管，周会安排的事忘记执行等问题，不胜枚举，更麻烦的是出了问题没人承认，找不到责任人。

（5）信息闭塞：总部对门店的需求反应迟钝，大多解决不了，总部新的政策公布了一个月门店还不知道，每个门店进展到什么程度，威胁、机会在哪里，总部的经理们大多不清晰，优秀门店的成功经验不能很快在内部传播共享。

（6）政令不通：由于各店经理大多为股东担任，总部下达的指令总是不能得到很好的执行，新的改革处处碰壁，要做很多说服工作才能落地，于是许多总部的部门经理就选择了不作为。

李总苦思良久，将问题归结为总部成员的观念落后与技能不足，先后请了两三个管理老师对总部成员进行管理及励志方面的培训，还招聘了一个培训师对门店进行巡回培训，但培训后大家热情了一个月便又恢复到以前的状态；后来李总又把问题归结为总部工资偏低，积极性不足，于是专门召开了一次股东会，说服股东涨了一次工资，但新的热情维持了两个月后又开始复原了，甚至还有小部分人埋怨工资涨得太少。

那么，问题到底出在哪里呢？

问题：

（1）本案例问题出在哪里？请分析本案例。

（2）请根据本案例存在的问题，给出解决的办法。

第五章　连锁企业战略管理

学习目标

知识目标：

- 了解什么是企业战略，什么是企业战略管理
- 重点掌握连锁企业实施战略管理的过程
- 掌握连锁企业战略分析、战略评价等基本方法
- 了解连锁企业使命与战略目标的确定
- 掌握连锁企业总体战略决策的两种类型
- 掌握连锁企业三种重要的竞争

能力目标：

- 知道什么是企业战略，什么是企业战略管理
- 能够对连锁企业实施战略管理
- 会对连锁企业进行战略分析、战略评价
- 能对连锁企业使命与战略目标进行确定
- 知道连锁企业总体战略决策的两种类型
- 熟悉连锁企业三种重要的竞争

【案例导入】

沃尔玛的战略管理

沃尔玛是全球最大的商业公司管理这么庞大的一个机构，如果没有一个统一的工作理念和指导方针，企业就会一片混乱、无所适从。“天天平价”，即EDLP是沃尔玛的总战略，沃尔玛用“天天平价”解释自己的一切行为，而外界也基本上可以用“天天平价”来解释沃尔玛的一切。沃尔玛目标明确，它所有的行为都致力于“天天平价”。

沃尔玛的理念和零售业的特点决定了沃尔玛的发展模式：薄利多销，以规模取胜，从规模中赢取发展机会，除此之外，别无他法。

沃尔玛通向超级规模的基本路线图是农村包围城市，基本方法有两条：绝对复制和快速开店。

在沃尔玛的发展史上，从1962年到1980年基本上都属于商业模式形成期，这期间，沃尔玛成功地创造了Distribution Contre，即DC（配销中心）的物流模式和沃尔玛百货的经营模式，其中DC的功劳居功至伟，可以说没有DC就没有沃尔玛的今天，DC的作用就是聚散物流，它为集中采购\集中配送提供了大规模的运作平台。在运行DC之前，沃尔玛的发展瓶颈是小批量订货客户不送货，因此导致经常断货，大规模订货又经常压仓，而且容易过期或滞销，资金压力也大。另外零散配货的物流成本高，最终会导致零售价高企。而DC就能够集合各店的小单成大单从而获得订货优势，能够整合物流整车循环配送，总部还能够自如调剂各店的库存余额，分店就能够小批量机动订货，通过DC的运作，沃尔玛的整个物流就活起来了。在美国，一个沃尔玛DC可以同时满足周边320公里范围内的50～100个店的需求。通过10几年的DC运作，沃尔玛找到了高效物流的诀窍，沃尔玛的物流效率比竞争对手的高3～5倍，然后沃尔玛就把这种成功的“DC+店面”的模式原封不动地复制到全国。沃尔玛的建店原则是以DC为中心按每60公里一个店的距离对外扩张开店。

如果说“DC+店面”的模式有点高屋建瓴的味道，属于战场的谋篇布局，那么营运的技巧就是具体的行军作战，前者保证了“做正确的事情”，后者确保了“把事情做正确”。20年沃尔玛百货经营史教会了创始人山姆先生三大关键技巧：建店工程管理、商品分类管理、卖场销售诀窍。从20世纪80年代开始沃尔玛基本上能够做到开一家成功一家，而每一家店的卖场布局、商品分类、销售方法基本就是一个模式！

“农村包围城市”战略比较符合山姆先生“天天平价”的经营理念，虽然当时美国农村的整体消费水平也比较低，但农村市场竞争压力也小，而且开店成本也比较低，而城市虽然消费高，但竞争压力却大多了，开店成本也不是沃尔玛所能承受的。另外，山姆先生本人就是小镇居民，他更熟悉小市民的购物心理，能够很熟练地通过运用弹性价格来调动人们的购物激情。综合来看，农村和城市郊区最能实现山姆先生“天天平价”的梦想，沃尔玛就这样由农村向城市步步为营发展成为全球性的零售商。

资料来源：百度文库

第一节 连锁企业经营战略管理概述

一、战略与企业战略

1. 战略的含义

“战略”一词最早起源于军事活动，从发展历史来看，其渊源可以追溯到古希腊时期。在通常情况下，人们认为战略是在对抗条件下，克敌制胜的智慧和艺术。

现在，“战略”一词已经开始泛化，除军事领域之外，战略的价值同样适用于政治、经济等领域。战略可以概括为：战略往往是有竞争倾向的双方为达到某一目标采取的计策或行动。

2. 企业战略的定义

企业战略可定义为：企业战略是企业在考虑各种资源的情况下，根据企业的目标、目的而制定的实现这些目标、目的的方式。简而言之，企业战略是企业发展的长期性和全局性的谋划。

二、连锁企业战略管理

（一）连锁企业战略管理的概念

连锁企业战略管理是指通过对连锁企业战略的分析与制定、评价与选择以及实施与控制，使企业能够达到其战略目的的动态管理过程。

由上述定义可以看出企业战略管理的要点有：

（1）企业战略管理是企业战略的分析与制定、选择与评价、实施与控制，三者形成一个完整的、相互联系的管理过程，如图 5-1 所示。企业战略管理过程一般来讲是串联的，即企业战略往往是先分析、制定，再评价、选择，最后实施、控制，但有时也不一定都是串联的。有时正在进行战略分析时战略尚未制定出来，但某些战略意见企业已经开始实施了。因此，在图 5-1 中把这三个要点用箭头全部连接在一起。

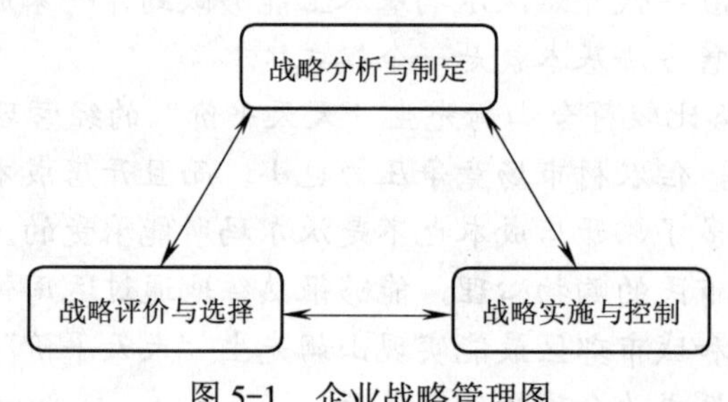

图 5-1　企业战略管理图

（2）企业战略管理是把企业战略作为一个不可分割的整体来加以管理的。其目的是提高企业整体优化的水平，如何使企业战略管理各个部分有机整合以产生集成效应是战略管理的主要目的。所谓集成效应，简单地说是对各战略要素的优化汇集和配置。各战略要素一般地结合在一起，这并不能称为“集成”，只有当各要素经过主动的优化，选择搭配，相互之间以最合理的结构形式结合在一起，形成一个由各战略要素组成的、相互优势互补、匹配的有机体，这样的过程才称为“集成”，所以，集成效应是主动寻优过程，是整体优化的过程。

（3）企业战略管理关心的是企业长期稳定和高速度发展，它是一个不断循环往复、不断完善、不断创新的过程，是螺旋式上升的过程。一次战略管理过程完成之后，并不是战略管理过程的结束，而是新一轮战略管理过程的开始。每经过一次循环，就应当使企业战略管理水平提高一步。

（二）企业战略管理的步骤

企业战略管理的步骤如图 5-2 所示。

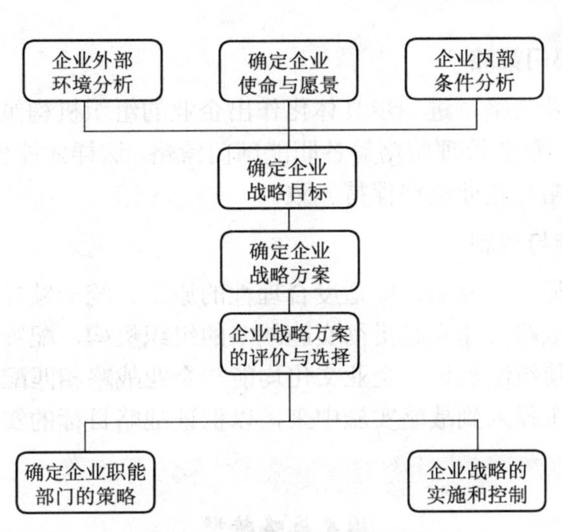

图 5-2 企业战略管理步骤

1. 企业外部环境分析

分析和预测宏观环境因素的变化，可以使企业战略管理者获得分析行业和企业的背景知识，宏观环境分析的目的是要确定影响行业和企业的关键因素，预测这些关键因素未来的变化，以及这些变化对企业影响的程度和性质、机遇与威胁。此外还分析行业竞争结构的五种因素的变化，分析竞争对手实力、战略和行为模式，在此基础上确认企业所面临的直接竞争机会与威胁。

2. 企业内部条件分析

企业内部条件分析主要分析企业内部在进货后勤、生产作业、发货后勤、营销及售后服务等物质流基本活动中存在的优势及劣势。同时还要分析采购、技术开发、人力资源管理及企业基础职能管理等辅助活动对价值链的支持活动，综合价值链的基本活动及辅助活动的分析，确认企业内部管理中存在的优势和劣势。

3. 确定企业的使命与愿景

企业使命与愿景是对企业存在意义及未来发展远景的陈述，除表明企业长期存在的合法性及合理性外，还要与所有者和企业主要利益相关者的价值观或期望相一致。它应对企业员工有很强的感召力，并能得到社会公众认可，此外，还应用简单、精练的语言来表达。

4. 确定企业战略目标

企业战略目标通常是与企业使命与愿景相一致的、对企业发展方向的具体陈述。企业战略具体目标是要尽量数量化的指标，如某企业集团到 2015 年营业收入要达到 500 亿元人民币，这就是一个战略目标。企业数量化指标便于分解落实，便于检查，便于动员员工为实现目标而努力奋斗。

5. 企业战略方案的评价与选择

企业高层领导在作战略决策时，应要求战略制定人员尽可能多地列出可供选择的方案，不要只考虑那些比较明显的方案。在战略选择过程中形成多种战略方案是战略评价与选择的前提。高层管理人员要对每个战略方案按一定标准逐一进行分析研究，以决定哪一种方案最有助于实现战略目标。

6. 确定企业职能部门策略

根据前述确定的企业战略，进一步具体化作出企业的组织机构策略、市场营销策略、人力资源开发与管理策略、财务管理策略等各职能部门策略，这样才能使企业总战略真正落实。这就要求各职能部门策略与企业战略保持一致。

7. 企业战略的实施与控制

企业战略实施要遵循三个原则，即适度合理性的原则、统一领导与统一指挥的原则、权变的原则。为贯彻实施战略要建立起贯彻实施战略的组织机构，配置资源，建立内部支持系统，发挥好领导作用，使组织机构、企业文化均能与企业战略相匹配，处理好企业内部各方面的关系，动员全体员工投入到战略实施中来，以保证战略目标的实现。

【小资料】

国美战略转型

黄光裕事件前的 2008 年年报上国美披露道：国美将进入优化转型时期，其目的就是实现从规模扩张到精细化管理的转型，从开店增长到提升单店经营质量的转型，从销售主导到利润为先的转型。这一转型为国美的长远发展奠定了坚实的基础。

黄光裕事件后的2009 年国美开始积极进行业务和管理等的转型：①从高速扩张转为以盈利为导向的经营策略；②继续优化门店网络，推广门店的转型再造；③加强商品组合管理；④积极参与国家补贴政策及推广新业务；⑤加强企业管治，实现管理层和投资者利益一致化。

2009 年的上半年，国美在战胜了创业以来的重大危机和考验后，依据上面的优化转型的经营路线，逐步回归商业本质，初步实现从规模扩张转型到精细化管理，从开店增长到提升单店经营质量，从销售主导到利润为先的转变。国美坚持以利润为导向，提高门店销售水平和盈利水平，优化网络结构。在全球金融危机的大背景下，国美建立与供货商和银行的双赢合作关系，并吸引全球性私募投资公司贝恩投资（Bain Capital Glory Limited）投资本集团，增强了资本实力并有助于提高企业管治水平，使集团在家电零售市场和资本市场均保持良好的发展势头。

黄光裕事件虽未平息，但是从国美电器复牌以后的市场表现来看，黄光裕离开后，投资者对国美电器的信心并没有大幅减弱。复牌后的半年，国美电器的市场表现明显优于恒生指数的综合表现，且与苏宁电器的增长较为相似。2009 年 1 月，陈晓临危受命接手国美电器以来，大胆地实施了企业战略变革，一改国美历来快速开店和并购的脚步，将盈利核心由店面扩张变为提升单店效益，这些策略在年内取得了一定的成效，国美的销售额出现了明显增长。

从 2009 年 2 月 1 日起，“家电下乡”开始在全国推广，农民购买电器将享受国家 13%的补贴，国美电器作为国家“家电下乡”政策的参与者，在已有门店设置“家电下乡”专柜，在三、四线城市通过加盟店的形式进行低成本扩张，取得了比同行业更强的农村市场竞争力。同时，4 万亿元人民币的经济刺激计划，对家电零售业的增长起到了积极的作用。

国美电器经营战略转型成为其发展进程中再造企业活力的有力举措，借着中国宏观政策的经济刺激计划和电器消费市场的快速发展，国美电器凭借旗下国美、永乐、大中等多个实力强大的经营品牌以及庞大的销售和服务网络，在新领袖团队的带领下，其经营业绩体现出流动资产周转快，企业生命力活的优势。

第二节　连锁企业经营战略分析

战略分析是连锁企业实施战略管理的基础阶段，是制定有效战略的基础和关键环节。连锁企业的战略分析主要从三个方面展开：一是连锁企业宏观环境分析；二是连锁企业的行业环境分析；三是连锁企业内部条件分析。其中，宏观环境和行业环境作为连锁企业的外部环境，既为企业提供发展的机会，同时又为企业带来威胁；而企业内部条件的分析可使企业了解自身的实力，判断其能否很好地应对外部环境给它带来的机遇与威胁。

一、宏观环境分析

从宏观环境的基本构成方面来看，企业宏观环境分析可以从政治环境（Political Environment）、经济环境（Economic Environment）、社会文化环境（Social and Cultural Environment）和科技环境（Technological Environment）这四个基本方面来进行，即采用所谓的 PEST 分析法，如图 5-3 所示。

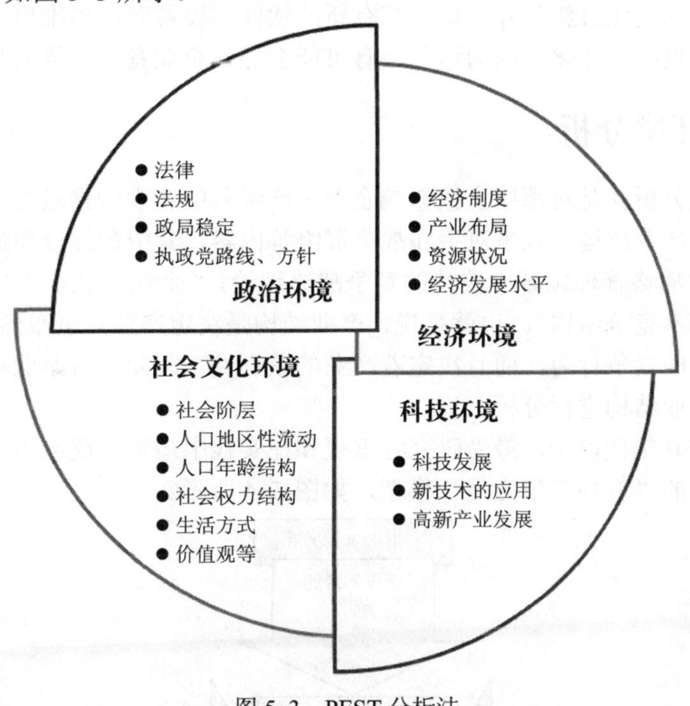

图 5-3　PEST 分析法

1．政治环境

政治环境是指对企业生产经营活动具有现存和潜在作用与影响的政治力量，以及对企业生产经营活动加以限制和约束的法律、法规，包括企业所在国家或地区的政局稳定状况、政治经济制度与体制、法律法规，以及执政党的路线、方针和政策。政治环境也是影响连锁企业发展的重要因素，它缩小了管理者可供决定的范围，限制了可供选择的可行方案。

2．经济环境

经济环境是指一个国家的经济制度、经济结构、产业布局、资源状况、经济发展水平以及未来的经济走势等。构成经济环境的关键因素包括利率、汇率、税率、通货膨胀率、失业率、可支配收入以及 GDP 的变化趋势等。这些因素相互结合，并整体影响企业的生存和发展。经济环境对于居民消费水平、社会购买力等都有直接影响，而这些又直接影响连锁企业的生存、发展环境。

3．社会文化环境

社会文化环境是影响连锁企业战略的一个重要因素。社会文化环境包括社会阶层的形成和变动、人口的地区性流动、人口年龄结构的变化、社会权力结构，以及人们的生活方式、工作方式、价值观、宗教信仰等，这些因素共同作用将会影响顾客最终的生活习惯和消费习惯，而对这种生活习惯、消费习惯的研究对于连锁企业而言非常重要，有利于企业针对自己的目标顾客制定正确的发展战略。

4．科技环境

科学技术在连锁行业的普遍应用，已经成为现代连锁业创造竞争优势的一个重要来源。科学技术的应用使连锁企业的整个供应链条的信息流通更为顺畅，提高了供应链条的管理效率。当今科学技术的变化日新月异，每天都有新的软件和设备向市场推出，连锁企业应当密切关注这些软件和设备的变化，因为这些很有可能会导致企业竞争优势的变化。

二、产业环境分析

进行产业环境分析就是对那些直接影响企业生产经营的客观因素进行分析，这些客观因素包括产业寿命、产业结构、竞争对手和战略群组等内容，其中最综合和最核心的因素是产业结构。按照企业战略管理领域中波特的竞争战略理论，“企业的竞争优势在一定程度上取决于所在产业的基本竞争结构”。也就是说，产业结构是决定产业竞争激烈程度的根本因素，它不仅影响着企业的竞争行为，而且决定着产业的获利性。因此，对产业环境进行分析，最重要的就是对其产业结构进行分析。

自从 20 世纪 80 年代以来，最受研究者重视和在实践中最被广泛应用的产业结构分析工具之一，就是波特的“五种竞争力量”模型，如图 5-4 所示。

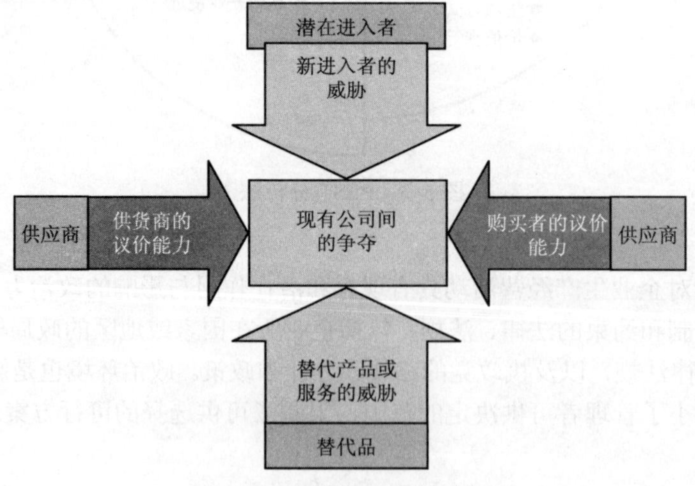

图 5-4 “五种竞争力量”模型

1. 现有连锁企业之间的竞争

目前连锁企业之间的竞争是非常激烈的，这主要是因为目前多数连锁企业属于餐饮、零售业等服务行业，具有进入壁垒较低、退出壁垒较高等特点。众多势均力敌的大中型连锁企业的竞争决定了行业较低的利润率水平。例如，在我国部分地区大中型零售商密集度非常高，甚至趋于饱和，而且这些零售商的经营布局、经营商品种类、档次，甚至服务水平都极其相似。因此，竞争手段往往是极其残酷而又两败俱伤的“价格大战”，同时大量对利润率预期较低的小零售商使行业的收益水平进一步恶化，这使得零售业竞争相当激烈。

2. 潜在进入者的威胁

行业的潜在竞争威胁的力量同样巨大。对于目前的连锁企业而言，潜在进入者进入该行业不需要太高的资金要求，因此进入相对容易。对于一些国内投资者来说，只要具备了一定的资金和有经验的管理人员就可以较轻松地进入该行业，这无疑将加剧目前国内连锁企业间的竞争。同时，随着全球经济一体化趋势的加剧，国外的资本同样也会纷纷进入，并与国内连锁企业展开全方位竞争，这对于处于幼稚期的我国连锁企业而言更具有威胁和杀伤力。

3. 替代服务的威胁

替代服务的威胁同样不可忽视。替代服务的威胁主要体现在连锁经营的业态随着社会经济的不断发展，一直在进行着更新。以零售业为例，其发展至今已经历了百货业、超级市场、便利店、仓储超市等经营业态。目前我国把零售业态划分为 17 种，每种业态都是适应当时社会经济发展水平而产生的，在当时的环境下具有竞争优势。例如超级市场的出现，使百货业态在标准化和功能型商品的提供方面丧失了优势，分流了其大批顾客需求。同样，其他业态如便利店、仓储超市的出现，也分割了一部分百货店、超级市场的市场份额。连锁经营的其他行业也存在着同样的问题。

4. 来自顾客的压力

当前顾客的力量越来越强，给企业带来了巨大的压力。这些压力主要体现为随着顾客自身素质的提高，他们对于商品与服务的要求越来越高。一方面，顾客不但要求企业提供物美价廉的商品，同时也要求服务完美，而且对于个性化的要求同样提高。另一方面，顾客的自我保护意识也显著提高，“顾客就是上帝”的意识已经深深地扎根于顾客心中，他们变得非常“挑剔”，这大大提高了企业向顾客提供满意服务的难度。加上顾客在企业之间进行转换的成本比较低，信息的透明度也比较高，这些都给连锁企业带来了压力。

5. 供应商的讨价还价能力

供应商对连锁企业讨价还价的能力也是影响企业竞争强度的一个方面。相对于单体经营的企业，连锁企业具有更强的讨价还价的能力，现阶段多数供应商还处于相对弱势。当然，名牌产品的制造商讨价还价的能力相对要高。

以上五种力量对于不同的连锁企业甚至同一企业的不同分店来说，影响都可能不尽同，每个企业要根据自己的实际情况进行具体分析。

三、连锁企业内部条件分析

按照企业战略管理领域的资源基础理论的观点，“企业竞争优势源自所拥有的异质性资源，外部市场结构对企业竞争优势不具有决定性影响”。也就是说，不同企业在收益上有差别，主要原因不是所在行业的不同，而是因为其拥有不同的资源和能力。单纯地按照资源基础理论的观点虽然不能全面地解释企业竞争优势的源泉，但由此可以看到，一个企业之所以能获得竞争优势，除了行业因素之外，就是因为它具有同行其他对手所没有的资源和能力。因此，企业在战略选择与制定过程中，还要对企业的内部环境进行分析。

连锁企业内部环境条件是相对于外部环境而言的，是指企业生存和发展的内部因素。对于连锁企业内部条件的分析，目的在于确定和评价内部战略要素，从而发现其能力与不足，进而结合外部环境的分析确定其应当采取的战略。内部条件分析主要有三个方面：经营资源分析、企业能力分析、价值链分析。

1. 经营资源分析

企业资源是指企业在生产经营过程中所拥有或控制的能够实现企业战略目标的各种要素的集合，它们是企业完成自身使命和目标所必不可少的。企业在生产经营过程中所需要拥有或控制的资源种类繁多，如果进行分类的话常用的方式是从可视性的角度进行，可分为有形资源和无形资源。有形资源的主要特征是看得见、摸得着、可以数量化的，并且通常可以在账面上反映出来；无形资源则是看不见、摸不着、难于数量化的，并且通常不能从账面上反映出来。从可视性角度划分企业资源的主要类型如表 5-1 所示。

表 5-1　企业资源主要类型

<table>
<tr><th>类　别</th><th>具体种类</th><th>内容举例</th></tr>
<tr><td rowspan="3">有形资源</td><td>人力资源</td><td>管理者及员工的知识、技能水平及结构，骨干队伍的状况，员工忠诚度等</td></tr>
<tr><td>物质资源</td><td>设施和设备的性能和地理位置，原材料获取的渠道和价格等</td></tr>
<tr><td>财务资源</td><td>融资能力，内部现金流的状况等</td></tr>
<tr><td rowspan="3">无形资源</td><td>技术资源</td><td>专利、专有技术、贸易秘密、商标知识产权</td></tr>
<tr><td>商誉</td><td>在用户、供应商中的信誉，品牌级别和名次，市场对质量和可靠性的印象等</td></tr>
<tr><td>企业文化</td><td>共有价值观、信念和传统等</td></tr>
</table>

进行企业资源分析就是要从总体上把握企业资源数量、质量，以及结构和组合方面的状况，这种状况形成企业的经营结构，也构成企业实力的物质基础。在企业战略管理过程中进行资源分析时，一方面是要对现有资源状况和变化趋势进行分析，另一方面是对战略周期中所需增加的资源进行预测。进行企业资源分析，可以明确企业在资源上存在的优势和劣势。

一般认为，有形资源都可以从要素市场购得，并不稀缺，因此不属于战略性资源。作为无形资源，由于它们多数情况下是企业自主构建的，形成的原因更加模糊，并且难于转移和不易被竞争对手模仿，从而能保证企业的竞争优势不被侵蚀。无形资源是战略性资源，企业拥有的无形资源是保证持久竞争优势的根本。因此，在进行连锁企业资源分析时，应特别重视对无形资源的分析，因为连锁企业竞争力的源泉在很大程度上取决于这些资源。

2．企业能力分析

企业能力是指企业将资源加以统筹整合以完成预期任务和目标的技能。连锁企业任何一项单独的资源并不能产生实际的能力，必须将各项资源进行有效的整合与配置才能够产生真正的能力，因此能力实际上是各项资源有机组合后的结果和表现。企业能力往往是多样的，同时又是多层次的，存在于企业经营的各个环节或各职能领域。其中有些能力在企业的经营过程中只能发挥一般的作用，而有些能力则在经营过程中发挥了至关重要的作用，能够给企业赢得竞争优势。一般把能够帮助企业赢得持久竞争优势的能力称为企业核心能力。

对于连锁企业而言，其能力分析可以主要集中在以下几个方面：一是公司的管理能力，包括有效的财务控制系统、强有力的领导、各部门的协调能力、企业的文化力、企业的激励机制等；二是管理信息系统；三是研究与开发能力，包括开设新店的能力、引进新产品的能力、开发新的应用技术的能力等；四是门店运营能力；五是分销配送能力。企业能力分析的目的在于了解企业在各个方面的能力，以发现自身的优势与不足。

3．价值链分析

连锁企业为顾客所创造的价值的大小、满意程度的高低，实际上是由企业一系列成链条的活动共同创造的，包括采购、物流、营销、销售以及售后服务等起辅助作用的各项活动。这些活动共同组成的链条称为价值链。

价值链活动可以分为两大类：基本活动和辅助活动。基本活动是企业经营的实质性活动，这些活动与商品实体的加工流转直接相关，是企业的基本增值活动。对于连锁企业而言，其价值链上的基本活动包括进货、分拣整理、配送、上架陈列、促销宣传、售卖服务、售后服务等。辅助活动是配合基本活动、达到产品增值目的的活动，包括商品采购、技术开发、人力资源管理，以及连锁企业总部的管理、计划，财务、会计、行政和质量管理等活动。

价值链分析是识别和评价企业资源和能力的有效办法。价值链分析主要包括两个方面：一是每项价值活动的逐项分析，属于单项能力分析，用以发现企业在该价值活动环节上存在的优势和弱势；二是对价值链中各项活动之间关系的分析，属于综合能力分析，以判断各个环节之间的流程是否合理。

四、内外部环境综合分析

在进行了企业外部环境和内部环境分析之后，就可以根据企业所面临的机会和威胁及自身的优势和劣势，制订所有可能实现经营目标的战略方案。对于内外部环境分析通常采用SWOT 分析法。SWOT 分析法是系统确认企业面临的优势（Strength）、劣势（Weakness）、机会（Opportunity）和威胁（Threat），并据此提出战略的一种有效的方法。

SWOT 分析方法可提供四种备选战略方案，即优势-机会（SO）战略、劣势-机会（WO）战略、优势-威胁（ST）战略和劣势-威胁（WT）战略，可归纳为图 5-5 SOWT 分析表格和SWOT 战略矩阵。

	内部 Internal	外部 External
积极方面 Positive	优势 Strength	机会 Opportunity
消极方面 Negative	劣势 Weakness	威胁 Threats

SOWT 分析表格

	优势 Strength	劣势 Weakness
机会 Opportunity	SO 战略 发挥优势，利用机会	WO 战略 利用机会，克服劣势
威胁 Threats	ST 战略 利用优势，回避威胁	WT 战略 减少劣势，回避威胁

SWOT 战略矩阵

图 5-5　SOWT 分析表格和 SWOT 战略矩阵

第三节　连锁企业的使命与战略目标

一、连锁企业的使命

什么是使命（mission）？按照《现代汉语词典》的解释，使命就是责任。这种责任是重大的、历史的。使命是人（不管是自然人还是法人）的存在对于其关系人和社会所产生的价值贡献。

（一）企业使命的含义

企业使命着重回答两个基本问题：

（1）我们想成为什么样的企业？

（2）我们的业务是什么？

连锁企业使命是连锁企业一种根本的、崇高的责任和任务，是对连锁企业目标的构想。换言之，连锁企业使命是连锁企业之所以存在的理由和价值追求，表达了连锁企业所能作出的独特贡献，一方面，它是连锁企业的“存在理由”宣言；另一方面，它是连锁企业的价值设计，反映和体现连锁企业的宗旨、经营哲学和未来方向。因此，连锁企业使命是确定业务优先顺序、制定战略、拟订计划和分配工作的基础，是设计管理工作岗位和进一步设计管理结构的起点。

【知识拓展】

知名企业的企业使命

联想：为客户利益而努力创新；创造世界最优秀、最具创新性的产品；像对待技术创新一样致力于成本创新；让更多的人获得更新、更好的技术；最低的总体拥有成本（TOC），更高的工作效率。

微软：在微软，我们的使命是致力于帮助全球客户实现其潜能。我们所做的每一件事都反映了这一使命，并且我们的价值观使这一使命达成成为可能。我们的价值观是：

——正直诚实。

——对顾客、合作伙伴和技术充满热情。

——坦诚相处，尊重他人。

——勇于迎接挑战，并坚持不懈。

——自省、自我完善，使自己达到最佳状态。

——对客户、股东、合作伙伴和雇员而言，在承诺、结果和质量方面值得信赖。

迪士尼：令人快乐。

沃尔玛：给平民百姓购买富人所购买的同样东西的机会。

可口可乐：我们事业的基本主张是简单的、稳固的、无限的。当我们给股东和顾客带来爽心、价值、开心和乐趣时，我们便成功地培育和保护了我们的品牌。

（二）连锁企业使命的作用

企业使命在企业战略中的重要作用有以下几方面。

1．决定连锁企业发展的方向

连锁企业使命决定着连锁企业发展和前进的方向。企业从建立伊始就必须确定前进方向，企业使命的目的就在于此。兴办一个新企业，取决于如下一系列信念，即新企业以某种技术，在某些地区，以某种可获利价格，向某些用户提供某种产品或服务。这就是企业初建时对企业使命的最初说明。新企业的所有者或经营者都会相信，这样的企业使命传播出去，一定会被顾客接受，进而树立起良好的公众形象，因而就成了企业前进的方向。在企业不同的发展阶段，企业使命如果发生改变，企业前进的方向、道路也会随之改变，进而引起企业一系列战略目标的改变。

2．分配资源的基础

企业的资源是有限的，只有有了明确的企业使命，企业才能正确合理地把企业有限的资源分配到真正能够保证企业使命实现，使企业兴旺发达的经营事业和活动上去。企业使命决定了企业资源配置的投向、实施和调整。

3．连锁企业组织和管理结构设计的前提

连锁企业的组织和管理结构，是为保证连锁企业各项生产经营活动顺利进行，实现企业目标，完成各种经营任务服务的，归根结底，是为实现企业使命服务的。因此，在设计企业组织与管理结构时，必须以企业使命为前提条件。

4．激励企业员工

连锁企业的企业使命指明了企业将为社会、人类作出何等贡献，一方面树立企业为社会、为公众服务的良好形象；另一方面也会激发企业员工的使命感、荣誉感和自豪感。

（三）连锁企业企业使命的基本内容

连锁企业企业使命的确定对企业具有至关重要的意义，企业使命的确定，一般应包括以下几方面内容。

1．企业经营范围

企业的性质和任务，是由企业的经营范围决定的。在企业新建及进行重大调整时，都要首先确定企业的经营范围。企业的经营范围所涉及的内容有三方面：企业经营何种事业，面向何种市场，采用何种满足这种要求的技术。也就是回答企业是干什么的，顾客是谁，顾客所需求的价值是什么等问题。企业经营者应该密切注视外界因素的变化，使企业的经营范围适应社会需求的发展变化。

2．企业目的

任何企业从诞生到不断发展壮大都在追求各种目的。企业所要达到的目的是多方面的，有经济目的、社会目的和其他目的，企业作为经营组织，其主要目的是经济目的，即企业生存、增长、获利。这是企业的长远目的，决定着企业的战略方向。在激烈的竞争环境中，只有重视自己的长远目的，才能保证企业的生存与发展。

3．企业定位

企业在竞争中，要根据自己拥有的资源（尤其是技术资源）、产品和服务的市场，客观评价自己的优劣条件，准确确定自己的位置，这就是企业定位。企业定位包括产业定位、市场定位、竞争定位等。它是企业正确地确定竞争原则和战略的前提。

4．企业理念

企业理念，也称企业信念，是指企业的基本哲理、信念、价值观和抱负，是企业的行动准则，对企业行为具有指导、控制和约束作用。

5．外部追求

企业在追求经济目的的同时，还应有多方面的外部追求，包括在公众中的形象和社会声誉，企业应尽的社会责任，企业的行为规范对外界的影响等。外部追求的效果往往对企业的发展有着重要影响，它促进或阻碍着企业的发展进程和目标实现。

二、连锁企业战略目标

（一）连锁企业战略目标的定义

连锁企业战略目标是指连锁企业在一定时期内实现其使命和任务过程中要达到的成果，

是经营活动的方向和所要达到的水平，是对连锁企业使命和愿景的进一步具体化。战略目标是连锁企业的长期目标，是连锁企业战略构成的基本内容，它与战略的时间跨度应当一致，要有具体的数量特征和时间界限，国外通常为2～5年，国内一般为5年。

正确的战略目标对企业的行为具有重大指导作用，它是企业制定战略的基本依据和出发点。战略目标明确了企业的努力方向，体现了企业的具体期望，表明了企业的行动纲领；它是企业战略实施的指导原则，战略目标必须能使企业中的各项资源和力量集中起来，减少企业内部的冲突，提高管理效率和经济效益；它是企业战略控制的评价标准，战略目标必须是具体的和可衡量的，以便对目标是否最终实现进行比较客观的评价考核。因此，制定企业战略目标是制定企业战略的前提和关键。如果一个企业没有合适的战略目标，企业经营战略活动则势必陷入盲目的境地。

（二）连锁企业战略目标的内容

对于连锁企业而言，其关心的战略目标主要集中在以下几个方面。

1. 企业的盈利能力

获利是企业的终极目的，一个盈利能力强的连锁企业，就能够保证企业获得较多的利润，从而为企业的扩张提供资金的支持。因此，盈利能力是企业制定战略目标时所要考虑的最重要的目标。盈利能力往往用资产利润率、投资收益率、销售利润率三个指标来表示。

2. 市场能力

市场能力是反映一个企业在与竞争对手进行竞争的过程中赢得顾客青睐的能力。能够赢得顾客青睐的连锁企业就能够在市场上占有有利的地位。因此，市场能力是企业制定战略目标时要考虑的另一个重要目标。市场能力往往用市场占有率、销售额或销售量等指标来表示。

3. 公众满意度

任何一个企业都不能把自己的目标仅仅定位在获取利润上。因为企业往往要面对各种公众，这里面不仅仅有股东，还有政府、顾客、供应商、企业员工以及媒体等。要让各种公众满意，就要考虑不同公众对企业的不同期望，要尽可能达到各种公众的期望，这样才能够使各种公众满意。公众满意度往往可以用顾客满意度、纳税额、提供的就业岗位数、及时付款等指标来表示。

4. 企业形象

企业形象是顾客、社会人士对企业的评价。好的形象是企业的一笔非常重要的无形资产，是竞争优势的来源，能使顾客慕名而来，生意长盛不衰。因此，获取良好的企业形象也是连锁企业的重要战略目标，其主要表现为高的美誉度和知名度。

（三）连锁企业战略目标的特征

企业战略目标的确定需要根据企业使命要求，选定目标参数，简要说明需要在什么时间内，以怎样的代价、有哪些人员完成哪些工作并取得怎样的结果。这样才能为企业的有序运营指明方向，为业绩评价与资源购置提供标准与依据，从而有助于企业有效地开展整个战略的制定与实施等活动。企业战略目标的特征如下：

1．全局性

战略目标是对企业全局的一种总体设想，它的着眼点是整体而非局部。它是从全局角度对企业的未来的一种较为理想的设定。它所提出的，是企业整体发展的总任务和总要求。它所规定的是整体发展的方向。因此，人们所提出的企业战略目标总是高度概括的。

2．长期性

战略目标的着眼点是未来和长远。战略目标是关于未来的设想，它所设定的是企业职工通过自己的长期努力奋斗而达到的对现实的一种根本性的改造。战略目标所规定的是一种长期的发展方向，它所提出的是一种长期的任务，绝不是一蹴而就的，而是要经过企业职工相当长的努力才能够实现的。

3．相对稳定性

战略目标既然是一种长期目标，那么它在其所规定的时间内就应该是相对稳定的。战略目标既然是总方向、总任务，那么它就应该是相对不变的。这样，企业职工的行动才会有一个明确的方向，大家对目标的实现才会树立起坚定的信念。当然，强调战略目标的稳定性并不排斥根据客观需要和情况的发展而对战略目标作必要的修正。

4．可接受性

企业战略的实施和评价主要是通过企业内部人员和外部公众来完成的。因此，战略目标首先必须能被他们理解并符合他们的利益。现实中，这些不同利益集团有着互不相同，甚至相互冲突的目标。但是，企业的战略目标必须在利益集团之间求得平衡，并力图满足所有公众的要求，以使他们能继续与组织合作。一般来说，能反映企业使命和功能的战略目标易于为企业成员所接受。此外，战略目标的表述必须明确，有实际含义，不易产生误解，易于被企业成员理解的目标才易于被接受。

5．可检验性

为了对企业管理活动的结果给予准确衡量，战略目标应该是具体的、可以检验的。目标必须明确，具体地说明在何时达到何种结果。目标的定量化是使目标具有可检验性的最有效的方法。但事实上，有许多目标难以数量化，时间跨度越长、战略层次越高的目标越具有模糊性。对于这样的目标，应当用定性化的术语来表述其达到的程度，要求一方面明确战略目标实现的时间，另一方面详细说明工作的特点。对于完成战略目标的各阶段都有明确的时间要求和定性或定量的规定，战略目标才会变得具体而有实际意义。一般来说，企业的战略目标一经制定，应该保持相对稳定，同时应保持一定的弹性以对客观环境变化作出积极反应。

6．可实现性

在制定企业战略目标时，必须在全面分析企业的内部条件的优劣和外部环境的利弊的基础上判断企业经过努力后所能达到的程度。战略目标必须适中、可行，既不能脱离实际将目标定得过高，也不可把目标定得过低；过高的目标会挫伤员工的积极性、浪费企业资源；而过低的目标容易被员工所忽视、错过市场机会。因此，战略目标要处于经过一定努力可以实现的水平，这样才能具有强大的激励作用。

7. 可分解性

企业战略目标是一个总体概念，它必须是可分解的，即能够按层次或时间阶段进行分解（使每一目标只包含单一明确的主题），使其将应完成的任务、应拥有的权利和应承担的责任，具体分配给企业的各部门、各战略单位乃至个人，从而把总体目标转化为具体的小目标和具体的工作安排，以帮助管理者有效地从事计划、组织、激励和控制工作。

8. 挑战性

目标本身是一种激励力量，特别是当企业目标充分体现了企业成员的共同利益，使战略大目标和个人小目标很好地结合在一起时，就会极大地激发组织成员的工作热情和献身精神。一方面，企业战略目标的表述必须具有激发全体职工积极性和发挥潜力的强大动力，即目标具有感召力和鼓舞作用；另一方面，战略目标必须具有挑战性，但又是经过努力可以达到的。这样，员工才能对目标的实现充满信心和希望，愿意为之贡献自己的全部力量。

（四）连锁企业战略目标体系

企业战略目标体系一般是由树形结构的企业总体战略目标和主要职能战略目标构成。企业依据其使命和功能定位来制定企业总体战略目标时，为保证总体战略目标的实现，必须将其层层分解。在企业使命的基础上，制定总体战略目标，然后层层分解成职能性战略目标，这样才能保证战略目标的实现。企业战略目标体系如图 5-6 所示。

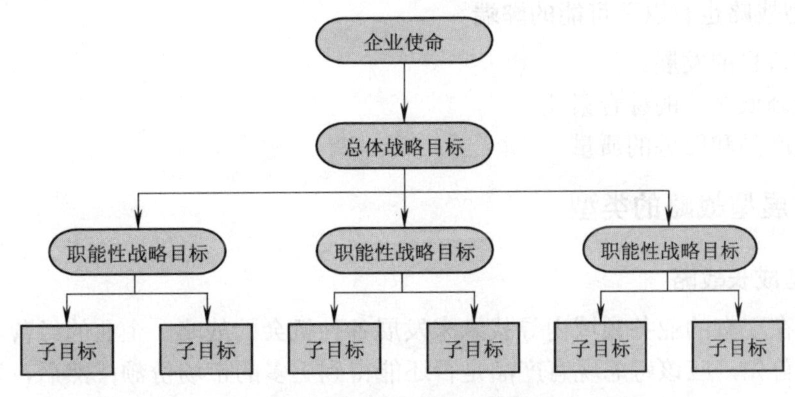

图 5-6　企业战略目标体系

第四节　连锁企业总体战略目标决策

企业总体战略，或称公司战略，是企业的战略总纲，是企业最高领导管理和控制企业一切行为的最高行动纲领。总体战略的对象是企业整体。对于连锁企业来说，总体战略是企业的最高层次战略。连锁企业的总体战略目标主要有三种类型：发展型战略、稳定型战略、收缩型战略。

一、发展型战略

发展型战略又称增长战略或扩张战略。其核心是追求企业规模的增长，实现企业在盈利能力、市场占有率、销售额、市场竞争能力等方面的提高。

（一）发展型战略的特点

（1）谋求市场占有率的增长或销售额的增长。实施发展战略的连锁企业的增长速度一般比行业增长速度要快。

（2）可能取得超过社会平均利润率的利润水平。成功实施发展战略的连锁企业往往能够获得超过社会平均利润率的利润水平。一般销售额或市场占有率的增长往往带来企业规模的扩大，而规模的扩大往往能够使企业获得规模效益，这种效益最终会带来超过社会平均利润率的利润水平。

（3）采用别具一格的战略同竞争者抗衡，如采用非价格手段与竞争对手竞争。

（4）鼓励创新。实施发展战略的企业并不是简单、被动地适应环境，而是倾向于通过创造以前并不存在的实务来影响或改变环境条件，使环境的变化有利于企业自身的发展。

（二）发展型战略的利弊分析

1．发展型战略的优点体现在以下方面

（1）企业能通过不断变革来创造更高的生产经营效率与效益。

（2）发展型战略能保持企业的竞争实力，实现特定的竞争优势。

2．发展型战略也有以下可能的弊端

（1）导致盲目的发展。

（2）可能降低企业的综合素质。

（3）忽视产品和服务的质量。

（三）发展型战略的类型

1．密集型成长战略

这是一种在现有的业务领域内寻找未来发展各种机会的战略。企业的经营者在寻求新的发展机会时，首先，应该考虑现有产品是否还能得到更多的市场份额；然后，还应该考虑是否能为其现有产品开发新市场；最后，考虑是否能为其现有的市场发展若干有潜在利益的新产品，以及是否有为新市场开发新产品的种种机会，密集型成长战略特点如图 5-7 所示。

	现有产品	新产品
现有产品	市场渗透	产品开发
新产品	市场开发	多样化

图 5-7　密集型成长战略特点

密集型成长策略有以下三种类型：

（1）市场渗透。市场渗透是指连锁企业在现有的市场上增加现有产品或服务的市场占有率。可以通过促使现有顾客增加购买，通过定价、产品差别化和各种促销手段争取竞争者的顾客，或者通过吸引新的顾客等方法来实施。

（2）市场开发。连锁企业尽力为现有的产品或服务寻找新的市场，满足新市场对产品的需要。连锁企业主要采用现有的经营模式开设新店，或者利用新的方法扩大店铺商圈的范围，从而实现企业增长。

（3）产品开发。连锁企业采用引进新商品或改进现有商品的方式来增加企业在老市场上的销售量。

2．一体化增长战略

一体化增长战略是指连锁企业利用自身在市场、技术和服务等方面的优势，沿着所经营商品纵向或横向不断扩大其经营业务的深度和广度，由此扩大经营规模，提高收入和利润水平，使企业不断发展壮大。一体化增长战略又可分为纵向一体化战略和横向一体化战略。

（1）纵向一体化战略。纵向一体化战略是指连锁企业在供应链上向前或者向后或者同时向前后两个方向延伸、扩展的战略，具体包括前向一体化战略、后向一体化战略和双向一体化战略。

1）前向一体化战略。对于连锁企业而言，由于在整个商品供应链条上零售商是销售的终端，直接面对顾客进行服务，因此其前向一体化战略就是向顾客延伸，具体体现为会员制，或者成为顾客的采购代理，使这些顾客成为终生顾客。

2）后向一体化战略。对于连锁企业而言，后向一体化战略就是向供应链的上游环节进行延伸扩张的战略，如开设批发业务，或直接介入某些商品的制造业务等。

3）双向一体化战略。对于连锁企业而言，双向一体化战略是指连锁企业同时向供应链上游和终端延伸扩张的战略。

（2）横向一体化战略。横向一体化战略又称水平一体化战略，是指连锁企业开展某些与当前业务相互竞争或相互补充的活动，如开设新店，或并购竞争对手，或者开设或并购其他业态零售店铺。

（3）一体化战略的利益和风险。一体化战略可以给连锁企业带来诸多利益，如可以使连锁企业有固定的供应渠道和销售对象；可以扩展供应链的服务范围；可以降低交易成本；可以迅速地扩大服务范围；可以使企业获得规模经济等。

正如硬币有正反两面，一体化增长战略在给连锁企业带来利益的同时，也给连锁企业带来了不可避免的一些风险，如增加了企业的运营风险，可能降低企业经营的灵活性，可能提高企业的退出壁垒，可能弱化某些部门和单位的激励等。

3．多元化成长战略

多元化成长战略是指连锁企业进入目前所未涉及的经营领域或业务范围。一般来讲，如果连锁企业实力雄厚，在目前的经营领域内没有更多或更好的发展机会，或者在目前的经营领域继续扩展业务量会使风险过于集中时，就可以考虑采取多元化成长战略。多元化成长战略的一个显著特征是使连锁企业突破某一行业，在多个行业中谋求发展。

（1）多元化增长战略的利益。对于连锁企业而言，多元化增长战略可以帮助连锁企业实现范围经济，分散企业的经营风险，拓展企业的增长空间等。

（2）多元化增长战略的风险。对于连锁企业而言，多元化增长战略有可能使连锁企业分散经营资源，可能给连锁企业带来管理的难度，也有可能带来管理运作费用提高等风险。

【小资料】

华农连锁的一体化增长战略

5月28日，华农连锁2012营销峰会在江西南昌召开。华农连锁总经理助理刘征介绍了华农连锁运营模式及网络发展规划。他说："华农连锁经过近三年的发展，目前已经在全国成立了13家分公司，网络辐射全国各主要农业省份，作为一家以打造一流的农业连锁服务生态圈为目标的农资流通企业，华农连锁自成立以来在行业里取得了显著的业绩和飞跃性的发展。"

华农连锁在加强主业的基础上，也在尝试多元化发展。在此次推广会上，北大荒五大连池矿泉水股份有限公司的"国水"华丽亮相，北大荒五大连池矿泉水股份有限公司渠道推广部经理张维介绍了水的分类及如何健康饮水和后期"国水"的发展前景。他说："北大荒·国水，水源地为位居'世界三大冷山泉之一'的五大连池冷山矿泉，历经30万年矿化，富含锶、锌、锂、硒、偏硅酸、碘化物、游离二氧化碳等七大矿物质。公司引进法国'西德乐'、加拿大'赫斯基'、意大利'希帕'等国际先进的生产设备，采用医药针剂'百级'灌装标准及管道式封闭爆气水处理工艺，于地下300～1 000米真空灌装。长期饮用'国水'具有神奇的医疗效果，是世界上最优质的饮用、保健和医用矿泉水。"此次华农连锁参股北大荒五大连池矿泉水股份有限公司，正是看好"国水"的发展前景及蕴藏的巨大价值。

企业的发展离不开创新，市场竞争是残酷的，企业的发展犹如逆水行舟，不进则退。华农连锁也在不断追寻，寻找发展之路，通过与企业之间的合作以及多领域的开拓，极力推动了企业的发展，通过推广会的宣传，为后期打造一流的农资连锁打下了坚实基础。

二、稳定型战略

稳定型战略是指连锁企业在内外环境的约束下，基本保持目前的资源分配和经营水平。

从连锁企业经营风险的角度来说，稳定型战略是风险相对较小的，对于处于上升趋势中的行业和外部环境变化不大的连锁企业会比较有效。

1. 稳定型战略的优点

（1）经营风险相对较小。由于连锁企业基本维持原有的市场领域和规模，从而可以继续使用原有的渠道、仓库等，避免了开发新市场、新店面、新产品而需要的巨大的资金投入、激烈竞争和开发失败所带来的巨大风险。

（2）能避免因改变战略而改变资源分配的困难。由于经营领域与过去大致相同，因而稳定战略不必考虑原有资源的增量或存量调整，相对于其他战略态势来说，显然要容易得多。

（3）能避免因发展过快而导致的弊端。能够避免连锁企业在快速扩大和盲目发展的过程中所无法看到的潜伏的危机，以及因危机而造成的重大浪费。

（4）能够给连锁企业一个较好的休整期。良好的休整期，可使连锁企业集聚更多的能量，以便为今后的发展做好准备。从这个意义上来说，适时的稳定型战略是发展型战略的一个必要的酝酿阶段。

2．稳定型战略的缺陷

（1）稳定型战略的执行是以市场需求、竞争格局等内外条件基本稳定为前提的。一旦连锁企业的这一判断没有得到验证，就会打破战略目标、外部环境、企业实力之间的平衡，使连锁企业陷入困境。因此，如果环境预测有问题的话，稳定型战略也会有问题。

（2）稳定型战略也会使企业的风险意识减弱，甚至形成害怕风险、回避风险的文化，这就会大大降低企业对风险的敏感性、适应性和冒风险的勇气，从而增加以上风险的危害性和严重性。

稳定型战略的优点和缺点都是相对的，连锁企业在具体的执行过程中必须权衡利弊，准确估计风险和收益，并采取合适的风险防范措施。只有这样，才能保证稳定型战略的优点的充分发挥。

【小资料】

星巴克从快速扩张到稳定发展

星巴克（Starbucks）于1971年成立，为全球最大的咖啡连锁店，总部位于美国西雅图，产品在美国和加拿大的学生与城市白领中非常流行。星巴克的产品主要有焦糖玛奇朵、拿铁、星冰乐、三明治等，在全球范围内有近12 000间分店，遍布北美、南美、欧洲、中东及环太平洋地区。

8年前，这家全球最大的咖啡连锁企业登陆中国大陆，8年间，它在中国大陆疯狂扩张。但现在，当门店已经铺张到各个街角、人气越来越旺时，潜在的危机也已经浮现。

首先，超速扩张是占领市场的有效方法，但星巴克必须要牺牲自己的品牌形象。当星巴克的门店出现在城市的各个角落时，原本由稀缺资源创造出的文化资本已越来越少，星巴克提供给顾客的产品附加值被降低了，甚至有人开始对满大街的星巴克感到厌恶。

其次，超速扩张使星巴克的品牌迅速推广，也带来了人气，但客流的迅速上升已经超出了星巴克的承受能力，这导致了服务质量的下降。在中信泰富和来福士广场这两家门店，通常是人满为患，人多是客观因素，以致这两家店的桌椅都排得很密，如果人家不让你路，你很难走到里面的空位。星巴克利用快速扩张和增加桌椅来使销售额最大化，但顾客可能会因为排长队和拥挤的环境而选择其他品牌的咖啡馆。

第三，超速扩张会导致公司构架的臃肿，这会削弱公司对市场环境的反应能力，这一担心已经在美国市场得到验证。

中国投资咨询网认为，最近星巴克在美国为超速扩张付出了代价，公司出现了有史以来的第一次季度亏损，股价也创下了新低。管理层给出的解释是，公司在过去的发展战略上没有考虑到次贷危机的影响，同时部分地区过于密集的网点分布造成了自我产品互相竞争，而最新美国《财富》杂志给出的原因还有服务质量的下降。为了减少损失，星巴克于上月宣布关闭600家美国直营店，并解雇了1.2万名雇员。

资料来源：2008-10-11，中国投资咨询网

三、收缩型战略

所谓收缩型战略是指连锁企业从目前的战略经营领域和基础水平收缩和撤退，且偏离起点战略较大的一种经营战略。与稳定型战略和增长型战略相比，收缩型战略是一种消极的发展战略。一般地，连锁企业实施收缩型战略只是短期的，其根本目的是使企业挨过风暴后转向其他的战略选择，有时只有采取收缩和撤退的措施，才能抵御竞争对手的进攻，避开环境的威胁和迅速地实现自身资源的最优配置。可以说，收缩型战略是一种以退为进的战略。

1. 收缩型战略的优点

（1）能帮助企业在外部环境恶劣的情况下，节约开支和费用，顺利地度过所面临的不利的处境。

（2）能在企业经营不善的情况下最大限度地降低损失。在许多情况下，盲目而且顽固地坚持经营无可挽回的事业，而不是明智地采用收缩型战略会给企业带来致命的打击。

（3）能帮助企业更好地实行资产的最优组合。如果不采用收缩型战略，企业在面临一个新的机遇时，只能运用现有的剩余资源进行投资，这样做势必会影响企业在这一领域的发展前景；相反，通过采取适当的收缩型战略，企业往往可以将不良运作处的资源转移一部分到这一发展点上，从而实现企业长远利益的最大化。

2. 收缩型战略的缺点

（1）实行收缩型战略的尺度较难以把握，因而如果盲目地使用收缩型战略的话，可能会扼杀具有发展前途的业务和市场，使企业的总体利益受到伤害。

（2）一般来说，实施收缩型战略会引起企业内外部人员的不满，从而引起员工情绪低落，因为实施收缩型战略常常意味着不同程度的裁员和减薪，而且实施收缩型战略在某些管理人员看来意味着工作的失败和不利。

四、连锁企业战略选择与评价

对于一个企业而言，可供选择的战略方案往往有若干个，那么在这些战略中，企业究竟选择哪一种战略或战略组合，这就要涉及战略评价与选择。对于战略的评价和选择，在这里主要介绍两种方法：波士顿矩阵分析法和 GE 矩阵法。

（一）波士顿矩阵分析法

波士顿矩阵（BCG Matrix）又称市场增长率-相对市场份额矩阵、波士顿咨询集团法、四象限分析法、产品系列结构管理法等。波士顿矩阵是由美国大型商业咨询公司——波士顿咨询集团（Boston Consulting Group）首创的一种规划企业产品组合的方法。它主要是对各种经营单位的战略方案进行评价和选择。

如图 5-8 所示的波士顿矩阵中，纵坐标是市场销售增长率，表示该业务的销售量或销售额的年增长率，反映了该行业的吸引力。用数字 0～20%表示，并认为市场增长率超过 10%就是高速增长。横坐标是相对市场份额，表示该业务相对于最大竞争对手的市场份额，反映了企业在行业中的竞争地位。用数字 0.1（该企业销售量是最大竞争对手销售量的 10%）～10（该企业销售量是最大竞争对手销售量的 10 倍）表示，并以相对市场份额 1.0 为分界线。需要注意的是，这些数字范围可在运用中根据实际情况的不同进行修改。

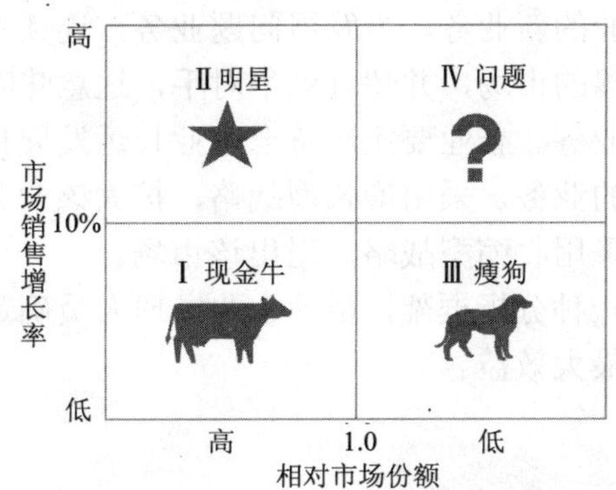

注：Ⅰ（现金牛）区—— 高市场占有率和低市场销售增长率
Ⅱ（明星）区—— 高市场占有率和高市场销售增长率
Ⅲ（瘦狗）区—— 低市场占有率和低市场销售增长率
Ⅳ（问题）区—— 低市场占有率和高市场销售增长率

图 5-8 波士顿矩阵

根据市场增长率和相对市场份额，波士顿矩阵将企业业务划分为以下四种类型：

1. 现金牛型业务

现金牛型业务能够产生大量的现金，但未来的增长前景是有限的。它是成熟市场中的领导者，是企业现金的来源。由于市场已经成熟，企业不必大量投资来扩展市场规模，同时作为市场中的领导者，该业务享有规模经济和高边际利润的优势，因而给企业带来大量现金流。企业往往用现金牛型业务来支持其他三种需要大量现金的业务。现金牛型业务适合采用稳定型战略，目的是保持战略事业单位的市场份额。

2. 明星型业务

明星型业务处于快速增长的市场中，并且市场份额具有支配地位，但是不一定产生正现金流量。明星型业务是由问题型业务继续投资发展起来的，可以视为高速成长市场中的领导者，它将成为企业未来的现金牛型业务。但这并不意味着明星型业务一定可以给企业带来源源不断的现金流，因为市场还在高速成长，企业必须继续投资，以保持与市场同步增长，并击退竞争对手。企业如果没有明星型业务，就失去了希望；但群星闪烁也可能会闪花企业高层管理者的眼睛，导致作出错误的决策。这时必须具备识别行星和恒星的能力，将企业有限的资源投入到能够发展成为现金牛的恒星上。明星型业务要发展成为现金牛型业务同样适合采用增长型战略。

3. 瘦狗型业务

瘦狗型业务既不能产生大量的现金，也不需要投入大量现金，这些产品没有希望改进其绩效。一般情况下，瘦狗型业务常常是微利甚至是亏损的。其存在的原因更多的是由于感情上的因素，虽然一直微利经营，但不忍放弃。其实，瘦狗型业务通常要占用很多资源，如资金、管理部门的时间等，而且多数时候是得不偿失的。瘦狗型业务适合采用收缩型战略，目的在于出售或清算业务，以便把资源转移到更有用的领域。

4. 问题型业务

问题型业务是一些投机性产品，带有较大的风险。这些产品可能利润率很高，但占有的市场份额很小，往往是一个企业的新业务。为发展问题业务，连锁企业必须新建门店，增加设备和人员，以便跟上迅速发展的市场，并超过竞争对手，这意味着大量的资金投入。企业必须慎重考虑是否继续发展该业务。企业要挑选符合企业长远发展目标、企业具有的资源优势、能够增强企业核心竞争力的业务，采用增长型战略，扩大该业务的市场份额。对于不符合这些条件的问题型业务则应采用收缩型战略，退出该市场。

波士顿矩阵分析法提供了一种分析框架，帮助企业经理人员确定战略资源的分配优先等级，以使公司获取总体战略的最大效益。

（二）GE 矩阵法

GE 矩阵法又称竞争地位-产业吸引力矩阵，它把波士顿矩阵分析法中的市场销售增长率转化为“产业吸引力”，把“相对市场份额”转化为“企业竞争地位”，并对产业吸引力和企业竞争地位给出了系列评估指标，使企业在制定企业总体战略时更切合实际和具有可操作性。评估产业吸引力的指标有市场容量、市场销售增长率、行业利润率、市场竞争的强度、产业的周期性等。评估企业竞争地位的指标有市场份额、获利能力、企业形象和声誉、企业应对行业环境的能力、企业资源状况等。

产业吸引力可以划分为高中低三档，企业竞争地位也可以划分为强中弱三项，将两者进行结合，就可以把企业业务归到图 5-9 所示的九个象限之中。

从图 5-9 中可以看出，处于Ⅰ、Ⅱ、Ⅲ象限中的业务单元存在着有利的产业吸引力和竞争地位，因此享有较高的投资优先权，其发展战略应为“增长与建设”，资金需求量最大；象限Ⅳ、Ⅴ、Ⅵ则享有中等的优先次序，对它们应当进行稳定的再投资，以保持和保护它们的行业地位，如果这样的业务有着不同寻常、富有吸引力的机会，它就可以获得更高投资优先权；而Ⅶ、Ⅷ、Ⅸ象限中的业务应采用典型收割战略或剥离、清算战略。

因此，根据 GE 矩阵法分析，企业应将资源集中于那些有高度吸引力和竞争力的经营业务，精心挑选处于中间地位的业务进行投资，除非有特别的转变潜力，否则企业应将资源从低吸引力和低竞争力的业务中抽走。

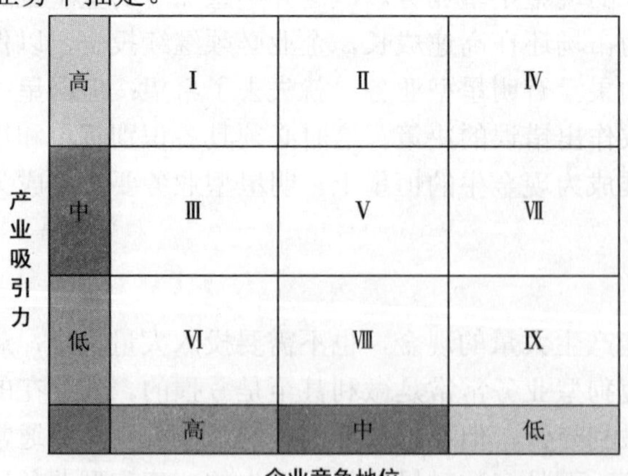

图 5-9　GE 矩阵

第五节　连锁企业竞争战略

在市场竞争中获得成功的企业都具有明显的竞争优势，这种竞争优势集中表现于低成本和产品差异。连锁企业的竞争战略主要分为三种类型：总成本领先战略、差异化战略和目标集聚战略。

一、总成本领先战略

总成本领先战略是连锁企业常常选择的一种竞争战略，是指通过采用一系列具体措施使企业在本行业中赢得总成本领先。贯穿于整个成本领先战略的主题是使企业总成本低于竞争对手，而同时在质量、服务以及其他方面也不放松。为了达到总成本领先，企业必须在经营管理的各个方面进行严格控制，发现和挖掘所有能够带来成本优势的资源。

【小资料】

沃尔玛的成本领先战略

沃尔玛能够取得今日的成就，其中一个重要原因就是成功地实施了成本领先战略。购货环节采取向工厂直接购货、统一购货和辅助供应商减少成本等措施。存货环节采取建立高效运转的配送中心以保持低成本存货。在沃尔玛各店铺销售的商品中，87%左右的商品由配送中心提供，库存成本比正常情况下降低了 50%。

运输环节，沃尔玛采取了自身拥有车队的方法，并辅之全球定位的高科技管理手段，保证车队总是处在一种准确、高效、快速、满负荷的状态。沃尔玛各店铺从向总部订货到实现补货，仅需 2 天，而竞争对手需要 4～5 天才能实现补货一次。据沃尔玛自己的统计，沃尔玛的商品运往商店的成本占商品总成本的比例只有 3%，而竞争对手则占 4.5%～5%。

对日常经费管理环节进行严格控制。在行业平均水平为 5%的情况下，沃尔玛整个公司的管理费用仅占公司销售额的 2%。为维持低成本的日常管理，沃尔玛在各个细小的环节上都实施节俭措施。如办公室不置昂贵的办公用品和豪华装饰，店铺装修尽量简洁，商品采用大包装，减少广告开支，鼓励员工为节省开支出谋划策。沃尔玛的高层管理人员也一贯保持节俭作风，即使是总裁也不例外，首任总裁山姆与公司的经理们出差，经常几人同住一间房，平时开一辆旧二手车，坐飞机也只坐经济舱。

资料来源：百度文库

（一）实施总成本领先战略的条件

对于连锁企业来说实施总成本领先战略的基石是规模效益和标准化。

1．规模效益

规模效益是指随着企业规模的扩大，产品边际成本伴随着采购的集团化、生产设施的充分利用等条件而不断下降的现象。

企业的低成本可以给企业带来高的市场占有率，而高市场占有率使企业的规模增大，从而获取规模效益，进而更新技术设备，使企业成本进一步下降，成本的进一步下降又会带来市场占有率的提高。这样周而复始，企业便可处于一个良性的低成本循环状态。

2．标准化

产品和服务的标准化是连锁经营的一个显著特征，标准化的生产、服务可从门店的规划、产品的生产效率、员工的规范化培训等方面有效地节约生产和管理成本。

（二）连锁企业获得低成本的具体措施

连锁企业要获得总成本领先优势，可以采取以下组合中的一种或几种：

（1）使运营程序更加标准化。

（2）商店布置、规模和经营产品的标准化。

（3）利用次等位置、独立的建筑以及在较老的狭窄商业中心区选址，或者利用其他连锁企业废弃的店址。

（4）将商店置于劳动力成本低廉、运营成本低的小社区。

（5）使用廉价的建筑材料，进行简单的装修。

（6）利用简易的设施和低成本展台。

（7）加入合作采购和合作广告团体。

二、差异化战略

差异化战略是连锁企业可以选择的第二种基本战略。差异化战略是指在一定的行业范围内，企业向顾客提供的产品或服务与其他竞争者相比独具特色、别具一格，使企业建立起独特的竞争优势。对于连锁企业而言，就是在差异化战略指导下，力求就顾客广泛重视的一些方面在行业中独树一帜，并选择一种独特的地位来满足顾客的需要，企业将因其所拥有的独特地位而获得溢价的报酬。

1．实施差异化战略的条件

一个连锁企业要想成功地实施差异化战略，必须具备以下条件：

（1）具有很强的研究开发能力。

（2）具有商品质量、技术或服务领先的声望。

（3）在这一行业具有悠久的历史。

（4）具有很强的市场营销能力。

（5）各个部门之间有很好的协调性。

2．差异化战略的战略利益

（1）能建立起顾客对产品或服务的忠诚度。当产品或服务的价格发生变化时，差异化战略可为企业在同行业竞争中形成一个“隔离带”，免受竞争对手的侵害。

（2）顾客对商标的信赖和忠诚形成了强有力的行业进入障碍，增加了新加入者进入该行业的难度。

（3）差异化战略产生的高边际效益，增强了企业对供应商讨价还价的能力。

（4）企业通过差异化战略使购买商缺乏与之可以比较的产品选择，降低购买商对价格的敏感度。

（5）企业通过差异化战略建立起顾客对本产品的信赖，使得替代品无法在性能上与之匹配。

3．差异化战略的风险

执行差异化战略有时会与扩大市场份额相矛盾。差异化战略具有一定程度的排他性，与提高市场份额两者不可兼得。因为差异化战略不可避免地以高成本为代价，有些客户不一定愿意或根本没有能力支付高价格，公司将不得不损失一部分市场份额。具体有以下几种：

（1）面临实行低成本战略企业的威胁。如果顾客对某种差异化产品可觉察价值的评价不足以使其认同该产品的高价格，这时低成本战略会轻而易举地击败差异化战略。

（2）买方需要的差异化程度下降带来的威胁。当顾客变得更加精明时，他们降低了对产品或服务的差异化要求，转而选择价格较低的产品。

（3）模仿者的威胁。竞争对手的模仿可缩小顾客感觉到的产品差异，这是随着行业成熟而发生的一种普遍现象。

4．实施差异化战略的具体措施

连锁企业想要成功形成自己的差异化优势，可以从不同方面塑造自己的差异化形象。例如，不同的商品分类组合；别具一格的购物体验；不同的企业 CIS 设计；胜人一筹的服务方式等。

【小资料】

四川海底捞的差异化服务

海底捞始终秉承“服务至上，顾客至上”的理念，以创新为核心改变传统的标准化、单一化服务，提倡个性化特色服务，将“用心服务”作为基本经营理念，致力于为顾客提供“贴心、温心、舒心”的服务。海底捞的服务不仅仅是体现于某一个细小的细节，而是形成了从顾客进门到就餐结束离开的一整套完整的服务体系。

海底捞的服务之所以让消费者印象深刻，就在于它将其他同类火锅店所存在的普遍性问题通过服务的形式予以了很好的解决，比如说在就餐高峰的时候，很多火锅店都需要排队等位子，而一般的火锅店都是让顾客在那里“干等”，很少提供相关的服务，这样难免会让一些心急的顾客流失。而海底捞就不同，它会在顾客等候的时候提供一些让人感觉很温暖、很温馨的服务，如免费为顾客送上西瓜、苹果、花生、炸虾片等各式小吃，还有豆浆、柠檬水、薄荷水等饮料，同时，顾客在等待的时候还可以免费上网，甚至女士可以在等待的时候免费修理指甲等。

除了等位服务之外，在点菜、就餐期间，海底捞也是无处不体现出服务的细节。如客人点菜期间，菜点多了海底捞的服务员会对客人进行善意的提醒，让客人感觉很温暖，让顾客感觉到店家为自己着想，更增添了对海底捞的好感度。

同时，在就餐期间，海底捞也会提供比较细致周到的服务，如多次为顾客更换热毛巾，为女士提供发夹防止头发掉落，为顾客提供手机套防止手机进水，为顾客提供就餐围裙等，总之都是一些小细节，但这些细节组合起来就形成了一套服务体系。

还有就是在就餐后，海底捞和其他餐饮店的做法一样，会送上一个果盘，但如果客人提出要求说再要一个，海底捞的服务员也会热情地为你送上。此外，海底捞还设有儿童游乐场所，并提供卫生间洗手的递纸服务。

从顾客进门等候到就餐到就餐完毕，海底捞的服务贯穿其中。虽然很多的餐饮店在其中的某一个环节上也做到了如海底捞一样的服务，但是没有形成系统性、制度化，因此，海底捞的服务才会显得更加突出，而这也是餐饮企业在服务上所需要借鉴与学习的。

虽然有些服务会增加一点点海底捞的运营成本，但这种付出是值得的，与稳定的顾客源、不断扩大的忠实消费群及品牌的美誉度相比较，这种投入产出是十分合算的，这也正是海底捞的聪明之处。

资料来源：第一商业网

三、目标集聚战略

目标集聚战略是连锁企业可以选择的第三种基本竞争战略。与总成本领先战略和差异化战略所不同的是，目标集聚战略不是在整个行业范围内取得竞争优势，而是围绕行业中某个或某组特定目标市场开展战略经营活动。它要求连锁企业着眼于行业中一个狭小空间来作出选择，为这一狭小空间市场的顾客“量体裁衣”并开展服务。其战略逻辑是：企业比竞争对手更能有效地为较窄范围的目标顾客群服务。在总体行业市场上，目标集聚战略也许不能取得成本领先或差异化优势，但它却能在较窄的市场范围内取得成本方面或差异化方面的竞争优势。

1. 实施目标集聚战略的益处

实施目标集聚战略的益处主要表现在以下几个方面：

（1）便于企业集中精力更好地服务于某一特定目标。

（2）能够使企业更好地“知己知彼”。

（3）战略目标集中明确，经济成果易于评价，战略管理过程易于控制，从而带来管理上的简便。

2. 实施目标集聚战略的风险

实施目标集聚战略的风险主要体现在：

（1）由于企业将全部精力和资源集中于某一个特定市场，当顾客偏好发生变化或替代品出现时，企业就会受到冲击。

（2）当竞争者打人企业选定的市场，并采取优于企业的服务方式时，企业面临的风险非常大。

（3）当市场销量减少，生产成本增加时，企业目标集聚战略优势削弱，甚至难以为继。

综上所述，三种竞争战略各有各的益处和风险，各有各的适应环境。企业应当根据自身条件和外部环境的形势来选择符合自身情况的竞争战略。在企业选择竞争战略时，最忌讳的一种情况就是在这三种战略之间摇摆不定，这样会使企业陷入困境之中。

第六节　连锁企业战略实施和控制

从战略管理过程的角度来看，战略管理最后阶段的任务就是要通过有效的组织和领导，将制定好的企业战略付诸实施并对其进行必要的控制，离开了有效的战略实施和必要的战略控制，战略管理只会是一纸空谈。从战略实施的内容上来看，企业战略主要是通过计划的编制、组织结构的调整、资源的分配、强有力的领导来实施的。

由于环境的变化，企业战略在实施过程中往往会与预定的战略目标相偏离，为确保战略目标的实现和战略计划的完成，除需要增强战略的应变能力外，还必须通过战略控制来确保战略实施的效果。战略控制就是将战略实施过程中的信息反馈的实际成效与预期的战略目标进行比较，检测两者之间的偏离程度，通过采取有效的措施进行修正，从而达到预期的战略目标。

一、战略实施

战略实施几乎涉及组织运作与管理的所有方面。每一项战略的实施对于组织结构、资源、文化、控制手段等方面都可能有不同的要求，因而组织应适时调整、满足战略实施条件。战略实施的基本内容包括以下几个方面：

1．计划

在战略实施中，首先需要战略制定者编制战略实施计划，从而清晰明确地向组织内其他成员传达战略指令。战略计划就是将战略分解为重大方案和项目、政策和预算、职能层战略等。组织的各个层面都必须根据上一层制订的计划提炼成适合本层及以下层面的计划。

2．建立适当的组织结构

为了保证战略计划的顺利实施，要建立适应战略要求的组织结构，或调整原有组织结构。实施战略所需要的活动、方案和项目的职权及责任应该在组织单位和相应的人员之间进行分配，同时使这些活动和职责在协调的基础上得到适当的控制，从而形成有机的整体。

3．编制预算，配置资源

预算是对战略可行性的最后一次检验，它直接关系到战略实施的进度和效果。在编制预算中需要把握一个基本的原则，即以战略目标为重点配置资源。资源的有限性决定了资源配置工作具有重要意义。要保证优势资源向具备竞争优势的战略目标合理倾斜。

4．营造有利于战略实施的公司文化

组织文化是组织成员对所属组织的认同，它对组织成员的行为具有无形而强烈的影响。恰当的文化能够在组织内统一认识，有助于加强和支持战略的实施。文化也可以作为组织实施控制的一种手段。每个公司都应该通过调整文化或重塑文化来寻求战略与文化的一致。

5．适当激励，发挥战略领导的作用

在任何管理活动中，中高层管理者作为决策者都发挥着极其重要的作用。在战略实施过程中，组织的管理者就变成了战略领导者，他们的观念、品德和能力等是决定战略能否成功的重要因素。为此，在战略实施时，有必要对管理者进行动员和激励，使他们能够准确地向下属传达组织的战略意图，并且以身作则，不遗余力地推行战略计划。

6．控制

为了防止战略实施效果偏离预期战略目标，必须利用控制机制来评估战略活动的实施进

度和效果。战略控制是战略实施的重要环节，不仅要关注组织内部资源的变化，还要考虑外部环境的变化，并据此及时调整战略实施方案，使企业朝着预定目标前进。

在战略实施中，除了要做好以上六个方面之外，还需要注意学习其他组织战略实施的经验和教训，取长补短，灵活地处理实施过程中的各种问题。

二、战略控制

1. 战略控制的含义

战略控制是指企业根据战略决策的目标对战略实施的过程进行控制；是监督战略实施过程，及时纠正偏差，确保战略有效实施，使战略实施结果基本符合预期计划的必要手段。之所以要进行战略控制，主要是由于内外部环境在不断变化，致使原有的战略不太符合实际；或是由于企业战略本身有缺陷或比较笼统，在实施过程中难以贯彻，偏离了战略计划预期目标；或是在战略实施过程中，受企业内部某些主客观因素变化的影响，偏离了战略计划预期目标。

2. 战略控制的程序

（1）制定控制的定量和定性标准是企业进行战略控制的关键项目，这类项目需要采用定量和定性相结合的方式，体现出企业一定的期望。

（2）测量执行过程中的实际效果。实际效果是企业在执行战略过程中实际达到的水平。企业一般通过信息渠道把各种战略目标执行情况汇集起来进行整理。为了确切衡量实际效果，企业必须制定具体的衡量方法以及衡量范围。

（3）比较控制标准和实际效果的差异。由于企业本身是一个开放、动态的系统，企业内部条件和外部环境因素是在不断变化的，因此也就有可能导致实际的结果与预期目标之间出现差异。为此就必须将实际效果与控制标准进行对比，确认两者之间的差异程度。其中差异度大的，尤其是影响到战略总目标的差异，要对致使这种差异出现的原因进行分析，找出真实原因。

（4）判断差异情况，采取纠正措施或维持现状。企业将实际结果与控制标准进行比较，可能出现三种情况：

1）实际效果达到或超过控制标准，但在合理范围内，属于正偏差或强弱偏差，说明企业战略执行正常，企业可按原计划继续执行。

2）实际效果尚未达到控制标准，但仍在合理范围内，属于弱负偏差，如果判断是具体战略计划执行中出现的问题，则一般采取战术纠正措施，以确保战略目标的顺利实现。

3）实际效果如果偏离控制标准较大，应判断是外部环境引起的还是原先制定的战略目标不当，对具体情况进行综合分析，必要时采取战略纠正措施，或调整目前的战略目标。

本章小结

连锁企业的战略包含连锁企业的经营战略、连锁企业的发展战略、连锁企业的竞争战略和企业形象识别战略。

连锁经营战略是连锁企业长期活动的基本设计图，主要解决企业组织与市场环境结合的问题。只有在连锁企业中树立战略观念，并科学地制定和实施连锁经营战略，才能保证企业组织在激烈的市场竞争中生存并求得长期发展。本章介绍连锁企业的经营战略、发展战略、竞争战略，让学生从现实中发生的案例中学习到如何选择适合自身企业的战略。从生存到发展，从发展到未来规划，不仅考验着决策者的专业理论和经验，也检验着决策者的眼光和应变能力。

同步测试

基础训练

简答题

1. 简述连锁企业战略管理的步骤。
2. 简述连锁企业宏观环境分析包含的内容。
3. 简述连锁企业内部条件分析内容。
4. 简述连锁企业企业使命的作用。
5. 简述连锁企业战略目标的特征。
6. 简述发展型战略的类型特点。
7. 简述连锁企业战略选择与评价方法。

实训项目

选定你所熟悉的一家公司，获得足够的资料，然后完成下列各项活动：

（1）简要描述该公司的企业使命和战略目标。

（2）简要描述该连锁企业战略总目标的类型、特点和与之相对应的决策行动。

（3）简要描述该连锁企业的竞争战略，和与之相对应的决策行为。

案例分析

国美电器的大客户战略

2006年2月21日，国美电器在北京举行大客户拓展部成立暨国美首届“团购月”启动新闻发布会，来自中央国家机关政府采购中心、国资委、国家机关工委、中国蓝星集团总公司、北京燕京啤酒股份有限公司等近百个中央和地方的行政事业单位和国内外大中型企业，以及海尔、三星、摩托罗拉等数十个国内、国际知名家电生产厂家，参加了本次会议。

在现场会上，国美在成功与到会的大客户签订长期定点团购协议后，又和海尔、惠普等15个家电制造厂家签订20亿元的特供产品订购合同。

2005年年底，国美新成立的大客户系统，仅用43天就成功开发集团用户三万余家，涵盖行政企事业单位、学校、银行、医院等多个领域，月销售从不足亿元激增到近4亿元。

随着中国经济的快速发展，电子电器流通正逐步走向成熟，这其中，集团采购作为电子电器消费模式的重要组成部分，呈现迅猛的发展态势。2005年中国家用电器和消费电子类产品的集团采购量为400亿元，占全国家电销售总量（5 500亿）的8%。业内人士分析，伴随着国内经济高速发展，在建设项目和行业巨头的集团采购还有很大增长空间。国美电器迅速抓住这一市场契机，以求在同质化竞争越来越激烈的电子电器市场取得新的突破。据国美电器管理中心总监介绍，国美目前在国内拥有38个分部，460家门店，覆盖了全国131个城市以及香港、澳门特别行政区，形成“规模、经营、管理、商品、服务、价格、环境、物流、品牌”等核心竞争力，通过这些核心竞争力创造出的资源优势、规模优势、价格优势、销售能力，成为国美电器为集团用户服务的独有资本。而且对于集团用户的团购需求，国美电器将不是简单提供低价商品，而是以电子电器专家的身份向商用和电子工程配套方面发展。

2005年年底，国美对自身整体经营机构进行了科学划分，努力实现企业专业化分工和精细化管理，在成立大客户拓展部的同时，在全国36个分部成立大客户拓展组，全面实施“客户细分，专业服务”和“团购价格，贵宾享受”的大客户经营策略。目前，国美在全国各地拥有数百家门店，已成为当地企事业单位电子类商品定点供货单位。

中国特有的集团化采购，引起了全球电子电器制造商的极大关注。国美从开始实施大客户战略起，就立即得到了众多电子电器制造厂家的积极响应。全球各大知名的家电厂家在赶赴国美现场会的同时，也展示了公司最新开发的产品，以期得到广大客户的青睐。

国美电器门店管理中心总经理牟贵先表示，大客户是国美目标客户群的一部分，是客户细分的结果。国美在对国内集团用户的快速拓展中，全面引进办公自动化（OA）产品、商用电器、厨卫集成电器、高端礼品等新、奇、特商品，以包销定制为主，并努力扩大网上集团用户交易规模。同时，国美首次采用在国际家电流通领域流行的“一站式”消费模式，将极大增强国美的核心竞争力。

对于集团采购业务，国美在原有的包销、定制基础上提出“订单生成订单”的操作模式，即国美通过应标的方式，收集多个集团用户的订单，然后，根据订单的需求，进行分类，向专门提供某类商品的厂家下订单，这样，就确保了产、供、需一体化，一方面降低了集团用户采购、维修成本，另一方面也为厂家节约了生产和运营成本。在提倡“建立节约型社会”的今天，国美的这种思路和模式更加科学，更加适合社会的整体发展。

牟贵先说，在长期的经营中，国美和全球家电制造厂家建立了长期、牢固的厂商战略合作伙伴关系，通过广泛的资源共享，确保短期内树立国美在电子类产品供应领域绝对第一的地位。

为推动集团采购业务的发展，国美电器推出了首届电子电器“团购月”活动。为此，它已提前成立了由3 500名高素质员工组成的专家团队，在按需设计电器应用方案、工程配套安装、产品保养、跟踪服务等方面，全力为集团用户提供更加周到的服务，并实现专业人员信息服务，开发建立大客户关系，打造交流互动平台，及时向大客户传递各类商品信息。

针对不同的消费个体需求，国美把各个品类分为不同产品系列，分阶段开展“十人行”

“百人行”“千人行”累计团购优惠促销活动，让客户最大限度地享受“1+1>2”团购优惠。而且，国美将和龙发装饰集团展开联合营销，实现家装与家电、工程与电器配套的有机结合，再次开创行业营销的先河。

本次“团购月”活动，国美特别向厂方新增采集了办公电器、商用电器、厨卫集成电器、高端礼品等 20 亿元的定制专供商品，向集团用户提供最具竞争力的商品和价格，其中电子、电器类商品最低价格低于市场价格 30%。对于商用办公电器、工程配套电器以及音视频设备除提供超低价格外，同时将有专业人员提供完善的设计方案和高质量的安装服务。

资料来源：《战略管理思维与要径》，黄旭

问题：

国美的大客户战略特点是什么？

第六章 连锁企业内部管理系统

学习目标

知识目标：

- 了解信息管理系统对连锁企业的影响
- 了解连锁企业财务管理的工作内容
- 熟悉连锁企业经营绩效的财务评估
- 熟悉连锁企业员工的招聘流程
- 熟悉连锁企业员工培训与开发

能力目标：

- 知道连锁企业财务管理的工作内容
- 能够对连锁企业经营绩效进行财务评估
- 能够进行连锁企业的员工招聘工作
- 能对连锁企业员工进行简单的培训

【案例导入】

京客隆自主创新推出“电子零钱包”

经过近一年的前期筹备工作，2008 年 9 月，京客隆 78 家店铺率先推出并投入使用 1 元以内“电子零钱包”服务。“电子零钱包”一经推出便受到了广大消费者的推崇。同时，各大媒体也纷纷对此进行了积极报道。

2009 年 3 月，在“电子零钱包”推出 6 个月之际，京客隆针对其使用情况对广大顾客进行了调查。在接受调查的 1 600 人当中，七成多的顾客表示曾经使用过京客隆“电子零钱包”功能，并表示使用后感觉很好，认为该功能很方便，可免去找零钱的麻烦。

2009 年 7 月，京客隆旗下 135 家超市全面启动 10 元以内“电子零钱包”服务。截至 2009 年 8 月，京客隆“电子零钱包”已累计存零 589 万笔，合计金额 161 万元。数字显示，“电子零钱包”已被广大顾客所接受。

“电子零钱包”项目从最初设想到全面实现，仅仅用了 5 个月的时间，完全依靠企业内部研发人员进行技术开发，改变了从前过度依赖技术引进和模仿的建设模式。“电子零钱包”的发明和应用，是京客隆凭借先进的信息技术及会员网络优势在零售技术上的一次突破，是收银结算模式的一种创新，是京客隆拥有自主知识产权的独特技术，也是对采用现代信息手段解决企业实际问题的新探索，在业内尚属首创，达到了出奇制胜的效果。

资料来源：http://www.hnchain.com

连锁企业的良性发展离不开有效的内部管理，当各种硬件条件都已经成熟时，良好的内部管理可以保证经营策略有效地贯彻执行。发展高度整合的内部管理制度，采取操作性强的控制手段，设定合理的岗位责任，是连锁企业长远发展的基础问题。连锁企业内部管理包括各连锁店铺的管理、信息系统管理、财务管理等几个方面。

第一节　连锁企业信息管理系统

连锁经营区别于传统商业经营的明显特点就是集中与分散的统一。连锁企业虽然是由各分散的连锁门店组成的一个整体，但是必须通过集中管理和规范化运作才能实现资源的最佳配置和优化经营，由此使连锁企业中的物流、商流、资金流和信息流构成一个庞大的网络体系。只有当信息流在网络中活跃起来并畅通时，配送中心、各连锁门店以及连锁总店各职能部门的业务活动才能高效地联系起来，发挥整体优势，真正实现连锁经营的规模效益。这就要求连锁企业必须借助于完善的计算机管理信息系统，而不是再凭借积累经验或者获取零散的市场信息等传统方式来经营管理。连锁企业规模越大，地域分布越广，信息化管理就越迫切。

一、连锁企业与信息化

（一）信息化对连锁企业外部环境的影响

1. 网络大环境的形成

从外部环境来看，信息技术的发展使得整个世界越来越小，形成了我们通常所说的“地球村”，这也意味着企业的竞争环境将由区域化向全球化发展，经济全球化是大趋势，企业所处的宏观环境实际上已经不仅仅是通过信息技术连接起来的狭义的网络，而应该是将技术环境与经济环境结合在一起考虑而形成一种大网络的概念，在这种大网络概念下来考虑企业的经营战略和企业管理模式。

2. 行业竞争结构的改变

一个行业的竞争状况是由五种作用力决定的，作用力越强，行业的竞争也更加激烈。这五种作用力是：现有竞争者的竞争、潜在进入者的威胁、替代品的威胁、买方讨价还价能力、卖方讨价还价能力。互联网的广泛应用可以从多个方面改变行业竞争格局，也使得竞争更加激烈。因此，互联网时代是“客户定制规则”的时代。

3. 顾客需求行为的变化

互联网不仅为顾客了解产品提供了极大方便，互联网本身也是一个理想的产品销售渠道。国外的相关研究也表明，在顾客服务方面，购物者对网上零售的满意度已经超过了传统购物方式。B2C 电子商务的发展，势必引起顾客消费模式和需求行为的变化，这种变化要求企业营销战略进行调整以适应新的市场环境。

4. 连锁企业交易模式的改变与价值链的再造

信息技术逐渐渗透到企业价值链的各个环节，最为明显的是供应链和销售方式的重大改革，连锁企业间电子商务发展的势头迅猛。连锁企业内部价值链扩展到连接连锁企业的供应商和客户网络，连锁企业通过电子商务强大的供应链，大大缩短了从接受订单、原材料采购到发货的周期，通过供应商、分销商和企业库存，实现实时主动的生产计划等。

（二）信息化对连锁企业内部管理的改革

信息技术不仅改变了企业的外部环境，内部的管理模式也将因此而发生重大变革，主要表现在组织结构、营销方式、内部协调、顾客服务等方面。

1. 组织结构的变革

在传统的管理模式中，随着企业规模的不断扩大，管理层次越来越多，组织结构越来越臃肿，结果造成管理流程复杂，管理效率低下，并且增大了管理成本，减弱了企业的竞争优势。信息技术在企业中的应用使得传统的等级管理向全员参与、模块组织、水平组织等新型组织模式转变，管理幅度可以冲破传统管理模式的限制，垂直的层级组织中大量的中间层已经没有必要，企业内部上下级之间的距离大为缩短，组织结构向扁平化方向发展。

2. 营销方式的扩展

互联网已经成为现代企业重要的营销工具，网络营销是企业整体营销战略中一个有机的组成部分，是以互联网为基本手段营造网上经营环境，而不仅仅是通过互联网来销售产品。网络营销的基本功能还包括提升品牌形象、增进顾客关系、改善顾客服务、网上市场调研等方面。

3. 内部协调方式的变革

基于互联网的管理方式使得企业内部沟通和协调不再受地理位置的限制。协调是管理工作的核心内容，传统的协调以面对面交流为主要手段，企业内部网和各种新型通信手段将改变这种交流模式，从而使得内部协调更加高效，成本也更为低廉，这种协调方式也为区域性企业向全国甚至全球范围扩张提供了便利的条件。

二、连锁企业信息管理系统的作用

连锁企业信息管理系统全面涉及和管理连锁企业的日常业务，可以有效地实现连锁企业集团的数据很多办事处共同应用、共同管理等。全面管理客户关系，使得大量的重复工作可以实现自动处理，防止客户数据因业务人员流动而流失，并可以客观地进行有效管理，应用精确的统计数据辅助公司决策。连锁企业信息管理系统的作用主要体现在以下方面。

1. 实现体制创新

连锁企业信息管理系统作为一种先进的管理思想和手段，它所改变的不仅仅是某个人的个人行为或表层上的一个组织动作，而是从思想上去剔除管理者的旧观念，注入新观念。它能够帮助企业建立一种新的管理体制，能实现企业内部的相互监督和相互促进，并保证每位员工都自觉发挥最大的潜能去工作，使每位员工的报酬与他的劳动成果紧密相连，能迅速提高工作效率，节约劳动成本。

2．智能辅助决策

连锁企业信息管理系统有效地实现连锁企业集团多办事处共同应用，同时管理。管理者可以深入了解客户、市场和自己的业务绩效，能够实时了解公司各个子公司、各个部门的业务运营状况；随时了解公司的财务状况，有效控制进度等，洞悉经营，随需应变，从容面对每个重要决策。连锁企业信息管理系统可以帮助管理者将数据转化为知识、将知识转化为行动并使行动获得成功。

3．业务流程自动化

连锁企业信息管理系统改变传统企业需要应用行政等手段干预来规定业务流程的现状，使用技术来简化和自动化现有的人工流程，要求一切事务流程都需要经由系统来操作，根据系统预设的流程工作，如此整个过程都可以进行规范有效的管理，实施过程监控，消除了中间多余的环节，减少了浪费，避免了延误。

4．整合企业内外资源

连锁企业信息管理系统通过计算机网络将企业、客户、供应商及其他商贸伙伴集成起来，实现连锁企业电子商务化，将原来分散的资源集中分析处理，全面整合企业内外资源，完成信息流、业务流和资金流的有效转移和优化。充分利用互联网技术及信息集成技术，将服务供应链管理、客户关系管理、企业办公自动化等功能全面集成优化，以支持协同商务等企业经营管理模式。

5．降低信息安全风险

一切经营活动都在连锁企业管理信息系统上运行，过程中形成的客户资源、文档、统计数据、业务经验等信息资源得以集中管理，加上完善的授权机制，降低信息安全风险。如果没有一个高度集中的信息管理系统，企业会因为人员的流动等原因，导致信息资源流失而形成安全隐患。

6．连锁企业过程的策划

连锁企业信息管理系统是一个面向管理的信息系统，除了基本的数据处理功能外，更重要的是利用策划模版给出各个阶段性信息，并允许连锁企业的策划人员和组织人员对这些信息进行更新、添加和删除，成为半自动的工作模式，这种功能是连锁企业管理人员和组织人员重要的工具。

7．电子商务化

连锁企业信息管理系统有很多功能可以通过互联网实现，比如客户的网络注册、登记，通过网络进行预订、招商、客户关系管理等。现在很多信息管理系统都移植到互联网上，通过 Web 形式构建连锁企业信息管理系统，这种转变实际上就是电子商务化的标志。

连锁企业在经营过程中，需要与很多企业建立合作伙伴关系，为了充分共享资源，可以通过电子商务的外部网（Extranet）网络技术，将这些企业紧密地联系在一起，更好地利用和共享各个企业的资源和信息，为连锁企业活动提供更加准确、及时、便捷的服务。

三、连锁企业信息管理系统的结构

根据连锁经营业务流程，其信息管理系统可以分为采购管理、库存管理、财务管理、销售管理、经营计划与管理、人力资源管理。连锁经营信息管理系统的各个部分，均由计算机联结，构成完整的信息管理系统，进而与银行、供货商联为一体。

（一）连锁店总部信息管理系统的构成

连锁店总部信息管理系统按功能分为进货管理子系统、库存管理子系统、销售管理子系统、商品进销存分析子系统、财务会计管理子系统、人力资源管理子系统和连锁总店决策支持系统。其功能结构如图 6-1 所示。

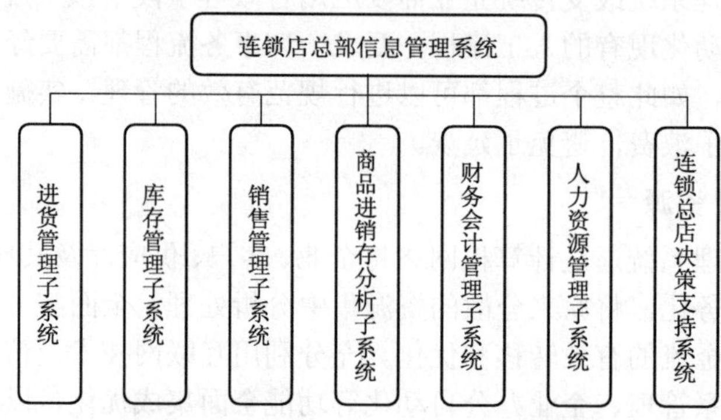

图 6-1　连锁店总部信息管理系统结构图

1. 进货管理子系统

进货管理子系统包括：制订采购计划、市场价格信息、供应商信息管理、购货合同管理、到货管理等。

2. 库存管理子系统

库存管理子系统的功能有：到货登录、查询；商品保管及存放地；商品提货、移库、盘存、串号、损益等管理。

3. 销售管理子系统

销售管理子系统应包括价格管理，即商品价格制定、查询市场价格信息、确定商品价格并提供查询和修改；销售信息管理，即查询以单品为单位汇总日销售量、金额、毛利、优惠、折扣等信息；查询按分店、部门或商品类别汇总的销售信息；查询不同促销手段产生的效果汇总销售信息；查询商品的规格和花色；统计销售的信息。

4. 商品进销存分析子系统

商品进销存分析子系统主要有以下功能：商品购、销、存等计划完成情况分析；商品进货和进货合同执行情况分析；商品进货来源和销售方式分析；库存商品结构分析；销售品种分析；销售构成变化情况分析；进货、仓储管理费用分析等。

5. 财务会计管理子系统

财务会计管理子系统包括商品核算，即对商品进价成本和库存商品的实际成本及变动成本的核算；会计核算，即财务处理、应收应付管理和内部往来核算；财务管理，即利润的计算与分配、基金提取、资金分析、财务报表以及各项财务指标的计算与评价。

6. 人力资源管理子系统

人力资源管理子系统的功能有：人员结构及编制管理；职工档案管理；职工业绩考核管理；职工奖惩管理；职工培训管理；职工工资管理等。

7. 连锁总店决策支持系统

连锁店总部是企业决策机构，因此本系统应具备决策支持的各项功能：数据收集、存储、处理、分析和检索；决策模型的建立、存取与求解；提供常用的数学分析方法；对数据、模型和方法的更新、删除、修改和连接；提供方便的人机对话接口，使决策者拥有决策过程的主动权，进行目标论定、方案评选等。

（二）连锁分店信息管理系统构成

连锁分店信息管理系统是整个连锁企业信息管理系统的重要组成部分。其信息管理系统结构如图 6-2 所示。

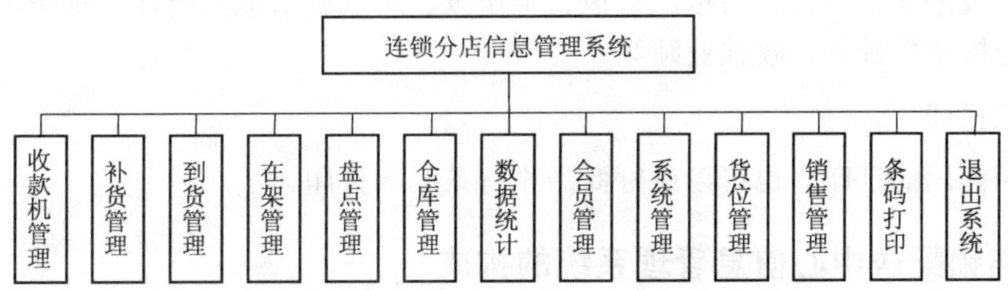

图 6-2 连锁分店信息管理系统结构图

连锁分店信息管理系统主要具备如下功能。

1. 收款机管理

实时监测收款机状态及显示收款情况。

2. 补货管理

可以进行人工补货、自动补货、缺货确认、补货查询等。

3. 到货管理

可以进行到货输入、到货确认、到货查询等。

4. 在架管理

具有在架单一商品统计、在架分类商品统计、在架商品下限报警、在架商品断货报警、在架商品调价管理、商品按供货商统计功能。

5. 盘点管理

具有盘点清单生成、盘点清单打印、盘点数量输入、盘点商品确认、盘点结果确认、盘点损益统计、损益商品查询等功能。

6. 仓库管理

具有仓库输入、确认、查询等功能。

7. 数据统计

商品到货、返货、销售统计、毛利润统计、销售情况综合统计、单品销售情况统计、供应商的销售情况统计等。

8. 会员管理

会员卡的销售、修改、查询、挂失、恢复、更换、延长、统计等。

9. 系统管理

开店前总部信息接收、闭店后数据处理及上传、系统维护等。

10. 货位管理

在架商品货位等分配及统计功能等。

11. 销售管理

即任意时段的销售日报、月报、旬报、半年报、年报等情况的统计、打印，以及明细、分类，实时分析销售排行、收款业绩等。

12. 条码打印

主要是店内码的打印，也可以进行商品原有条码的打印。

（三）连锁配送中心信息管理系统的构成

连锁企业的成功离不开物流的合理化，有效率的物流配送系统会给连锁经营带来丰富的信息来源。连锁企业物流配送系统已成为连锁企业利润来源的重要渠道。

连锁配送中心信息管理系统是对配送中心内商品的入库、出库、保管、组配、流通加工及配送等信息进行管理的系统。其信息管理系统包括如下所列子系统。

1. 入库系统

功能是对入库的商品进行核对。入库时能及时反映出预定商品的入库信息、库存商品及商品更新情况等。

2. 出库系统

功能是以各连锁分店的补货数据为基础，进行库存商品对照、库存寻找和核对。

3. 库存货区管理系统

功能是对订货系统提供数据依据，促成各种货品的库存管理以及与货区的衔接，指示库存货品的位置等。

4. 运输配送系统

功能是完成供应商与配送中心之间、配送中心与各分店之间的商品运输配送业务。

四、连锁企业信息管理系统常用的信息技术

1. POS 系统及组成

POS（Point of Sales）系统又称为销售时点系统，是指以后台计算机和商品条形码为基础，以条形码扫描器为基本工具，配合电子收银机及其电子设备（如磁卡阅读器）所组成的一个系统。它主要以连锁商店为中心，对进货、销货、存货和内部调配商品进行控制。POS 系统应具备以下功能：对商品的单品管理；采购管理；进货验收；库存及销售现场管理；销售管理；盘点管理；厂商管理；会计作业；销售分析表；员工管理等。

2. MIS 系统

MIS（管理信息系统——Management Information System），是一个由人、计算机及其他外围设备等组成的能进行信息的收集、传递、存储、加工、维护和使用的系统。MIS 系统通常用于系统决策，例如，可以利用 MIS 系统找出目前迫切需要解决的问题，并将信息及时反馈给上层管理层，使他们了解当前工作的进展或不足。MIS 系统的最终目的是使管理人员及时了解公司现状，把握将来的发展路径。

3. EOS 系统

EOS（Electronic Ordering System）又称为电子订货系统，是指用电子通信方式传输订货信息的系统，以取代人力送单、取单或邮寄等订货方式。由于涉及经营环境以外的社会供货机构，所以要求所交换的数据在商业整体结构下有统一的标准，实现电子数据交换即 EDI 的商业化。

4. EDI 系统

EDI（Electronic Data Interchange）称为电子数据交换系统，是利用计算机和通信技术，将双方的各种标准化单据快速传送和自动处理的信息系统。EDI 技术可以有效减少甚至消除各种有形单据，也称为无纸贸易。

第二节　连锁企业财务管理

财务管理是对企业资金运动和价值形态的管理，它通过价值形态的管理实现对企业实物的管理，每一个连锁企业必须建立健全企业财务管理制度，利用财务手段对企业经营管理的全过程进行监督、检查、控制，并对企业的经营状况、经济效益作出正确分析，为企业决策提供准确、及时的信息。

一、连锁企业财务管理的特点

1. 统一核算，分级管理

由连锁总部进行统一核算是连锁经营众多统一之中的核心内容。同一区域内的连锁企

业，由总部实行统一核算；跨区域且规模较大的连锁企业，可建立区域性的分总部，负责对本区域内的店铺进行核算，再由总部对分部进行核算。连锁企业统一核算的主要内容有：对采购货款进行支付结算；对销售货款进行结算；进行资金筹集与调配等。

2. 票流、物流分开

连锁企业实行总部统一核算，由配送中心统一进货，统一对门店进行配送。从流程上看，票流、物流是分开的，这同单店式经营中资金与商品同步运行有着很大的不同。因此，在连锁企业中财务部门与进货部门保持紧密的联系是非常重要的。财务部门在支付货款前，要对进货部门转来的税票和签字凭证进行认真核对，同时，在企业财务制度中要规定与付款金额数量相对应的签字生效权限。

3. 资产统一运作，资金统一使用

连锁经营的关键是发挥企业的规模效益，所以有必要实行统一运作，资金统一使用。连锁企业资金由总部统一核算，实行资金的统一管理，可以提高企业资金的使用效率和效益，降低成本，减少费用，增加利润。连锁企业资金实行资产和资金的统筹调配、统一调剂和融通。总部有权在企业内部对各店铺的商品、资金和固定资产等进行调动，以盘活资产，加快商品和资金周转，获取最大的经济效益。

4. 地位平等，利益均衡

连锁企业利润的取得是各分店、各部门通力协作、共同创造的结果，不存在谁地位比谁高、谁为谁服务的问题，各方都要遵循利益均沾、风险共担、地位平等、协商共事的原则，不能靠牺牲对方利益谋取自身利益。

二、连锁企业财务管理的内容

（一）资金管理

资金是企业生存和发展的保证，任何企业都离不开资金，连锁企业也面临着资金管理这一问题。连锁企业的资金应由总部统一筹措，集中管理，统一使用，可采用预算管理方式，并强化日常控制。

连锁企业经营过程中涉及大量的现金收付业务和货物的流动，因此流动资金的管理是其资金管理的重点，而流动资金的管理又侧重在货币和存货的管理。

1. 货币资金的管理

各门店经营和改造所需资金，由总部或地区总部统一筹措，统一安排。各门店存入银行的款项，要及时通过银行结算划转到总部或地区总部指定账户，由总部或地区总部统一计划调剂。总部或地区总部对门店可建立备用金制度，门店不得支销货款。为加强总部或地区总部的资金融通和调度力度，总部或地区总部在内部资金管理上，应通过建立内部资金调剂中心，对门店实行统一开户、统一结算、统一管理、统一调度。

2. 存货管理

连锁企业的存货主要是指采购的商品和低值易耗品。存货占整个连锁企业流动资产的比重较大，有的高达 80%。存货利用的好坏，对连锁企业财务状况影响很大。因此，加强存货的规划与控制，使存货保持在最优水平上，是连锁企业财务管理的一个重要内容。

（1）存货成本控制。具体来讲，作为连锁企业总部或地区总部要合理设置库存，以降低资金成本和仓储管理费用。那么，如何控制存货成本呢？这里主要介绍经济批量法和 ABC 分类法。

1）经济批量法。存货的成本主要包括采购成本、订货成本、存储成本、缺货成本。采购成本是指从供应商那里获得商品而应支出的成本，是商品本身的价值，由采购数量和商品单价决定。一般情况下，采购成本与采购数量成正比关系。订货成本是指为订购商品而发生的文件处理费和验收成本，如邮费、电话费、办公费、差旅费等。订货成本中有一部分与订货次数无关，如常设采购机构的管理费、采购人员的工资等，属于固定成本；另一部分与采购次数有关，属于变动成本。为了降低订货成本，企业需要大量采购，以减少订货次数。存储成本是指存货在储存过程中发生的成本，包括仓储费、保险费、残损变质损失、存货占用资金应支付的利息。为了降低存储成本，企业应小批量进货。缺货成本是指由于供应中断而给企业销售造成的损失，如由于供货中断造成延期交货而付出的罚金，由于供货中断而丧失的销售机会及市场份额。为了减少缺货成本，企业应保持足够量的存货或加强物流配送。

订货批量越大，存储成本越高；订货次数越少，订货成本越低。反之，订货批量越小，储存成本越低；订货次数越多，订货成本越高。经济批量法就是要确定经济订货批量，即要寻找使综合成本最低的采购批量。

2）ABC 分类法。连锁企业常常涉及成千上万的存货项目，有的价格昂贵，但品种少；有的价值低廉，但种类和数量多。在存货管理上要区分重点，照顾一般，这种分类管理的方法就是 ABC 管理法。首先，以存货的品种和金额作为分类的标志，将存货分为三类：将品种比重不超过 20%，金额比重在 70%以上的存货项目划分为 A 类存货；将品种比重不超过 30%，金额比重占 20%左右的存货划分为 B 类存货；将品种比重不低于 50%，金额比重只占 10%左右的存货划分为 C 类存货。如表 6-1 所示，在 ABC 分类法下，对不同类别的存货在管理方式、订货方式、检查方式、控制程度上均有不同的要求，可使企业将管理的重点放在主要资金的运用上。

表 6-1　ABC 分类法

项　目	A　类	B　类	C　类
管理方式	由于金额比重大，应把库存压缩在最低限度，投入较大精力，精心管理	按经营方针，调节库存水平，根据情况可时松时严	集中大量订货，以较高的库存来节约订货成本
订货方式	按照经济订货批量，定期订货	采用定量订货方式，当库存降到订货点时发出订单	大批量订货
检查方式	经常检查	定期检查	按月或季检查
控制程度	按品种控制	按大类控制	按金额控制

（2）连锁企业加强存货管理的措施：

1）总部对所经营的商品进行统一采购、统一配送、统一核算。

2）门店每月要对商品进行盘点，建立实物负责制度。

3）总部或地区总部要核定商品损耗率，超额损耗部分由总部或地区总部从门店的工资或奖金总额中扣除。

4）门店要根据销售情况和市场需求，及时提出调整商品结构的建议，对接近保质期的商品经常清理，以便于总部或地区总部及时调换。

5）对低值易耗品等其他流动资产的管理，要明确总部和门店的管理权限，实行分级管理。

（二）连锁企业的成本费用管理

1. 连锁企业的成本费用

连锁企业的成本费用主要包括商品采购成本、经营费用、管理费用、财务费用等。商品采购成本是指外购商品而发生的支出。首先，连锁企业在采购上应货比三家，在保证质量的同时，应努力降低采购成本，特别是要发挥连锁企业的优势，通过集中采购降低成本。其次，要与供应商建立良好的长期合作关系，减少不必要的费用。连锁企业的经营费用是指连锁企业在供产销过程中发生的各项支出，如运输费、存储费、保险费、展览费、广告费以及各门店发生的各项费用等。连锁企业的管理费用是指连锁企业行政管理部门为组织经营活动而发生的各项费用，包括管理人员的工资、工会经费、教育经费、保险费、咨询费、诉讼费、业务招待费、坏账损失等。连锁企业财务费用是指连锁企业在经营过程中为筹集经营所需资金而发生的筹资费用，包括利息支出、手续费、汇兑损益等。

2. 连锁企业加强费用控制可采取的措施

（1）总部要严格控制自身的费用开支，如广告宣传费、工资等。

（2）由总部统一固定资产的折旧，统一支付贷款利息。

（3）总部规定各店铺的费用项目范围及开支标准，原则上不允许随意扩大和超标。

（4）总部对一些费用要进行分解，尽量细分到各个店铺和商品种类上。

（5）总部对各个店铺的费用通过下达销售费用率进行总体控制，要建立费用率预算计划管理机制。

（6）各个店铺的直接费用要同店长的利益直接挂钩，对达不到要求的店铺要分析造成费用上涨的原因，并提出调整改正的措施。

【小资料】

麦当劳的财务策略

特许连锁商的生财之道主要有两个：一个是以高价卖出地区连锁权；另一个是卖器材、原料给加盟人。麦当劳却独辟生财之道：从房地产中赚钱。麦当劳的财务专家桑那本帮助麦当劳想出了以房地产获利来支撑连锁事业发展的办法。由于麦当劳只收取 1.9%的服务费，其中的 0.5%给了麦氏兄弟，权利金虽由最初的 950 美元，涨到 1 500 美元，到 20 世纪 60 年代维持在 10 000 美元，所以麦当劳的整个收入是相当低的，低到麦当劳总部收取的服务费不够服务用。麦当劳的扭亏为盈靠的是桑那本所负责的麦当劳房地产业务。麦当劳公司以 20 年的合约向土地所有者租得土地及店面以后，再把店面租给连锁加盟店，赚取其中的差额。

一般地，麦当劳以 500～600 美元一日的价钱，从土地所有者那里租得店面，在转租出去的时候，加上2～4成。而且在订立合同时，麦当劳不允许土地所有者在租约内加上“逐年定期涨价”条款，而在将同一店面租出时，它把所有的保险费、税费加了进去，并根据物价上涨情况，理直气壮地向加盟分店收取涨价租金，而付出去的租金，根据合同却不改变。由于在20世纪五六十年代“加盟合同”尚未有法律效力，而租约却有较强的法律效力，麦当劳逐渐将加盟合同与租约合为一体。在20世纪50—70年代的美国房地产市场方面，麦当劳属于收益最好的公司。麦当劳在郊区的房地产，大多都是在美国人口往郊区移动时，以低价买得的。20世纪到了70年代，随着通货膨胀加剧，麦当劳的房地产价值不断上升。对于不属于自己的房地产，麦当劳用低价租了很长时间，而且签有“优先购买权”。麦当劳在全美的近万家店铺中，60%的所有权是属于麦当劳的，另外40%是由总公司向土地所有者租来的。在麦当劳的收入中，有1/4来自直营店，另有3/4来自加盟店，而总收入的90%来自房租。

从20世纪60年代初起，麦当劳就配备了3架飞机，并雇佣了大批专业化房地产的人才，让他们飞遍全美各地，寻找适合的地点开店。克罗克本人也常随身带着收录有全美报纸名称、出版地点、当地人口及商业情况的资料手册，在坐飞机飞过一个个小城堡时，克罗克要看看这些地方是否适于开店。由于城市地产价格高昂，麦当劳瞄准了郊区，克罗克让房地产工作人员去找那些学校、教堂、新房子附近的地产，包括加油站。购买房地产需要大量资金，但到1958年，麦当劳的净收入不过2万美元，麦当劳想增加50家新店面，就要贷到百万巨款。在最初征求贷款时，麦当劳很有自知之明，专门去找地方性小银行以高于当时一般房屋贷款的利息率获得贷款，并保证把所有分店存款都存在该银行。到1960年，麦当劳分店已达228家，其中它可控制的房地产有172处，净值约1.6万亿美元。

然而越是快速的发展，越需要稳定的财务支持。但要向财团、大银行贷款必须出示资产负债表，而按公认会计原则处理的麦当劳资产负债表情况不十分理想。为此，桑那本决定改变会计方法，使资产负债符合贷款条件的要求。为了麦当劳的利益，他雇佣了一名叫波比兰的律师兼会计师按新方法来做账。新的做账方法将房地产未来的租赁收入折为现值，并作为资产计算，使麦当劳资产负债表上的资产多出许多。

在做账中，将房地产的增值潜力也折为现值记入资产，结果到1960年麦当劳依此法统计的资产达1 240万美元，是1959年的4倍。由于麦当劳公司扩张很快，开发费用很大，使收益表上的净收入数字非常低。1958年公司营业额为1 000万美元，净收入却只有1.2万美元。

这样的表，拿给银行看是得不到贷款的。通过将开发费用延期冲抵，将新店开张的费用以新店使用后的收入来冲抵，将建筑期间的利息支出摊到开店以后20年间的账面上，使麦当劳的收支平衡表大为改观。1960年，麦当劳账面收入达109 000美元净收入，是1958年的10倍。之后，以这种较为“好看”的收支表与资产负债表，麦当劳争取到了一家大财团——全美人寿保险公司的抵押贷款。之后，麦当劳会对其他银行、财团说，连这样的大财团都敢借钱给我们，你们为什么不敢。依靠这些方法，麦当劳获得了扩张所必需的贷款，1960年，其债务高达本身资产的22倍。

20世纪从60年代末期起，汉堡速食的发展使其成为投资热点，每年开张的此类新店已超过100家。在这种群雄竞起的情况下，麦当劳管理层决定全速扩张。于是麦当劳开始大量增加房地产和建筑部门的人员，开店速度从每年 100 家，扩大到每年 500 家。在 1974 年一年之内，麦当劳开出了 515 家连锁店，全美麦当劳开始从集权管理转向地方分权管理，将区域性分公司由 5 家增加到 8 家，加强了分公司经理的权力，由他们来决定新店的地点、加盟者选择等事务。地方分权不仅没有削弱麦当劳，反而加强了它向外扩张的力量。地方公司管理人员由于接近实际问题，参与营运活动，因而他们的决策比起总部的判断更可靠。快速的扩张需要更为雄厚的财力支持。当时的总裁透纳认为最快的筹资办法是卖股票。而财务部门的专家则认为，最好的办法是贷款。因为贷款有固定的利息，或迟或早都可以连本带利归还。而卖股票不同，不仅要永远负担利息，而且所拥有的控制权会越来越少，再也无法收回。最后麦当劳在 1974 年获得的长期贷款达 3.5 亿美元，而它 1968 年的长期贷款只有 4 350 万美元。1974 年麦当劳又增发了 6 500 万美元股票。于是 20 世纪 70 年代初，麦当劳以大举借债来维持公司的成长，而这个时候，刚好是美国利率最低的时期。1979 年，当麦当劳着手偿还债务时，国内利率已大大上升了。麦当劳在房地产、贷款方面均得“天时”，加之公司管理有方，于是成长神速。如果在 1965 年时买下每股仅为 22.5 美元的麦当劳股票，到了 20 世纪 90 年代初，经加权分股 7 次，每股价值在 4 000 美元以上。

三、连锁企业经营绩效的财务评估

1. 偿债能力分析

偿债能力是指企业偿还各种到期债务的能力，是反映企业财务状况和经营能力的重要标志。通过偿债能力分析，可以揭示企业面临的财务风险。如果一个企业偿债能力低，不但说明企业资金紧张，难以偿付到期债务，也在一定程度上说明企业资金周转不畅，资金运用能力差，必然影响到其盈利水平。所以，企业的投资者、债权人以及内部管理当局都十分重视对企业偿债能力的分析。偿债能力分析包括短期偿债能力分析和长期偿债能力分析两方面。

2. 营运能力分析

营运能力是指企业资金的利用效率，反映了企业资金的周转状况。对营运能力的分析，有助于了解企业的营运状况和经营管理水平。资金周转与企业的供产销等各个经营环节密切相关，资金只有顺利经过各个经营环节，才能完成一次循环。财务分析者可以分别从流动资产、固定资产和总资产三个方面对企业的营运能力作出分析评估，常用的指标主要有存货周转率、应收账款周转率、流动资产周转率、固定资产周转率和总资产周转率等。

3. 获利能力分析

获利能力又称盈利能力，是指企业赚取利润的能力。利润是企业的一个重要经营目标，它不仅关系到企业所有者的收益，也是企业偿还债务的基本保证，同时也是衡量管理者业绩的一项基本标准。因此，企业的投资者、债权人以及管理者都十分关心企业的获利能力。企业的各项经营活动都会影响到利润，但一般情况下，基本财务分析中的利润比率应该只包括企业正常经营活动赚取的收益，也就是只分析企业正常的经营活动的获利能力，不涉及非正常的经营活动和会计原则变更的累计影响数。

获利能力分析不能仅看利润额，因为利润额的绝对数与企业的规模大小直接相关，为了排除企业规模大小对企业利润的影响，必须计算一些相对比率。评价企业获利能力的财务比率主要有：销售毛利率、销售净利率、成本费用利润率、总资产报酬率、股东权益报酬率等。

四、连锁经营资产管理的风险防范

所谓风险是指由于外部环境和内部管理方式的变化而造成企业资产的损失和预期收益率的下降。连锁经营在进行资产管理时，要注意防范可能发生的风险。

1．适度控制发展速度，注意投资风险

经营规模是衡量连锁经营是否成功的一个重要指标，所以，没有一定的规模就称不上连锁经营。如国际连锁店协会（IFA）就规定连锁商店必须有 11 个以上分店；英国则把拥有 10 家以上分支商店的连锁企业称大型连锁商店，有 2～9 家分支商店的称为小型连锁商店；美国全国便利店连锁协会（NACS）规定便利店连锁必须有 7 家以上分店。但这也不是说达到了一定的规模就会有相应的规模效益，更不是规模越大效益就越好。

规模效益一般是指工业生产中产出总量（或总收益）增加与投入要素量（或生产成本）增加之间的比例关系，其内在的规律是：当生产规模较小时，增加投入要素量（即扩大生产规模），能使产出总量增加的倍数大于投入要素量增加的倍数，这种情况称为规模效益递增，这时扩大生产规模有利于提高企业的经济效益；当生产规模扩大到一定程度时，如果继续增加投入要素量，就会使产出总量增加的倍数与投入要素量增加的倍数大致相等，这种情况称之为规模效益不变，这时扩大生产规模虽然能够提高企业的总收益，但并不能提高企业的经营效率，只能维持原有的收益/成本水平；当生产规模的扩大超过了一定的度，如果继续增加投入要素量，就会出现产出总量的增加倍数小于投入要素量增加倍数的情况，这称为规模效益递减。这时扩大生产规模不仅会降低企业原有的收益/成本水平，而且还有可能降低企业的总体盈利水平。

可见，企业所追求的应该是一定生产规模范围内的规模效益，以避免出现规模效益递减的状况，使投入要素所发挥的效益维持在最佳的水平。就我国目前的连锁企业而言，在许多客观条件尚不具备的情况下，如果过分追求连锁店数目，投入大量资本，很有可能造成企业效益下降，导致负债率上升，最终将会影响连锁企业的总体形象。所以，企业在发展时应注意适度规模，以避免投资过急而造成的资金周转不灵的风险。

2．发展直营连锁，注意经营风险

直营连锁是指各连锁店同属一个投资主体，经营同类商品，或者提供同样服务，实行进货、价格、配送、管理、形象等方面的统一，总部对分店拥有全部的所有权和经营权，统一核算、统负盈亏。直营连锁具有资产一体化的特征，因此总公司一般都有较强的经济实力，在人才培养使用、新技术产品开发推广、信息和管理现代化方面，易于发挥整体优势。如今，在投资商眼里，那些以直营为主的连锁模式更受欢迎。然而市场千变万化，消费者需求、竞争者变化、所属行业前景、经营者能力等都有较强的不确定性。因此，在发展直营连锁时要随时注意市场的变化，避免把所有的资金投入在同一个地方。如果投在一个地方，一旦市场风云变幻，经营效益下降，企业可能会出现资金匮乏的情况，表现为企业无力偿还债务。其结果不仅会导致公司资金紧张，也会影响公司的信誉程度，甚至还可能因不能支付而导致“灭顶之灾”。

避免经营风险可采取下列具体措施：在调查研究的基础上，预测市场动向，尽量回避一些风险程度大，而且很难把握的经营活动；不要把所有资金投入到一个项目上，多投入一些不相关的项目，使高利和低利项目、淡季和旺季、畅销商品和滞销商品在时间上、数量上互相补充或抵消，使公司的经营有充分的回旋余地；采用保险、担保等方法分解企业的经营风险。

3. 发展加盟连锁，注意管理风险

经营管理的规范化，管理规范的标准化是连锁经营的前提条件，是规模效益的基本保证。公司拥有的连锁经营方式最有条件向特许经营发展，而特许经营的实质是向投资者提供一套规范的经营技术体系。如果总公司片面追求网点数量，大量发展特许加盟店，而又缺乏有效的管理和强有力的服务能力，就有可能使投资者和消费者的利益受到侵犯，导致赔偿。这不但会使企业财产受到损失，而且会使企业形象受到严重损失，甚至可能导致整个特许加盟连锁的崩溃。因此，在发展特许加盟时，必须注意与企业自身的管理能力相适应，避免因特许加盟发展过快而带来的“鞭长莫及”的管理风险。

第三节　连锁企业人力资源管理

一、连锁企业人力资源规划

人力资源是企业最宝贵的资源，人才是企业最核心的竞争力。企业间的竞争实质上是人才的竞争，能否拥有大量优秀的人才，是决定企业在激烈的市场竞争中成功与否的关键。同样，连锁企业要想在激烈的市场竞争中占有优势，也必须依靠大量高素质人才，而这些人才的获得及其作用的充分发挥，又必须依靠有效的人力资源开发与管理来实现。

连锁企业的人力资源开发与管理就是充分调动企业内部员工的积极性，发挥每个员工的最大潜能，实现其最大的自我价值而采取的各种管理活动的总称。一般来说，连锁企业人力资源开发与管理包括制定企业人力资源规划、招聘合适人员进入组织、有效地进行人力资源开发与培训，以及运用绩效考核等方法对员工进行有效管理等工作。

（一）人力资源规划的含义

“凡事预则立，不预则废”，由此可见计划的重要性。连锁企业人力资源开发与管理工作的计划即人力资源规划，它是连锁企业人力资源各项管理活动的起点，是人力资源开发与管理过程中的初始环节，是实现公司战略规划的关键性环节。

人力资源规划是指连锁企业科学地预测、分析其在环境变化中的人力资源的供给和需求状况，制定必要的政策和措施，以确保组织在需要的时间和需要的岗位上获得各种所需要的人才，使组织和个体能得到长远利益的计划。

（二）人力资源规划的内容

人力资源规划一般包括人力资源整体目标规划、企业变革与发展规划、人力资源管理制度变革与调整规划、人力资源开发规划、人力资源供给与需求平衡计划、人事调配晋升计划、员工绩效考核与职业生涯规划、员工薪酬福利保险与激励计划、定编定岗定员与劳动定额计划等内容。由于人力资源规划要与企业的经营策略、营运计划、企业规模和企业需求相适应，所以人力资源规划的制定要围绕连锁企业的经营目标进行。

连锁企业通常要制定三种人力资源规划，即长期规划、中期规划和短期规划。

（1）长期规划是为了配合企业长期性策略发展，有关计划期内人力资源开发与管理的总目标、总政策、实施步骤以及总预算等长远性规划，其规划期一般为3～5年。

（2）中期规划是为了配合企业的中期发展计划，预测未来三年内人力供需状况作出的人力资源开发与管理规划，其规划期限一般为1～3年。

（3）短期规划是为了维持企业现有运营，解决短期性的人力资源需求以及配置问题而进行的规划，通常以人力资源的招聘、任用、薪酬、考核、升迁等为主要内容。

因此，人力资源规划在长期、中期以及短期有着不同指导思想和任务，需要根据连锁企业具体的工作任务和时间要求，来进行人力资源规划的制定工作。

（三）人力资源规划的制定原则

1. 目标性原则

要求人力资源规划的制定和实施要与企业的发展目标相统一。

2. 动态性原则

要求在制定人力资源规划时，要充分考虑环境的变化，积极主动地适应环境的变化。

3. 兼顾性原则

要求在制定人力资源规划时，要以促进企业和员工个人双方的共同发展为根本目的。

二、连锁企业员工招聘

（一）招聘渠道

1. 内部招聘

内部招聘是指当企业出现职位空缺时，通过各种渠道在企业内部公布职位空缺信息，以此来吸引内部员工前来应聘的招聘方式。主要有以下两种方法：

（1）工作公告法。这是一种向员工通报现有职位空缺以进行内部招聘的方法。工作公告中应描述工作职位、薪水、工作日程和必要的资格条件等。所有适合的员工都可以申请该职位，企业筛选这些申请并对最适合的申请人进行面试。

（2）引荐法。引荐法又称推荐法，由本企业的员工根据企业的需要推荐其熟悉的适合人选，供人力资源部门和用人部门选择。据研究表明，通过推荐招聘的员工比通过其他方法招聘的员工跳槽率更低。

2．外部招聘

（1）广告招聘。广告是最常用、最简单而且信息传播最广泛的招聘手段。它是通过广播、报纸、电视、行业出版物和网络等媒介向公众传递企业的人员需求信息的一种方式。

（2）校园招聘。校园招聘是一种两点式招聘，即在学校与企业两点间进行。校园招聘的方式有三种：第一种是企业到校园“摆摊设点”，公开招聘；第二种是企业参加政府举办的每年一度的应届毕业生招聘会；第三种是企业联合多所学校接受应届毕业生直接到本企业中实习，从中挑选合格者留用。此外，一些连锁企业还采用学校定向培养、委托培养等方式直接从学校获得所需人才。

（3）借助职业中介机构招聘。劳务市场、人才交流中心、人才咨询公司、猎头公司等机构扮演着双重角色：既为企业择人，也为求职者择业。这些职业中介机构通过定期或不定期的人才招聘会，使供需双方见面进行商谈。

（二）招聘流程

1．获取应聘者的简历

通过发布招聘广告、校园招聘、专场招聘会、在人才市场设立招聘站等渠道发布招聘信息，通过这些渠道获得应聘者的简历等资料。

2．人力资源部初选

获得应聘者的简历资料后，由人力资源部门按照各岗位的具体要求对应聘者进行初步筛选。

3．用人部门筛选

人力资源部将认为合适的人选提供给用人部门，备相关用人部门作进一步的筛选。

4．测试

对每一个岗位，人力资源部一般提供 3 名候选人来供用人部门面试，经过测试后只录取 1 个人。如果 3 名候选人都不合格，则重新提供候选人。

（三）应聘者的素质要求

人力资源部门在招聘时要注重这样一个素质：看这个人有没有发展意识，既要发展自己，同时也必须发展别人。因为在企业为员工设计的职业生涯规划中，会要求员工在发展到某一阶段时，履行发展别人的义务。对于有工作经验的员工，可以从他以前的工作经验来看他这方面的素质。应届毕业生则看他的社会活动，看他愿不愿意学习，从书本还是从实践中学习，了解他的团队精神，以及这个人是否能适应变化和正确地看待变化。

在选择员工时要注重硬件和软件两个标准。硬件就是应聘者的学历和背景，背景包括专业、主修课、学习成绩、在校表现，如是不是做过一些相关的实习工作，参加过一些社会活动等。软件则是看其是否具备一些潜在的能力，如学习能力、团队合作能力、应变能力、创新能力等。

对于外企，必须有一定的语言要求，要对招进的员工有进一步提高英语的安排，可以让外籍教员和中国的员工一对一学习，让员工了解他们的思维方式、说话语气等，提高员工的英语能力。

（四）尊重从招聘开始

招聘速度是衡量人事工作的一个指标，对投递简历的应聘者反应速度越快，优秀的应聘者成为公司员工的可能性就越大。有些职位的招聘会非常快，而相对高层的职位则比较谨慎。有时候一个位置有许多人竞争，人力资源部要通过面试情况排一个优选级别，排在第一的人可能 1 个月后说放弃这个职位，这时第二位、第三位才能上，所以有时候速度很难掌握。有些应聘者可能是企业产品的使用者，所以在面试中要注意尊重对方。

（五）欢迎回来

对于从本企业辞职又要求回来的员工，不同的企业有不同的处理方法，但能够做到胸襟宽阔，欢迎他们回来也不失为一种好的方式。不对辞职的员工有成见，用制度欢迎离开后又回来的员工。例如，公司规定如果员工离开公司后 90 天内回来，以前在公司的工龄还会延续。许多人都有出去看一看的想法，这是年轻人的普遍心态，他们需要出去看一看，许多人到外面学到了新知识，会选择再回来。公司欢迎他们回来一方面可减少再招聘员工的成本，另一方面就是这些员工反而会更加踏实地工作。还有一些企业的人力资源管理方法也很值得借鉴，即应聘者一旦成为正式员工，公司就与他签订无期限合同，这就意味着除非员工犯有重大错误或公司经营情况发生突变，否则一般不会被解雇，这增强了员工对企业的认同感和责任心，也使企业可以对员工在技术和管理上进行长期投资。

三、连锁企业员工培训与开发

（一）员工培训的类型

1. 新员工的培训

连锁企业录用的新员工，在进入岗位前必须接受培训，以便能尽快适应新的工作环境，掌握必要的工作技能。通过培训，新员工可逐渐熟悉企业发展史、企业经营理念；企业的各项规章制度以及行为规范；企业的内外环境、厂容厂貌、产品和设备、品牌和标识等，并开始初步规划自己的职业生涯，定位自己的角色，发挥自己的才能。新员工的培训非常重要，培训的成功就意味着企业对新员工的吸引，可以很好地留住优秀人才。有效的新员工培训方案应让员工全面了解和认识企业，减少陌生感，增加亲切感和使命感。

2. 在职员工的培训

社会经济技术的发展、企业经营活动的调整以及员工工作岗位的变迁，都要求员工掌握新知识、新技能，树立新观念。因此，对在职员工进行定期的、连续的培训是必不可少的。培训形式包括：不脱产的一般文化教育（如电大、函授大学等）；岗位培训教育（了解岗位必需的理论知识、专业知识和实践知识）；专题培训教育（如企业制定新的发展规划、采用新的管理方法时，必须对相关人员进行专题培训）；转岗培训（当对部分管理人员或员工进行内部调动时，应进行转岗培训，针对新岗位的要求补充必要的新知识、新技术、新能力）；脱产进修（主要用来为企业培养紧缺人员）等。

3．厂长经理的培训

如何把厂长、经理尽快培养成符合市场经济要求的企业家，是关系到企业能否快速、持续发展的战略性课题。培训形式：工商管理硕士学位班；出国考察培训等。

4．管理人员的培训

企业要发展，只靠厂长、经理是不够的，还要有一批德才兼备、掌握现代管理理论和方法的中层、基层管理人员，因此必须加强对他们的培训。培训形式包括：文化课、管理知识培训班；企业内部研讨活动等。

（二）员工培训的内容

1．职业道德培训

职业道德培训以商业道德为主，通常包括遵守工作制度和服务规范、树立消费者至上观念、爱岗敬业、树立和维护企业形象、培养企业精神、培养团队精神和责任感，以改进员工工作动机、态度和行为。

2．技能培训

技能培训是连锁企业开展采购、检查、加工、包装、配送、销售、财务、经营管理、信息处理等业务而对员工进行的专门技术方面的培训。

3．资格培训

资格培训是连锁企业根据社会或国家的职业或工种标准而对企业内部员工的工作能力进行培训，使其具备相应职业技能，取得职业资格证书而进行的培训。这种培训主要集中在连锁企业内部物流、财务、信息处理等专业性较强的职位。

四、连锁企业员工绩效考核

（一）连锁企业实行绩效考核的必要性

连锁企业作为劳动密集型行业，工作范围涉及采购、理货、仓储、收银、财务、领班、咨询、防损、促销、质检、计算机维护等多个方面，企业销售额和利润额最大化来源于不同岗位员工共同努力所创造的价值。连锁企业机构复杂，人员众多，人力资源管理涉及总经理、部门经理、店面经理、柜长、普通员工、见习员工、促销员等多个层次的不同人员。工作绩效考核有助于企业作出员工晋升或工资方面的决策，还可以为管理者提供一个很好的机会检查下属员工的工作进展情况，并帮助管理者制订出员工可以遵照执行的绩效改善计划，应用于企业对员工职业发展规划的制定工作。

（二）员工绩效考核的内容

员工的绩效考核内容主要有四个方面：一是“德”，即员工的精神境界、道德品质和思想追求的综合体现；二是“能”，即员工的能力素质，如工作能力、思维能力、组织能力等；三是“勤”，指员工的工作态度，如工作热情、主动性、出勤率、积极性等；四是“绩”，即员工的工作业绩，包括工作的数量、质量、经济效益，它是员工绩效考核的核心内容。员工绩效考核的主要目的在于通过对员工全面综合的评价，判断他们是否称职，并以此作为企业人力资源管理的基本依据，切实保证员工培训、报酬、晋升、调动、辞退等工作的科学性。

1．工作态度评价

工作态度的评价要素主要包括工作的积极性、遵纪守法的自觉性、对待本职工作和企业其他员工的热情、责任感、自我开发愿望等较抽象的方面。评定这些因素，主要靠吸收来自该员工的上下左右领导、同事的意见和印象，具有极强的主观性，所以要尽量公平地评价每一位员工。

2．工作能力评价

员工的能力即基础能力、业务能力和素质能力。其中前两种能力属于能力评价范围；素质能力属于人的基本能力，起基础作用。工作能力是考核的重点，其内容有一定的客观性，但也有其局限性，一个人的工作能力并不是决定其工作实效的唯一条件，工作能力差的人，只要勤奋，一样可以取得优异成绩。

3．员工道德评价

员工道德的评价要素包括员工的精神状态、精神境界、道德品质和思想品质。一个道德高尚的员工，不仅可以做好自己的工作，更可以引导其他员工努力工作，为塑造企业文化贡献力量。

4．工作业绩评价

工作业绩评价是考核中最重要的内容，它最能客观、准确地反映实际情况。所谓“业绩”，是指在预定期间内实际完成的工作成果。业绩评价就是用计划目标水平去衡量实际工作成果。评价结果反映了被考核者在该期间对企业的贡献度。工作业绩的评价要素主要包括工作量大小（数量）、工作效果好坏（质量）、对部下的指导教育作用以及在本职工作中努力改进与提高等方面的创造性成果。

工作职位不同，工作内容不同，其考核内容也不同。不同职位之间一般不可以进行同标准的比较。如对于销售工作，可以用工作量计算；对于财务部门则应通过工作效果进行考核等。

本章小结

本章内容主要讲述了三部分：

第一是连锁企业信息系统管理对连锁企业的内外部环境的影响，以及连锁企业信息系统的结构。连锁企业信息管理系统，使连锁企业中的物流、商流、资金流和信息流构成一个庞大的网络体系。信息流在网络中活跃起来并畅通，配送中心、各连锁门店以及连锁总店各职能部门的业务活动高效地联系起来，真正实现连锁经营的规模效益。

第二是连锁企业财务管理的特点，连锁企业经营绩效的财务评估等内容。每一个连锁企业都必须建立健全企业财务管理制度，利用财务手段对企业经营管理的全过程进行监督、检查、控制，并对企业的经营状况、经济效益作出正确分析，为企业决策提供准确、及时的信息。

第三是连锁企业人力资源规划和连锁企业员工招聘等内容，让我们熟悉连锁企业招聘的途径和招聘流程。

同步测试

基础训练

简答题

1. 连锁企业信息管理系统的作用主要体现在哪些方面？
2. 如何科学应用信息管理系统？
3. 连锁企业财务管理的内容有哪些？
4. 连锁企业经营绩效财务评估的内容有哪些？
5. 为什么说员工培训非常重要？
6. 员工绩效考核有什么作用？

实训项目

1. 通过实训操作熟悉POS机以及POS系统的主要功能。
2. 试编制一个人员招聘计划，并模拟一次连锁店人员招聘。

案例分析

在华美国企业的员工招聘和培训

在华美国企业建立了一套严谨而科学的招聘制度和培训制度。严格的用人标准，科学的招聘程序，多样化的招聘渠道，以及富有特色的培训体系，有效地进行人力资源管理与开发，成为在华美国企业成功经营的重要因素之一，也为我国企业提供了学习和参考的范本。

一、员工招募

在华美国企业在长期的经营中，人员本土化程度很高，它们视员工为企业的最大财富，认为公司的成败取决于员工的贡献。因此，争夺中国最优秀的人才就成为在华美国企业最重要的人力资源管理策略之一。为了获得优秀人才，它们的员工招募呈现出以下几个特点：

1．严格的聘用标准

它们的用人标准比较高，包括以下几方面：①专业技能：要具有良好的语言沟通能力、计算机技能、英语口语水平以及扎实的专业基础。②人品性格：要诚实正直，有责任感，有良好的职业道德和个人信誉，进取心强等。③能力：有全局观念，能从全局思考问题；具有团队精神；具有领导能力；敢于创新；善于解决问题等。

2．科学的人才招聘程序

在华美国企业在长期的人力资源管理实践中，积累了一套科学而严格的招聘经验。能够进入知名的在华美国企业的员工，都有“过五关斩六将”的经历。从微软公司的面试中，可窥视到在华美国企业人才遴选之一斑。

在华微软分公司招聘人员时，采取比较特殊的面试方式。每一次面试通常都有多位人力资源部人员参与。每个参与人员事先都分工明确，或考核应聘者智力，或考核反应速度，或测试创造力与独立思考的能力，或考察人际关系能力及团队精神，有的专家则深入地提问研究领域或开发能力方面的问题。每一位考核人员对应聘者面试结束后，都把面试结果形成自己的意见（应聘者的强项和弱项）、决定（必须雇佣、应雇佣、可雇佣、弱雇佣或不雇佣），用电子邮件的形式通知后续程序的面试员。当所有的面试结束后，集体作总结，筛选新员工。公司通常是在获得全体同意之后才雇佣一个人，但即使是全体同意，公司仍会征询应聘者的老师、同学等人员对应聘者的意见。若一切都是正面的，才会雇佣该应聘者。微软正是通过这种严格的组织、谨慎的态度和深入的面试来表达对人才遴选的重视。

3．多样化的求才渠道

为了获取人才，在华美国企业采取多种手段，如高薪吸引、设立研究机构、校园招聘和争夺人才幼苗等，在中国市场上争夺优秀人才。

（1）高薪吸引。中国市场的巨大潜力，极大地吸引着外国投资者，外商投资蜂拥而至。在华美国企业在争夺中国市场的同时，也在争夺人才方面展开了激烈的竞争，美资企业纷纷许之以优厚的薪酬待遇、优越的工作条件、良好的升迁机会等来吸引优秀人才加盟。与其他在华外国企业相比较，美国企业在薪金、待遇、福利等方面是非常有吸引力的，一些从其他外资企业跳槽的员工，应募美资企业是其主要选择。

（2）校园招聘。在高校招聘高素质的人才是在华美国企业推行人员本土化的重要策略。美资企业特别强调对应届大学毕业生的招聘，因为应届大学毕业生可塑性强，好学上进，工作热情高，容易对企业文化产生认同感和归属感。如宝洁、摩托罗拉、IBM等纷纷在许多著名高校设立高额奖学金；微软在高校推行一些教育计划或者竞赛项目，吸引中国的学生加入这些计划；微软中国研究院推出“微软学者计划”，每年从各大学挑选10名计算机优秀博士生，授予“微软学者”称号。设立奖学金或推行教育计划的目的在于宣传企业形象，使学生在学习期间就感受到公司的实力以及对人才的重视，在潜移默化中对公司产生好感，从而对毕业生的选择方向起到很大的影响作用，吸引这些精英人才到本企业效力。

二、员工培训

在华美国企业非常重视员工培训，将教育培训视为投资而不是消费。在它们看来，员工培训对提高企业的竞争力、对公司的长远发展都具有非常重要的意义。它们的员工培训主要体现在：

1．建立大规模、多层次的培训体系

在华美国企业注重企业培训体系的建立与完善，对员工实行全方位、多层次的企业培训。宝洁、摩托罗拉、惠普等企业，都建立了一套科学、有效的企业培训体系。从培训师资的选拔，到培训内容的设置、培训手段的选择、培训方式的采用，企业培训都极具特色。摩托罗拉大学为帮助各个层次的员工尽快发展而设计了不同层次的培训项目。例如，天津培训中心对生产基地的员工进行三种类型的培训，一是针对一线操作工的基础培训，二是针对技术人员的技术培训，三是针对管理人员的管理培训。摩托罗拉在中国业务的迅速壮大，得益于其拥有一支具备丰富专业知识和出色竞争能力的优秀员工队伍，摩托罗拉大学在其中发挥了巨大的作用。

宝洁公司在美国总部有专门的培训学院，每年都会定期举行“送出去请进来”式的大规模跨国培训，组织各区域高层员工到美国总部进行相关的培训。宝洁公司在中国也有专门的培训学院，由总公司定期组织所有在华企业的培训。为每一个雇员提供独具特色的培训计划和极具针对性的个人发展计划，使员工的潜力得到最大限度的发挥。

2．耗费巨资成立专门的培训中心

为了保障培训质量，不少美资企业投入巨资，设立专门的培训中心或企业大学。例如，摩托罗拉公司在全球24个国家建立了100多所摩托罗拉大学，其中国校区成立于1993年，现在北京和天津设有两个培训中心，各培训中心都配备了先进的设备，其中天津的培训中心就有9个教室、两个计算机实验室、一个语音室、6个研讨室、一个图书馆，还有一个可编程的自动化读写实验室。摩托罗拉大学中国校区与我国的北京大学、清华大学等21所高等院校签订了兼职教师协议，经过严格认证的203名教师，可以用中文讲授130门课程，还有一部分教师由公司内部的中高层经理兼任，这样便有效地保证了培训的质量。

3．提供多样化、有针对性的培训内容

以在华美国企业UT斯达康公司为例，该公司提供的培训内容就包括：①入职培训。这项培训是针对新员工而设立的，培训内容包括公司概况、组织结构、制度条例、企业文化等。②语言培训。英语是公司的工作语言，聘请国际知名的英语培训机构设计并教授英语课程。③技术培训。主要是培训现代通信技术、有关公司产品的技术知识等。④管理培训。涉及领导能力、沟通能力、企业文化等方面的培训。⑤销售培训。涉及市场、销售、服务，如销售员的基本素质、商务谈判技巧、演讲技巧等方面的培训。此外，UT斯康达公司鼓励有发展潜力的员工接受公司以外的教育培训机构开设的继续教育课程，并对符合条件的员工予以资助。

4．提供持久而具有个性化的培训

就员工个人而言，从进入公司接受入职培训开始，培训将贯穿其职业发展的全过程。公司将根据不同岗位的特殊要求，对员工进行持久而具有个性化的培训。例如，壳牌、宝洁、UT斯达康、可口可乐等公司都不约而同地推出了为期半年到三年不等的“管理培训生计划”，就是专门为希望成为综合管理人才的优秀年轻人设定的。该计划旨在通过一定时间内“量体裁衣”的全脱产培训（包括海外培训），培养和挖掘具有领导者潜质的人才，使其在深度和广度上积累专业技能与经验，全面了解企业运作和商业文化，迅速成长为公司的中层管理者。

问题：

在华美国企业的成功对我们有何启示？

第七章　连锁企业物流与配送管理

学习目标

知识目标：

- 掌握连锁企业物流构成
- 掌握配送的概念、配送的作业流程
- 了解我国连锁企业配送的现状及存在的问题
- 熟悉我国连锁企业目前常用配送模式
- 理解连锁企业配送模式的应用

能力目标：

- 知道连锁企业物流构成
- 熟悉配送的概念、配送的作业流程
- 知道我国连锁企业配送的现状及存在的问题
- 熟悉我国连锁企业目前常用配送模式
- 会应用连锁企业配送模式

【案例导入】

江西新华书店物流配送系统和连锁经营

王晨是江西省新华书店联合有限公司（以下简称江西省店）下属的一家连锁书店的进货员，他每天的采购流程十分简单：登录江西新华的网站，输入连锁店用户名和密码，查看当日最新书目、本店和总店各类图书的销售和库存情况，填写网上订单并确认，总部在24小时内就能够完成配货。此外，王晨还可驱车4公里，来到南昌市京东开发区宽敞的连锁物流信息中心展示大厅挑选陈列样书，把通过PDA（掌上电脑）无线订货系统传送的配货信息，上传到总部的计算机中心。同样地，24小时内图书将准确配货到位。

这种全新的采购方式得益于2003年9月正式运行的江西省店连锁物流配送系统。上述订货信息经过商流系统软件（NVS软件）与物流系统软件（EXCEED软件）的数据转换，自动在各库区形成拣货单，进而在电子标签的引导下快速执行拣货和配货。入库上架的商品由物流系统进行管理，采用了储位管理的方法——所有储位以储位码为作业判断的依据，物流系统收到商流系统转来的批销单进行确认，作业人员根据电子标签进行拣货作业。

这套现代化的物流系统使得江西省店在面对新的市场竞争时有了底气。

销售一般图书看似有巨大的折扣空间，但是由于运作成本极高，2002 年整个行业的利润率仅为 4.3%。消费者对于图书的偏好差异很大，对时效的要求也很高，书店往往需要有大量的备品才能满足各种不同人群的需要，而且新书超过一定时期以后就不会再有人来买。所以，书店对于图书的快速周转要求相当高，新书要能在最短的时间出现在货架上，过期的难以销售的图书要尽快从货架上撤下退还给出版商。

实施连锁经营后，江西省店的连锁门店的进货权被取消。由于信息不畅通，总店的业务部门无法了解连锁门店的实际需求与销售动态，对所配发的图书品种是否对路、数量是否恰当都不太了解，只能凭臆想办事，造成销售量下降。此外，配送不快捷、退货不及时都严重制约着连锁店的销售，有的店面日流水金额甚至只有 1 000 元左右。

要彻底解决这几大瓶颈问题，只有建设现代化的物流配送系统。商流、物流、信息流、资金流“四流合一”的现代化经营平台——连锁物流配送系统于 2003 年 9 月正式成功上线。目前，这个连锁物流中心已经具备了 20 万个流转品种、30 亿元人民币码洋的年出版物处理能力，不仅完全满足了全省新华书店系统连锁经营的需要，还可以为省内外出版社提供包括商品储存、理货配送、退货处理、信息交流在内的各类物流代理服务。江西省店还打算逐步延伸服务范围和领域，开拓行业外市场。

上了系统之后，各连锁店的作业效率得到了大幅提高，总部与连锁门店销售猛涨，库存下降，资金周转加速，退货率、差错率大大降低。现在，总部收到连锁门店的订单，正常情况下 24 小时内保证发货，退货率平均控制在 20%以内，差错率几乎可忽略不计。外地连锁门店的进货员只需轻点鼠标，即可完成进货工作，不但省去了出差时间和成本，还加强了精确度。此外，公司的每一项成本都有据可查，包括员工的工作量都实行数字化管理——数据录入员准确录入 1 条 1 角钱，录错 1 条罚 10 元钱。可以说这套物流系统的使用，使得江西省店完成了从粗放型管理到精细化管理的转变。

第一节　连锁企业物流概述

连锁经营作为一种先进的商业经营方式，其统一决策、统一经营和集中采购、分散销售经营体制的推行，是以连锁总部集中控制商流、信息流和物流三大系统为前提条件的，其中建立配送中心、安排合理物流、组织统一送货是连锁经营的必备条件之一。

一、连锁企业物流管理的概念和特点

近年来，连锁经营已经成为我国零售业发展的主要方向，但是连锁企业的物流管理，尤其是物流中的配送环节还十分薄弱，甚至成为制约连锁企业发展的瓶颈。因此，连锁企业物流管理是连锁企业经营管理的一个重要内容。

（一）连锁企业物流管理的概念

连锁企业物流管理是指连锁企业在经营过程中，根据商品实体的运动规律，运用管理的基本原理和科学方法，对物流过程进行计划、组织、协调和控制，使物流活动实现最佳的协调与配合，降低物流成本，提高物流效率和经济效益的经济活动。在连锁企业物流管理中注重投入与产出之间的关系，要高效率地使用人、信息等资源，争取以最小的投入来获取最佳的收益。连锁企业物流管理要达到既定的目标，就必须遵守商品运动的客观规律，运用科学的管理方法、管理方式和管理手段来完成。

（二）连锁企业物流管理的特点

1．物流管理的增值性

在连锁经营中，连锁企业物流活动不仅能够支持连锁终端的销售顺利实现，而且还能够创造出物流活动的新增价值，因此，连锁企业通过物流运营加强物流管理具有明显的增值性。

2．物流管理的复杂性

连锁经营点多面广规模大，面对众多的客户，经营着成千上万种商品，涉及订购、进货、运输、储存、保养、加工和配送等物流环节，受到多种因素的影响，这就会使得连锁企业物流管理的复杂性增加。

3．物流管理的系统性

连锁企业的物流大多是以总部为中心开展采购、运输、保管、包装和配送等物流活动的。连锁企业的总部与分部、物流过程与生产和销售过程各功能要素之间存在着相辅相成的有机联系，任何一个环节出现问题，都会影响整个系统的运行。因此，必须树立系统观念，运用系统方法来进行物流管理。

4．以配送管理为中心

近年来，连锁经营在商品流通领域发展最快，所占的比重也最大，零售业则更显著。零售企业的经营特点是品种多、批量小、交易频繁和需求变化大，这就要求物流系统能根据消费需求把商品及时配送到各销售点，以满足消费者的需要。因此，连锁企业物流管理是以配送管理为中心来进行的。

（三）物流与连锁经营的关系

发展连锁经营，都必须建立一套物流系统。连锁经营的运行机制决定了物流的必要性，而物流又决定了连锁经营能否发挥其不同于单个零售店的优势。

1．物流与规模效益

作为现在零售业经营发展趋势的连锁经营，其优势之一就是规模效益。连锁业规模效益是通过“统一进货、统一配送、统一管理”来降低经营成本的。配送中心是使这些“统一”得以实现的必不可少的基础。从某种程度上来说，物流配送可以说是连锁经营的生命线。

连锁企业的配送中心与各店铺联合经销的经营系统，使店铺与供应商等外部经济关系变为同一所有者的公司各部门内部业务关系。总部通过配送中心，一方面可以汇总多店铺的经营数量，形成较大的需求规模；另一方面可以在高度及广度上给各零售商店以业务上的指导，提高店铺的经营水平，将集中化进货与分散化销售结合起来，使分散的销售力转化为大量集中的进货力，并介入生产，实现经营的规模化。

由于连锁企业所属的店铺点多，分布面广，面对的消费群体也不同，因此，在进货的品种、数量和时间上不完全相同。单个的连锁店铺一次要货的品种可能比较多，但同一品种的要货量不会太大，这是不太受供应商欢迎的，而且在价格上也不能享受最大的优惠。在这种情况下，配送中心可以充分发挥及协调各个连锁店铺的商业采购作用，集中零星要货为较大批量要货，争取供应商给予在价格上尽可能大的优惠。同时，由于集中统一进货，对供应形成影响力，所以无论在与供应商的交往关系中，还是在与同行的竞争关系中都可以获得优势，从而实现规模效益。

2．物流与速度效益

在高度专业化基础上的营运使连锁店获得了竞争中的速度优势，但高度专业化是与配送中心的物流活动密切相关的。连锁店的营运是在总体规划下进行专业化分工，在分工的基础上实施集中管理，以便使连锁店在激烈的竞争中快速反应，领先对手，由此实现了采购、库存、配送、收银、经营、公关、促销、商品陈列的专业化分工。而物流可以协调这些分工合作，形成高效率的专业化分工，从而达到连锁的速度优势。配送中心作为总部与分店的联系纽带，通过分店快销、配送中心快送、采购部快购，使物流运转速度大大快于独立商店。

3．物流与管理效益

连锁经营通过店名、店貌、商品、服务的标准化，采购、送货、销售、决策、经营的专业化，商品购销、信息汇集、广告宣传、员工培训、管理规范的一致化等，把复杂的商业活动分解为像工业生产流水线上的每一个环节那样简单，使商业经营转变成一种可管理的技术密集型的经济活动。而这些标准化的实施是以物流来作保证的。

二、连锁企业物流管理的目标和作用

（一）连锁企业物流管理的目标

连锁企业物流管理是对物流系统和物流要素的计划、组织、指挥、协调和控制，它是连锁企业战略管理的重要组成部分。物流管理的成效如何，直接影响到企业的生存和发展。连锁企业的物流管理是为实现企业的战略目标服务的，并以此为基础，追求以低物流成本向连锁终端提供优质的服务，提高物流效益。因此，连锁企业物流管理的目标可归纳为：连锁企业运用科学的管理方法和手段，对企业物流活动全过程进行计划、组织、指挥、协调和控制，力求低成本、高效率地为用户提供优质服务，以实现企业的战略目标。

连锁企业物流管理目标在物流系统的运行管理中主要体现为“7R”，即优良的质量、合适的数量、适当的时间、恰当的场所、良好的印象、适宜的价格和对口的商品。

1. 优良的质量

连锁企业物流管理的质量主要表现在：一是服务质量管理。连锁企业的物流系统是为客户服务的，具有很强的服务性。服务质量的高低，直接关系整个企业的运行。因此，连锁企业在物流管理中要以服务质量为中心，为客户提供优质服务。二是商品质量管理。在连锁经营中，各分部或销售终端大多数是通过配送中心等物流系统来完成商品的订购、加工和配送的，配送中心所提供商品质量的好坏直接影响到各门店的销售业绩和经济效益。所以，要实现物流管理目标，连锁企业的物流系统就必须抓好商品质量管理。

2. 合适的数量

在连锁经营中，商品储存数量的多少与物流成本、服务质量有着密切的关系。储存数量多，不仅会造成积压和浪费，而且会提高物流成本；储存数量少，就会影响各用户的生产经营活动，降低服务质量，从而影响物流管理目标的实现。因此，合理地确定商品的储存和配送数量，对降低物流成本，实现物流管理的目标存在着重要意义。

3. 适当的时间

适当的时间是指在连锁企业物流管理中，物流系统要根据客户的需求来安排物流时间。它主要包括储存时间和配送时间。储存时间要根据市场需求和商品性质来确定，不仅要注意商品的保管期和物流成本，而且要注意连锁经营的整体经济效益。既不能太长也不能太短，太长会增加物流成本，太短可能会影响企业效益。同理，配送时间也要满足客户的时间要求，既不能太早也不能太迟，这样才有利于实现连锁经营的总体目标。

4. 恰当的场所

恰当的场所主要是指连锁企业的仓库或配送中心在地理位置上的分布要合理，能最大限度地满足客户的需要。恰当地安排物流场所，不仅能使物流系统缩短运输距离，减少商品损耗，降低物流成本，而且是实施在适当的时间把客户所需的商品配送到点的基础，所以，恰当的场所是连锁企业物流管理的要求。

5. 良好的印象

良好的印象是形成客户忠诚度的前提，连锁企业物流系统的客户主要是各门店及消费者，他们大多数需要配送中心的多次服务、重复服务。如果服务质量不好，就不能满足他们的需要，不能形成良好的印象。他们就会重新选择其他物流服务机构来满足经营需求，原物流系统就会流失客户，也就无法实现物流管理的目标。

6. 适宜的价格

连锁企业的物流系统对外服务有一个服务价格，即使是对内服务也有内部结算价格的问题，这些价格的高低直接关系到客户的利益。若物流服务价格过高，则会损害客户的利益，客户将重新考虑服务的价值和需要，这就会给实现连锁企业的物流管理目标带来严重的影响。

7. 对口的商品

不同类型的客户所需的商品是不同的，连锁企业物流系统在为客户服务时应注意不同客户的需求特点，根据他们的要求提供相应的商品以满足客户的需要。若做不到这一点，连锁企业的物流活动就无法运行，更谈不上实现连锁企业物流管理目标。

（二）连锁企业物流管理的作用

为了加强企业的核心竞争力，连锁企业应针对连锁物流开展专业管理，建立配送中心，对采购、储存、运输、配送和信息等进行统一管理，这对连锁企业降低成本、提高效率、更好地满足客户的需要有着极其重要的作用。主要体现在以下三个方面：

1．降低经营成本，提高市场竞争能力

连锁企业通过集中采购、储存、配送和运输等方面的有效管理，实行大批量的进货，从而取得购买价格上的优惠和节约进货成本，使商品在价格上具有市场竞争优势。

2．加速资金运转，降低流通费用

通过配送中心提供的准时配送和即时配送等配送服务，各连锁店就不需要建立自己的库存或只需要保持少量的保险储备，从而解放出大量的储备资金，改善企业的经营状况。此外，由于运输是将各个连锁点的小批量商品集中起来进行送货的方式，在货源上能够集零为整，扩大运输批量，提高运输工具的载重量和利用率，使商品的运输以最经济的方式组织和进行，节约运输费用。

3．提供优质服务，满足多样化需求

连锁企业对物流实行专业管理，不仅能降低经营成本，而且能够通过先进的物流信息系统和物流技术，将客户所需的商品及时有效地传送到各连锁店，并根据客户的需求迅速调整货源，以满足客户的多样化需求，促进连锁店的销售，提高连锁经营的效益。

三、连锁企业物流系统构成要素

连锁企业物流活动的要素指的是物流系统所具有的基本要素，一般包括运输、仓储、包装、流通加工、配送、装卸搬运、信息等。这些基本要素有效地组合、联结在一起，相互平衡，形成密切相关的一个系统，能合理、有效地实现连锁物流系统的总目的。

（一）运输

1．运输的概念

运输是用车、船、飞机等交通工具把旅客、货物等从一个地方运到另一个地方。现代物流实用词典的基本解释为：用设备和工具，将物品从一地点向另一地点运送的物流活动。我国国家标准《物流术语》对运输的定义是：用专用运输设备将物品从一个地点向另一地点运送。

运输是实现人和物空间位置变化的活动，与人类的生产生活息息相关。因此，可以说运输的历史和人类的历史同样悠久。

运输包括干线运输和支线运输，如图 7-1 所示。

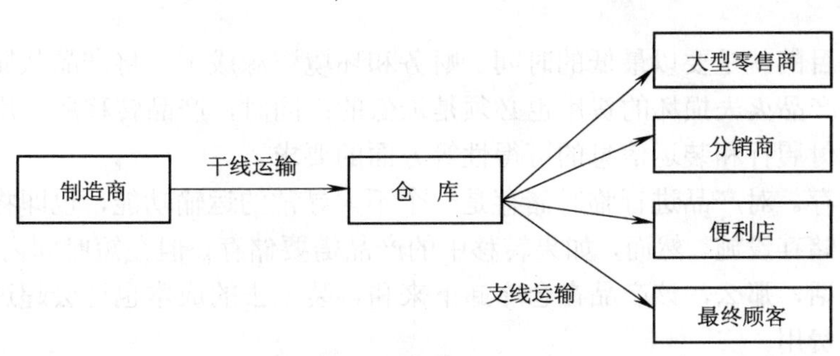

图 7-1 干线运输与支线运输

2．运输的作用

（1）运输是物流的主要功能要素之一。按物流的概念，物流是“物”的物理性运动，这种运动不但改变了物的时间状态，也改变了物的空间状态。而运输承担了改变空间状态的主要任务，运输是改变空间状态的主要手段，运输再配以搬运、配送等活动，就能圆满完成改变空间状态的全部任务。运输在整个物流系统中有很重要的地位，运输总成本占物流总成本的35%～50%，占商品价格的4%～10%。运输成本的节约对物流总成本的节约具有举足轻重的作用。

（2）运输是社会物质生产的必要条件之一。运输是生产过程在流通领域内的继续，生产与生产、市场与市场、生产与消费都需要运输来维系，使得社会生产得以延续，它是加速社会再生产和促进社会再生产连续不断进行的前提条件。山西省地下埋藏有上千亿吨的煤炭资源，过去，很多煤炭开采出来运不出去。另一方面，沿海许多城市因为缺煤，工厂不能全部开工。现在，修建了专门运煤的大秦铁路，山西的大量煤炭可以运出去了。运输虽然只能改变物品的位置，不会有新的物质产生，也不能创造使用价值，但是却可以通过运输来实现商品的价值。电视机生产出来后，不运到消费者需要的地方，生产也没有意义。所以不管是生产领域内部，还是生产与生活领域之间，都必须靠运输连接。

（3）运输可以创造“场所效用”。场所效用的含义是：同种“物”由于空间场所不同，其使用价值的实现程度则不同，其效益的实现也不同。由于改变场所而使物品最大限度地发挥使用价值，最大限度提高了投入产出比，这就称之为“场所效用”。通过运输，将“物”运到场所效用最高的地方，就能发挥“物”的潜力，实现资源的优化配置。从这个意义来讲，也相当于通过运输提高了物的使用价值。

（4）运输是“第三利润源”的主要源泉。运输是“第三利润源”的主要源泉，是企业降低成本的宝库。运输费用占物流总费用的50%左右，可以通过选择合理的运输方式，规划合理的运输路线来节约运输费用，从而降低物流成本。

3．运输的功能

运输是物流作业中最直观的要素之一。运输提供两大功能：产品转移和产品储存。

（1）产品转移。无论产品处于哪种形式，是材料、零部件、装配件、在制品，还是制成品，也不管是在制造过程中，将被转移到下一阶段，还是实际上更接近最终的顾客，运输都是必不可少的。运输的主要功能就是产品在价值链中的来回移动。既然运输利用的是时间资源、财务资源和环境资源，那么，只有当它确实提高产品价值时，该产品的移动才是重要的。

运输的主要目的就是要以最低的时间、财务和环境资源成本，将产品从原产地转移到规定地点。此外，产品灭失损坏的费用也必须是最低的；同时，产品转移所采用的方式必须能满足顾客有关交付履行和装运信息的可得性等方面的要求。

（2）产品储存。对产品进行临时储存是一个不太寻常的运输功能，也即将运输车辆临时作为相当昂贵的储存设施。然而，如果转移中的产品需要储存，但在短时间内（例如几天后）又将重新转移的话，那么，该产品在仓库卸下来和再装上去的成本也许会超过储存在运输工具中每天支付的费用。

在仓库空间有限的情况下，利用运输车辆储存也许不失为一种可行的选择。可以采取的一种方法是，将产品装到运输车辆上去，然后采用迂回线路或间接线路运往其目的地。在本质上，这种运输车辆被用作一种储存设施，但它是移动的，而不是处于闲置状态。

货物运输方式主要有五种，分别是铁路运输、公路运输、水路运输、航空运输以及管道运输。

（二）仓储

1．仓储的含义

我国国家标准《物流术语》对仓储的定义是：利用仓库及相关设施设备进行物品的入库、存储、出库的活动。仓储是物流的两大基本活动之一。“仓”也称为仓库，为存放、保管、储存货物的建筑物和场地的总称，具有存放和保护货物的功能；“储”也称为储存，表示将储存对象收存以备使用，具有收存、保护、管理、贮藏货物并交付使用的作用。“仓储”则为利用仓库存放、储存和管理未即时使用的货物的行为。仓储具有静态和动态两种：当产品不能被及时消耗掉、需要专门场所存放时，产生了静态的仓储；而将货物存入仓库并进行保管、控制以及提供使用等管理活动时，就成了动态的仓储。

2．仓储在物流管理中的作用

（1）运输整合。运输整合是指通过多种货物配载充分利用运输空间的一种运输方法。由于运输的费用率随着运量的增大而减少，因此，尽可能大批量地运输是节省运费的有效手段。将连续不断产出的产品集中大批量提交运输，或者将众多供货商所提供的产品整合成单一的一票运输等运输整合，就需要通过仓储来进行。通过整合不仅可以实现大批量提交运输，还可以通过比重整合、轻重搭配，实现运输工具空间的充分利用。整合服务还可以由多个厂商合并使用，以减少仓储和运输成本，如图 7–2 所示。在运输整合中还可以对商品进行成组、托盘化等作业，使运输作业效率提高。

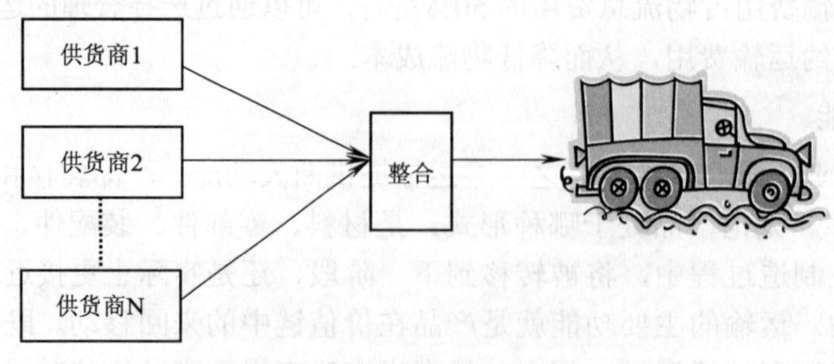

图 7–2　运输整合

（2）平衡生产。平衡生产是指通过仓储的时间调整来满足生产与销售的平衡需要。众多的产品具有季节性销售的特性，在销售高峰前才组织大批生产显然不仅不经济而且不可能。只有通过一定时间持续的经济生产，将产品通过仓储的方式储存，在销售旺季集中向市场供货，并通过仓储点的合理分布才能实现及时向所有市场供货。同样，也有部分集中生产而常年销售的产品，也需要通过仓储的方式稳定持续地向市场供货。对于一般商品、生产原材料，适量地实行安全储备是保证生产稳定进行和促进销售的重要手段，也是对抗偶发事件，如交通堵塞、发生不可抗力、意外事故等对物流产生破坏的重要应急手段。

（3）存货控制。存货控制就是对仓储中的商品存量按市场规律进行控制。仓储存货控制包括存量控制、仓储点的安排、补充控制、出货安排等工作。除了在现场装配的大型设备、建筑外，绝大多数通用产品的现代生产很难做到完全无存货，有存货就意味着资金运转停滞、资金成本增加、保管费用增加，并会产生耗损、浪费等风险，对于存货的控制以至降低成本是物流管理的重要内容之一。

3. 仓储的类型

（1）集中仓储。以一定的较大批量集中于一个场所之中的仓储活动，被称为集中仓储。集中仓储是一种大规模储存的方式，可以利用“规模效益”，有利于仓储时采用机械化、自动化、有利于先进科学技术的应用。集中仓储从储存的调节作用来看，有比较强的调节能力及对需求的更大的保证能力，且单位费用较低，经济效果较好。

（2）分散仓储。分散仓储是较小规模的储存方式，往往和生产企业、消费者、流通企业相结合，不是面向社会而是面向某一企业的仓储活动，因此，仓储量取决于企业生产或消费要求的经营规模。分散仓储的主要特点是容易和需求直接密切结合，仓储位置需求地很近，但是由于数量有限，保证供应的能力一般较小。同样的供应保证能力，集中仓储问题远低于分散仓储问题之和，周转速度高于分散仓储，资金占用量低于分散仓储占用之和。

（3）零库存。零库存是指某一领域不再保有库存，以无库存（或很低库存）作为生产或供应保障的一种系统方式。

（三）包装

1. 包装的概念

我国国家标准《物流术语》中，包装的定义是：为在流通过程中保护产品、方便贮运、促进销售，按一定技术方法而采用的容器、材料及辅助物等的总体名称。也指为了达到上述目的而采用容器、材料和辅助物的过程中施加一定技术方法等的操作活动。其他国家或组织对包装的含义有不同的表述和理解，但基本意思是一致的，都以包装功能和作用为其核心内容，一般有两重含义：其一是关于盛装商品的容器、材料及辅助物品，即包装物；其二是关于实施盛装和封缄、包扎等的技术活动。

2. 包装的功能

包装是商品的重要组成部分，不仅是商品不可缺少的外衣，起着保护商品、便于运输、促进销售的作用，而且也是商品制造企业的形象缩影。因此，包装的功能可以总结为：

（1）实现商品价值和使用价值，并是增加商品价值的一种手段。

（2）保护商品，免受日晒、风吹、雨淋、灰尘沾染等自然因素的侵袭，防止挥发、渗漏、溶化、沾污、碰撞、挤压、散失以及盗窃等损失。

（3）给流通环节贮、运、调、销带来方便，如装卸、盘点、码垛、发货、收货、转运、销售计数等。

（4）美化商品、吸引顾客，有利于促销。

（四）流通加工

1. 流通加工的定义

根据我国国家标准《物流术语》，流通加工是指：根据顾客的需要，在流通过程中对产品实施的简单加工作业活动（如包装、分割、计量、分拣、刷标志、拴标签、组装等）的总称。

流通加工是物流活动中比较重要的一个环节。流通加工是为了提高物流速度和物品的利用率，在物品进入流通领域后，按客户的要求进行的加工活动，也就是在物品从生产者向消费者流动的过程中，为了促进销售、维护商品质量和提高物流效率，对物品进行一定程度的加工。流通加工通过改变或完善流通对象的形态来实现桥梁和纽带的作用，因此，流通加工是流通中的一种特殊形式，如图 7-3 所示。

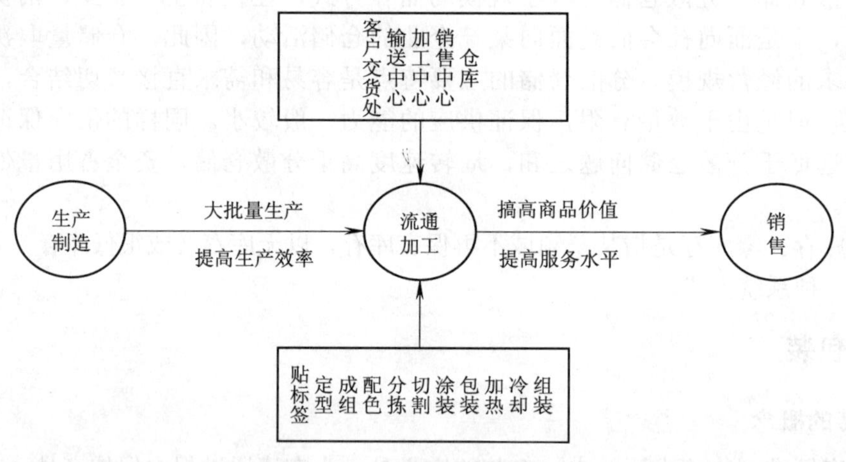

图 7-3　流通加工示意图

2. 流通加工在物流中的地位

（1）有效地完善了流通。流通加工在实现时间效用和场所效用这两个重要功能方面，确实不能与运输和保管相比，因而，流通加工不是物流的主要功能要素。另外，流通加工的普遍性也不能与运输、保管相比，流通加工不是对所有物流活动都是必需的。但这绝不是说流通加工不重要，实际上它也是不可轻视的，它具有补充、完善、提高与增强的作用，能起到运输、保管等其他功能要素无法起到的作用。所以，流通加工的地位可以描述为：提高物流水平，促进流通向现代化发展。

（2）是物流的重要利润来源。流通加工是一种低投入、高产出的加工方式，往往以简单加工解决大问题。实践中，有的流通加工通过改变商品包装，使商品档次升级而充分实现其价值；有的流通加工可将产品利用率大幅提高30%，甚至更多。这些都是采取一般方法以期提高生产率所难以做到的。实践证明，流通加工提供的利润并不亚于从运输和保管中挖掘的利润，因此我们说流通加工是物流业的重要利润来源。

（3）是重要的加工形式。流通加工在整个国民经济的组织和运行方面是一种重要的加工形式，对推动国民经济的发展、完善国民经济的产业结构具有一定的意义。

3．流通加工的基本作业内容

流通加工的作业内容很多，常见的有以下几种：

（1）在库物品的初始加工。有的物品过长、过大，为了方便仓储、运输和装卸，满足客户需求，要对物品进行解体、切割。例如，在流通加工点，将原木锯裁成各种锯材，同时，将碎木、碎屑集中加工成各种规格板材，甚至还可进行打眼、凿孔等初始加工。这些加工大大方便了物品的运输和装卸。

（2）在库物品的终极加工。有许多生产企业在生产出成品后，将成品存放在物流企业的仓库里，成品的终极加工整理工作则委托物流企业在出库前完成。比如，振华物流为服装厂承运出口服装，为满足客户需求，服装厂的终极加工——烫熨整理就由振华物流来做，这极大地减轻了服装厂的生产压力。

（3）配送物品的标签印制。这是指根据顾客的需求，印制条码文字标签并贴附在物品外部。贴标签是一项业务量非常大的流水式作业，目前，主要有三种形式：一是手工贴标签；二是半自动化贴标签，其作业方法是一边计算机打印标签，另一边手工把计算机打印的标签贴在物品上；三是全自动机器贴标签。

贴标签业务既减少了客户的额外工作量，同时，又可以给流通加工企业带来丰厚的利润，因此，最近几年贴标签业务在很多物流、外贸等企业里发展非常迅速。比如，某些外贸公司在做转口贸易时，在保税区仓库内利用国内外市场间的地区差、时间差、价格差、汇率等，实现货物国际转运流通加工，如贴唛头、贴标签、再包装、打膜等，最终再运输到目的国，以赚取转口贸易差额。

（4）发货物品的集包。发货物品的集包是根据客户需求将数件物品集成小包装或赠品包装。目的是方便顾客对不同商品进行一次性收货。目前，配送中心对物品的集包主要采用自动化的捆包设备，效率比以往大大提高。发货物流的集包还常用在买一送一促销包装、根据顾客需求进行商品组合包装等方面。

（5）分装加工。分装加工包括大包装改成小包装、适合运输的包装改成适合销售的包装等。比如，把原来分散的商品进行重新包装后再投放到市场，大大方便了商品的销售。分装加工广泛应用于酒类行业的物流中心。比如，啤酒运到销售地后灌装成听、罐、瓶、袋再进行销售，这样既减少了物流运输成本，同时又大大方便了市场销售。

（6）货物分拣。货物分拣是指根据不同客户的订单需求，对货物进行分区、包装、称重、制作货物清单等业务活动，目的是保证货物准确发运。货物分拣在物流活动中具有重要的衔接作用，它是衔接仓库和顾客需求的关键环节。

（五）配送

1. 配送的概念

我国国家标准《物流术语》对配送的定义是：在经济合理区域范围内，根据客户需要，对物品进行拣选、加工、包装、分割、组配等作业，并按时送达指定地点的物流流动。

从物流来讲，配送几乎包括了所有的物流功能要素，是物流的一个缩影或在某小范围中物流全部活动的体现。一般的配送集装卸、包装、保管、运输于一身，通过这一系列活动完成配送将货物送达目的地。特殊的配送则还要以加工活动为支撑，所以包括的方面更广。但是，配送的主体活动与一般物流却有不同，一般物流是运输及保管，而配送则是运输及分拣配货，分拣配货是配送的独特要求，也是配送中有特点的活动，以送货为目的的运输则是最后实现配送的主要手段，从这一主要手段出发，常常将配送简化地看成运输中之一种。

从商流来讲，配送和物流的不同之处在于，物流是商物分离的产物，而配送则是商物合一的产物，配送本身就是一种商业形式。虽然配送具体实施时，也有以商物分离形式实现的，但从配送的发展趋势看，商流与物流越来越紧密的结合，是配送成功的重要保障。

2. 配送的功能要素

（1）集货。集货即将分散的或小批量的物品集中起来，以便进行运输、配送的作业。集货是配送的重要环节，为了满足特定客户的配送要求，有时需要把从几家甚至数十家供应商处预订的物品集中，并将要求的物品分配到指定容器和场所。集货是配送的准备工作或基础工作，配送的优势之一，就是可以集中客户进行一定规模的集货。

（2）分拣。分拣是将物品按品种、出入库先后顺序进行分门别类堆放的作业。分拣是配送不同于其他物流形式的功能要素，也是配送成败的一项重要支持性工作。它是完善送货、支持送货的准备性工作，是不同配送企业在送货时进行竞争和提高自身经济效益的必然延伸。所以，也可以说分拣是送货向高级形式发展的必然要求。有了分拣，就会大大提高送货服务水平。

（3）配货。配货是使用各种拣选设备和传输装置，将存放的物品，按客户要求分拣出来，配备齐全，送入指定发货地点。

（4）配装。在单个客户配送数量不能达到车辆的有效运载负荷时，就存在如何集中不同客户的配送货物，进行搭配装载以充分利用运能、运力的问题，这就需要配装。跟一般送货不同之处在于，配装送货可以大大提高送货水平及降低送货成本，所以配装也是配送系统中有现代特点的功能要素，也是现代配送不同于以往送货的重要区别之一。

（5）配送运输。运输中的配送运输（末端运输、支线运输）和一般运输形态的主要区别在于：配送运输是较短距离、较小规模、额度较高的运输形式，一般使用汽车做运输工具。与干线运输的另一个区别是，配送运输的路线选择问题是一般干线运输所没有的，干线运输的干线是唯一的运输线，而配送运输由于配送客户多，一般城市交通路线又较复杂，如何组合成最佳路线，如何使配装和路线有效搭配等，是配送运输的特点，也是难度较大的工作。

（6）送达服务。将配好的货运输到客户那里还不算配送工作的结束，这是因为送达货和客户收货往往还会出现不协调，有时甚至会使配送前功尽弃。因此，要圆满地实现运到之货的移交，并有效地、方便地处理相关手续并完成结算，还应讲究卸货地点、卸货方式等。送达服务也是配送独具的特殊性。

（7）配送加工。配送加工是按照配送客户的要求所进行的流通加工。

（六）装卸搬运

1．装卸搬运的概念

装卸是指物品在指定地点以人力或机械装入运输设备或卸下。搬运是指在同一场所内，对物品进行以水平移动为主的物流作业。

装卸是改变“物”的存放、支撑状态的活动，主要指物体上下方向的移动。而搬运是改变“物”的空间位置的活动，主要指物体横向或斜向的移动。通常装卸搬运是合在一起的。

2．装卸搬运的作用

装卸搬运活动在整个物流过程中占有很重要的位置。一方面，物流过程各环节之间以及同一环节不同活动之间，都是以装卸作业有机结合起来的，从而使物品在各环节、各种活动中进行连续运动或所谓“流动”；另一方面，各种不同的运输方式之所以能联合运输，也是由于装卸搬运才实现的。在生产领域中，装卸搬运作业已成为生产过程中不可缺少的组成部分，成为直接生产的保障系统，从而形成装卸搬运系统。由此可见，装卸搬运是物流活动得以进行的必要条件，在全部物流活动中占有重要地位，发挥重要作用。

（七）信息

1．物流信息的定义

我国国家标准《物流术语》对物流信息的定义：物流信息是反映物流各种活动内容的知识、资料、图像、数据、文件的总称。从狭义上来看，物流信息是指与物流活动有关的信息。在物流活动的管理与决策中，如运输工具的选择，运输路线的确定，每次运送批量的确定，在途货物的跟踪，库容的有效利用，最佳库存数量的确定，订单运输管理，如何提高顾客服务水平等，都需要详细和准确的物流信息，因为物流信息对运输管理、订单管理、库存管理、仓库作业管理、供应链管理等物流活动具有支持保证的功能。从广义上来看，物流信息不仅指与物流活动有关的信息，而且包括与其他流通活动有关的信息，如商品交易信息和市场信息。

2．物流信息的分类

（1）按物流信息载体分可以分为单据台账、报表、计划、文件等。

（2）按信息来源分可以分为外部信息和内部信息。外部信息包括供货人信息、顾客信息、订货合同信息、交通运输信息、市场信息、政策信息等。内部信息包括消费者收入动向和市场动态、生产经营指标完成情况等。

（3）按管理层次分可以分为操作管理信息、知识管理信息、战术管理信息、战略管理信息。操作管理信息产生于物流作业层，反映和控制企业的日常生产和经营工作。它位于管理信息的最底层，是信息源，来自企业的基层，如订货处理、计划管理、运输管理、库存管理、设备管理等信息。这类信息通常具有量大、发生频率高等特点。

3. 物流信息的特点

（1）信息量大。物流信息随着物流活动以及商品交易活动的展开而大量发生。多品种少量生产和多频度小数量配送使库存、运输等物流活动的信息大量增加。零售商广泛使用销售时点系统（POS）读取销售时点的商品品种、价格、数量等即时销售信息，并对这些信息加工整理，通过电子数据自动交换向相关企业传递。同时，为了使库存补充作业合理化，许多企业采用电子自动订货系统。随着企业间合作倾向的增强和信息技术的发展，物流信息的信息量在今后将会越来越大。

（2）更新快。物流信息的更新速度快、多品种少量生产、多频度小数量配送与利用 POS 系统的即时销售使得各种作业活动频繁发生，从而要求物流信息不断更新，而且更新的速度越来越快。

（3）来源多样化。物流信息不仅包括企业内部的物流信息，而且包括企业间的物流信息和与物流活动有关的基础设施的信息。企业竞争优势的获得需要供应链各参与企业之间相互协调合作。协调合作之一就是信息即时交换和共享。许多企业把物流信息标准化和格式化，利用电子数据交换在相关企业间进行传送，实现信息分享。

（4）发展趋向于标准化。由于物流是一个大范围的活动，物流信息源也分布于一个大范围内，信息源点多、信息量大。如果在这个大范围中未能实现统一管理或标准化，信息便缺乏通用性。

（5）“牛鞭效应”。物流信息的“牛鞭效应”是指物流信息在前端小幅度的波动会在后面产生很大幅度的波动。这种现象是由于信息的阶梯式传递，层层汇总，不仅会造成信息延迟，而且还会造成信息的失真和变形。

第二节　连锁企业物流配送与配送中心

一、我国连锁企业物流配送现状

（一）现阶段连锁企业多渠道的物流

连锁企业的多渠道物流是我国现阶段连锁企业经营管理的重要特征之一。特别是我国从计划经济转为市场经济后，企业尽管进行了重组和改制，但现阶段仍然保留着原有批发一、二级站的流通渠道，生产企业、批发商及零售商在目前连锁企业中同时发挥着重要的作用，有些连锁企业也开始尝试开展第三方物流。

1. 生产企业参与的分销物流

在我国的大型生产企业中，有许多企业，如大型电器厂家及国外有实力的日化产品厂家都建立了自己的分销体系，将分销渠道直接介入连锁企业。生产企业参与的分销物流在我国现阶段的连锁企业中占有重要的地位。

2．批发商参与的代理物流

批发商包括某一厂家的总代理商、地区代理商和一般代理商等。在进行商品交易的同时，批发商基本上承担了商品送货的业务，有些批发商建立了自身的配送渠道，甚至还投资建立了大型的配送中心。提供物流服务是批发商今后发展的主要方面，也是批发商生存和发展的重要契机。

3．零售企业的物流配送

在连锁企业中，几乎大多数企业都有自己的物流配送体系，并参与有关物流配送的运作。随着我国连锁经营的不断发展，零售企业越来越重视物流配送，使零售企业物流配送成为零售业物流配送的重要组成部分。

（二）现阶段连锁企业物流的构造

1．连锁企业物流参与者的构造

（1）生产企业物流的构造。生产企业一般根据商品的属性、运输距离、自身的运输能力及季节等条件安排有关物流的活动，最近几年也出现了将物流委托给第三方物流企业的情况。

（2）物流企业物流的构造。目前，随着原有储运企业的改造和新兴物流企业的出现，物流企业也将自己的业务拓展到了零售领域，特别是连锁企业。还有一些原属于流通部门的运输和仓储部门，它们从整体业务中剥离出来，独立经营，从事专业的物流服务。另外，一些物流企业已经介入连锁企业的物流业务，还有更多的物流企业计划并正在洽谈连锁企业的物流业务。

（3）批发企业物流的构造。为零售企业送货一直是批发企业的经营习惯。近年来一些批发企业建立了自己的配送中心，为自己的连锁企业和其他连锁企业提供服务。但是，覆盖全国的批发企业在我国还不多见，批发企业的物流配送也局限于一个城市或地区。

（4）零售企业物流的构造。现在，大部分连锁企业都建立了自己的配送中心，其中大多数是利用原来的仓库或租用仓库改造而成，准备进行商品的多品种少量配送，但还没有形成完善的配送作业体系。现阶段的连锁企业物流体系可以说是以连锁企业为主导，以配送中心为中心的体系。

2．配送中心与仓库的构造

配送中心包括带有存储功能的流通型中心、不带存储功能的通过型中心及主要进行食品加工处理的加工型中心三种形式。目前与连锁企业有关的配送中心主要以带有存储功能的流通型中心为主，个别有实力的连锁企业建立了新鲜食品的加工型中心。不带存储功能的通过型中心对运营的要求比较高，容易发生缺货等问题，所以不带存储功能的通过型中心，目前在我国还未能见到。利用仓库改造的配送中心由于受基础设施的限制，其作用很难发挥出来。

3．物流信息系统的构造

与连锁企业物流有关的信息系统可以从企业内部的管理信息系统，以及与供应商进行电子数据交换系统（EDI）或电子订货系统（EOS）两个方面进行分析。

（1）从管理信息系统分析。自 20 世纪 90 年代以来，连锁企业对收银管理的 POS 系统越来越重视。目前，连锁企业基本上应用了包括覆盖进销存的管理信息系统，为了提高管理水平，一些企业还引入了商业分析智能管理及与供应商进行数据共享的供应链管理系统。但是，物流信息系统大部分还停留在库存管理的水平，与物流配送还存在一定的差距，尤其是在与现代物流配送管理理念和自动化设施与设备的衔接上还处于初级阶段。

（2）从 EDI 和 EOS 分析。我国应用 EDI 和 EOS 的零售企业越来越多。随着电子商务的普及和推广，零售企业特别是连锁企业出现了网上数据传送和订货的情况，商品流通领域计划逐步开展增值网络的建设，连锁企业的物流信息系统也会随着网络和电子商务的应用而不断完善和发展。

（三）我国连锁零售企业物流配送中存在的问题

1．物流配送管理观念落后

我国引进物流管理概念的时间不长，许多企业对物流配送的认识程度不深，国内商业企业普遍缺乏对物流在经营战略与战术层次上的综合运作能力，体现在两种不同的倾向：其一是重前轻后；其二是盲目跟进。所谓“重前轻后”，是指许多连锁零售企业不断追求规模扩张，只重视前台门店的扩张，忽视了物流配送体系的建设，从而导致了后台物流系统的构筑及管理出现越来越多的问题，虽然前台店铺数量不断增长，企业总利润却在不断下降。所谓“盲目跟进”是指目前一些大型连锁零售企业纷纷热衷于建立自己的物流配送体系。在“肥水不流外人田”思想的支配下，一些在物流方面毫无优势的连锁零售企业开始自办物流。零售企业自办物流，在仓储、运输、劳动力、设备等方面的直接投入浩大，场地、设备的运营、保养费用以及商品周转占用资金等直接增加了企业的经营成本。零售企业的主要业务集中于市场营销，对储运业务了解不多，加上市场的波动性，导致各个企业分散的储运资源利用率不高，整体物流环节效率低下，进一步造成企业总体的物流成本居高不下。

2．与供应商的合作机制失效

我国零售企业和供应商的关系紧张，有效的合作机制在它们之间难以形成。首先，在利益方面。目前，我国零售企业的盈利模式大多处于第二阶段——向供应商要利润。零售企业往往无休止地追求自己单方面利益的最大化，忽视了与供应商建立风险共担，利益共享，争取“双赢”的战略协作关系。一方面尽力压低进价；一方面为了获利拼命挤压上游供应商的利润空间，向供应商索取名目繁多的各种费用，包括进场费、促销费、广告费、通道费等，并采取拖延货款、压占供应商流通资金等违规做法。双方不是正和博弈的双赢关系，而是“你死我活”的针锋相对。其次，在诚信方面。由于相关法规制定的不健全、市场监管力度不够等多方面原因，我国零售企业和供应商之间在诚信方面存在一些问题。

3．统一配送效率不高

目前我国零售业的统一配送效率不高，不少零售业的仓库和车辆没有得到有效的利用，车辆空载率普遍较高，商品的在库周转期过长。有关机构对内地 16 家比较成功的连锁企业的调查表明，没有一个企业的配送中心对各分店经营的所有商品实行100%的统一配送，最好的也只达到80%～90%。而且，我国零售企业的配送规模普遍较小，已经建成并投入运营的绝大多数配送中心也未达到经济配送的规模，其中约60%的人员和设施处于闲置状态。

4. 信息共享程度较低

零售企业与供应商以及零售企业内各部门的信息共享非常重要，我国的现状却令人担忧。许多零售企业把已经掌握的信息作为私有财产，不与供应商共享，使得供应商无法获得零售企业的库存和销售信息，导致商品成本提高，零售企业的商品竞争力也就降低了。

二、连锁企业配送及配送中心

我国国家标准《物流术语》对配送的定义是：在经济合理区域范围内，根据客户需要，对物品进行拣选、加工、包装、分割、组配等作业，并按时送达指定地点的物流流动。

（一）配送的基本形式

1. 定时配送

定时配送是一种按固定的时间间隔进行的配送服务。配送的时间比较固定，比如每天仅在上午8：30配送一次，或者是上午一次，下午一次。也有时间间隔小的，如3小时配送一次。一般采用一天配送一次的比较多。比如上午10：00前接受订单，下午5：00前配送到位，下午5：00前接受订单，第二天10：00前配送到位，原则上从接受订单到送达不能超过24小时，如图7-4所示。这种配送方式比较适合鲜活品种、医药、报纸、酒类等。同时，小型商店、便利店等商品配送比较多使用这种配送方式。

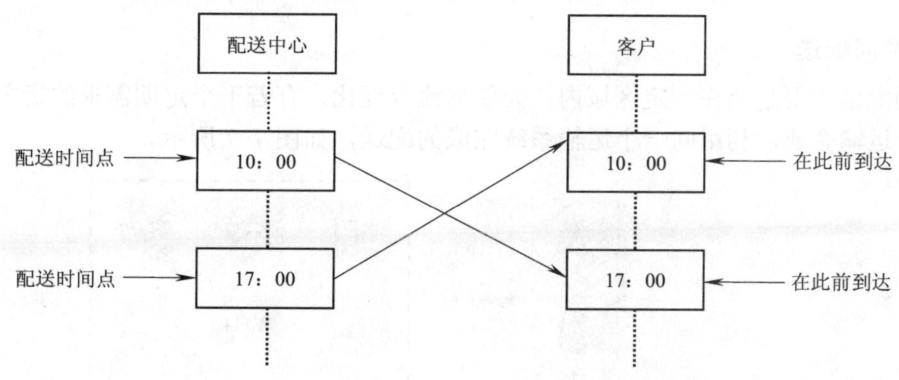

图7-4　定时配送

2. 准时配送

准时配送是按照客户的规定时间、双方协议配送。一般不随意改动配送时间，配送的品种也不轻易改变。比如，为汽车装配线的零部件配送就是这种类型的配送。它采用准时配送方式，生产线上只需维持2～3小时的用量，基本是“零库存”，如图7-5所示。

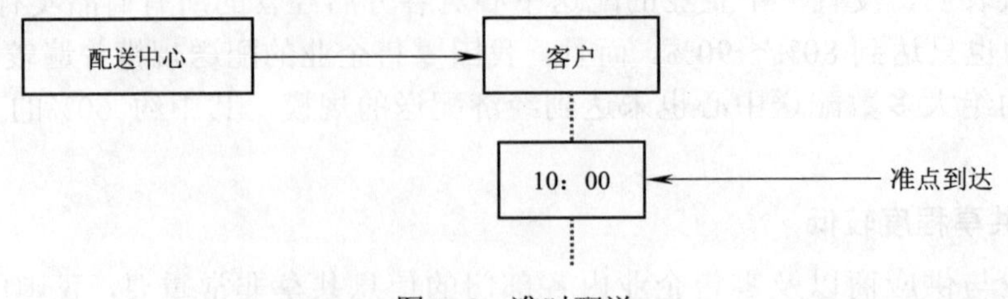

图 7-5　准时配送

3．定时、定路线配送

按定时、定路线配送的车辆每天按照固定的行车路线、规定的时间进行配送，恰似配送班车，按部就班、准时准点。这种方式一般在人多、路窄、交通拥挤、商店集中的商业区的繁华地段，如图 7-6 所示。

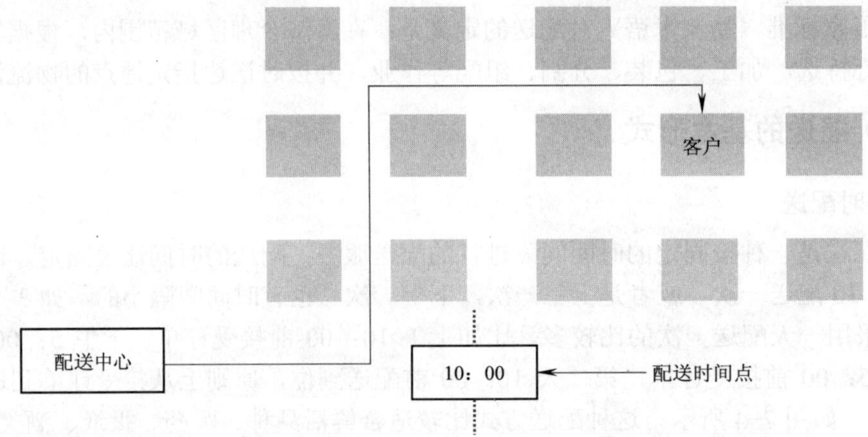

图 7-6　定时、定路线配送

4．共同配送

共同配送主要是指在一定区域内，为使物流合理化，有若干个定期需求的货主，共同要求某一个运输企业，利用同一个运输系统完成的配送，如图 7-7 所示。

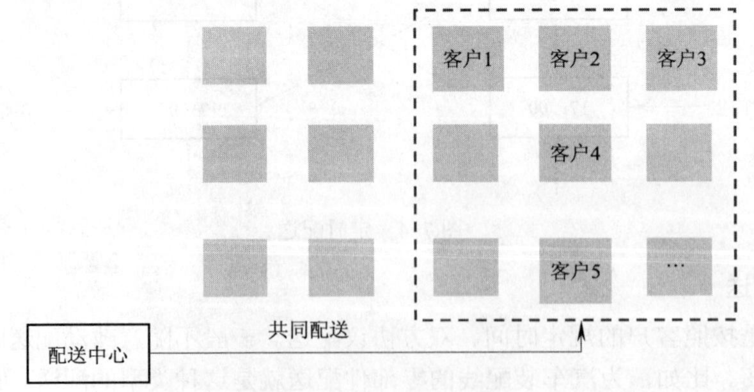

图 7-7　共同配送示例

（二）配送中心

1. 配送中心应符合的要求

（1）主要为特定的用户服务。

（2）配送功能健全。

（3）完善的信息网络。

（4）辐射范围小。

（5）多品种、小批量。

（6）以配送为主、储存为辅。

2. 配送中心作业活动的特点

配送中心具有健全的物流功能，在运作上它具有以下特点：

（1）配送中心不仅仅是完成送货作业。在配送中心的配送业务中，除了送货作业外，还有拣选、分货、包装、分割、组配、配货等项工作，这些工作难度很大，必须具有发达的商品经济和现代的经营水平才能做好。在商品经济不发达的国家及历史阶段，很难按用户要求实现配送，实现广泛的高效率的配送就更加困难。因此，一般意义上的送货和配送存在着时代的差别。

（2）配送中心的配送作业依赖现代信息技术。配送是许多业务活动有机结合的整体，同时还与订货系统紧密联系。要实现这一点，就必须依赖现代信息技术。所以，建立和完善配送中心的信息系统对完成配送是十分重要的。配送中心的信息系统作为物流系统中的一种现代化的作业系统，它所起的作用是以往的送货系统无法比拟的。

（3）配送中心的配送全过程有现代化技术和装备作保证。现代化技术和装备的采用，使配送中心的配送在规模、水平、效率、速度、质量等方面远远超过以往的送货形式。在活动中，大量采用各种传输设备及识码拣选等机电装备，使得整个配送作业像工业生产中广泛应用的流水线一样，实现了一部分流通工作的工厂化。因此可以说，配送中心的配送过程是科学技术进步的体现。

（4）配送中心具有专业化的分工作业模式。以往的送货形式只是作为推销的一种手段，目的仅仅在于多销售一些商品。配送中心的配送则是一种专业化的分工作业，是大生产、专业化分工在流通领域的体现。因此，如果说一般的送货是一种服务方式的话，配送则可以说是一种体制形式。

3. 配送中心的类型

要深化及细化对配送中心的认识，就要对配送中心进行适当的分类。根据配送中心的功能划分，可以分为以下几种类型，如图 7-8 所示。

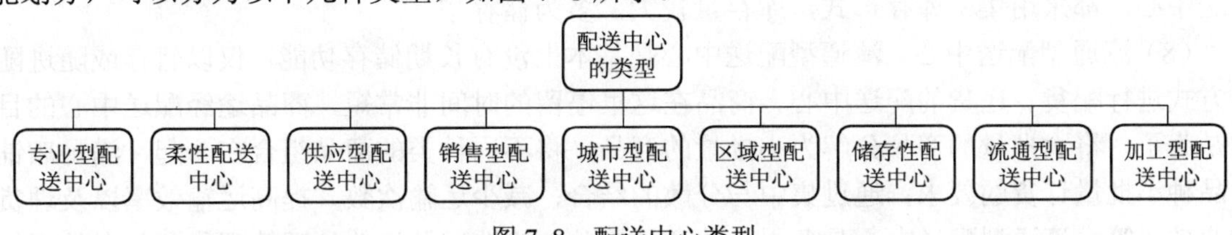

图 7-8　配送中心类型

（1）专业型配送中心。专业型配送中心大体上有两个含义：一是配送对象、配送技术属于某一专业范畴，即在某一专业范畴对具有一定综合性、专业性的多种物资进行配送，如多数制造业的销售配送中心；二是以配送为专业化职能，基本不从事经营的服务型配送中心。

（2）柔性配送中心。柔性配送中心在某种程度上是与专业型配送中心对立的一种配送中心类型。这种配送中心不向固定化、专业化方向发展，而向能随时变化、对用户要求有很强适应性、不固定供需关系、不断发展配送用户并改变配送用户的方向发展。

（3）供应型配送中心。供应型配送中心是专门为某个或某些用户（如联营商店、联合公司、生产企业等）组织物料和商品供应的配送中心。例如，专门为大型连锁超级市场组织商品供应的配送中心、向汽车整装厂供应零件和组件的零件配送中心，以及向炼钢厂和发电厂配送原料的配送中心，均属于供应型配送中心。

（4）销售型配送中心。销售型配送中心是以销售经营为目的，以配送为手段的配送中心。建立销售型配送中心大体有三种情况：第一种是生产企业为将本身产品直接销售给消费者而建立的配送中心；第二种是流通企业作为本身经营的一种方式，建立配送中心以扩大销售，我国目前拟建的配送中心大多属于这种类型；第三种是流通企业和生产企业联合建立的协作型配送中心。

这类配送中心的客户主要包括不同业态的连锁企业和大型零售企业。为了减少流通环节，降低物流成本，把来自不同进货者的货物在配送中心集中分拣、加工等，然后按其所属的店铺进行配送。

（5）城市型配送中心。城市型配送中心是一种以城市范围作为配送范围的配送中心。由于城市范围一般处于汽车运输的经济里程，这种配送中心可直接将货物配送到最终用户，配送运输主要采用汽车，所以，这种配送中心往往和零售经营相结合。由于运距短，反应能力强，因而这种配送中心在从事多品种、少批量、多用户的配送中有较大的优势。

（6）区域型配送中心。区域型配送中心是一种以较强的辐射能力和库存准备，向省际、全国乃至国际范围的用户配送的配送中心。这种配送中心配送规模较大，配送批量也较大，用户也多是大客户。而且，它往往是既配送给下一级的城市型配送中心，也配送给营业所、商店、批发商和企业用户，虽然它也从事零星的配送，但这种配送形式不是该类型配送中心的主体配送形式。

（7）储存性配送中心。储存型配送中心是有很强储存功能的配送中心。一般来讲，在买方市场下，企业产品销售需要有较大库存支持，其配送中心可能有较强的储存功能；在卖方市场下，企业原材料、零部件供应需要有较大库存支持，相应配送中心也有较强的储存功能。大范围配送的配送中心，需要有较大库存支持，也可能是储存型配送中心。我国目前拟建的配送中心，都采用集中库存形式，库存量较大，多为储存型。

（8）流通型配送中心。流通型配送中心是基本上没有长期储存功能，仅以暂存或随进随出方式进行配货、送货的配送中心。商品在这里停留的时间非常短，商品途经配送中心的目的是为了：将大批量的商品分解为小批量的商品，将不同种类的商品组合在一起，满足店铺多品种小批量订货的要求；通过集中与分散的结合，减少运输次数，提高运输效率以及理货作业效率等。流通型配送中心具备强大的商品检验、拣选以及订单处理等理货和信息处理能力，作业的自动化程度比较高，信息系统也比较发达。

（9）加工型配送中心。加工型配送中心以加工产品为主，因此，在其配送作业流程中，储存作业和加工作业居主导地位。

由于流通加工多为单品种、大批量产品的加工作业，并且是按照用户的要求安排的，因此，对于加工型配送中心来说，虽然进货量比较大，但是分类、分拣工作量并不太大。此外，加工的产品品种较少，一般都不单独设立拣选、配货环节。通常，加工好的产品可直接运到按用户要求划定的货位区内，但要进行包装。

三、配送作业流程

产品从生产厂商到最终客户中间要经过进货、储存、补货、拣货、配货、出货、送货等环节才能到达客户手中，如图 7-9 所示。

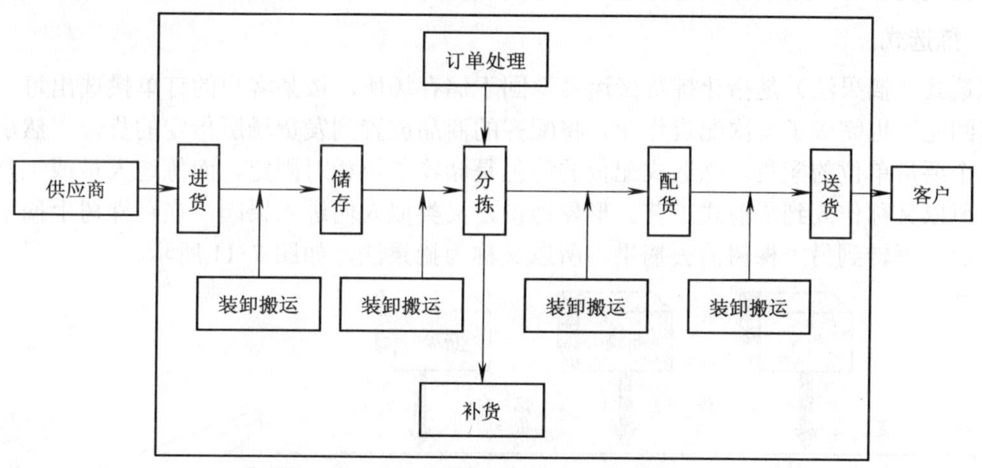

图 7-9 配送作业流程

（一）订单处理

订单就是从接到客户订单开始到着手准备拣货之间的作业阶段。通常包括订单确认、存货查询、单据处理等内容。订单处理是与客户直接沟通的作业阶段，对后续的拣选作业、调度和配送产生直接的影响。

（二）进货作业流程

进货作业是指对物品实体上的接收，从货车上将物品卸下，并核对该物流的数量及状态，然后将必要信息书面化等。配送中心的进货作业由订货、接货、验收入库三个环节组成。进货流程如图 7-10 所示。

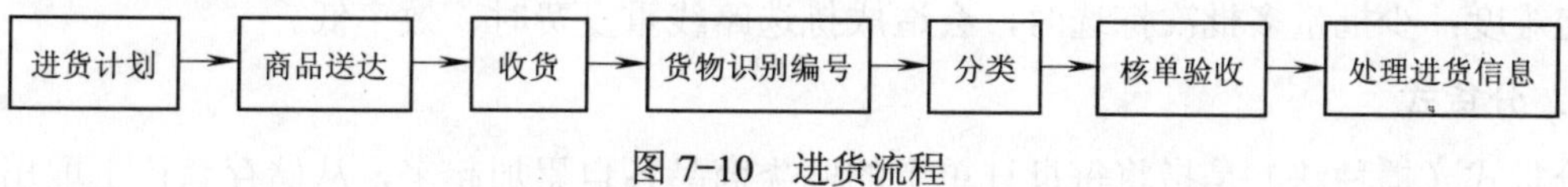

图 7-10 进货流程

（三）储存

配送中的储存有储备及暂存两种形态。储备是按一定时期的配送经营要求形成的对配送的资源保证。这种类型的储存数量较大，储备结构也较完善。另一种储存形态是暂存，也就是分拣、配货之后形成的发送货载的暂存，这个暂存主要是调节配货与送货的节奏，暂存时间不长。

（四）拣货作业

拣货作业是依据客户的订货要求或配送中心的送货计划，迅速准确地将商品从其储位或其他区域拣选出来，并按一定的方式进行分类集中，等待配装送货的作业过程。拣货作业是整个配送中心作业系统的核心工序。

分拣配货作业常用的方法有拣选式和分货式两种。

1. 拣选式

拣选式（摘果法）是指让拣货搬运员巡回于储存场所，按某客户的订单挑选出每一种商品，巡回完毕也完成了一次配货作业。将配齐的商品放置到发货场所指定的货位，然后再进行下一个要货单位的配货。拣选式配货的特色是储物货位相对固定，而拣选人员或工具相对运动，所以又称作人到货前式工艺。形象地说，又类似人们进入果园，在一棵树上摘下熟了的果子后，再转到另一棵树前去摘果，所以又称为摘果法，如图 7-11 所示。

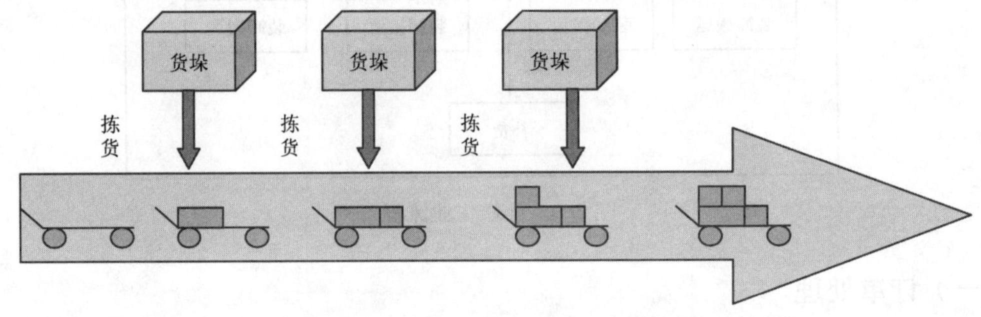

图 7-11　拣选式

优点：

（1）作业方法单纯。

（2）订单处理前置时间短。

（3）作业人员责任明确。

（4）拣货后不必再进行分拣作业。

（5）适合于大批量、少品种订单的处理。

缺点：商品品种多时，拣货行走路线过长，拣货效率低；拣选区域大时，搬运系统设计有一定难度；少批量多批次拣选时，会造成拣选路线重复费时、效率低。

2. 分货式

分货式（播种法）是指将每批订单上的同类商品各自累加起来，从储存仓位上取出，集中搬运到理货场所，然后将每一客户所需的商品数量取出，分放到不同客户的暂存货位处，直到配货完毕。它的特色是用户的分货位固定，而分拣人员或工具携货物相对运动，所以又称作货到人前式工艺。形象地说，又类似于一个播种者，一次取出几亩地所需的种子，在地中边巡回边播撒，所以又称为播种法，如图 7-12 所示。

分货式的特点是共同需求量大，工艺难度较高，专业性强，计划性强。

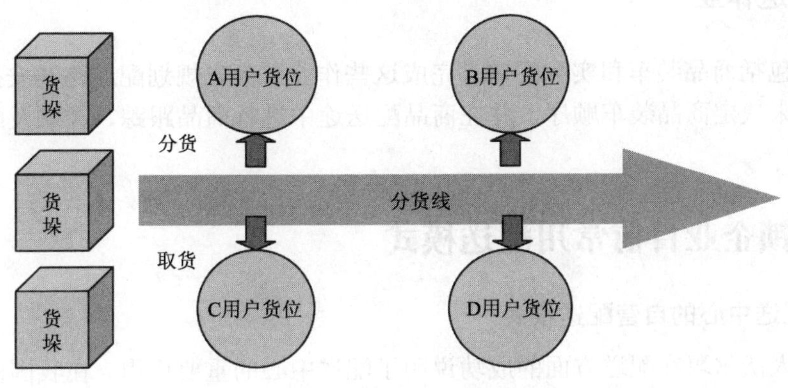

图 7-12　分货式

（五）补货作业

补货作业是指在拣货区的存货低于设定标准的情况下，将货物从仓库保管区域搬运到拣货区的工作，如图 7-13 所示。

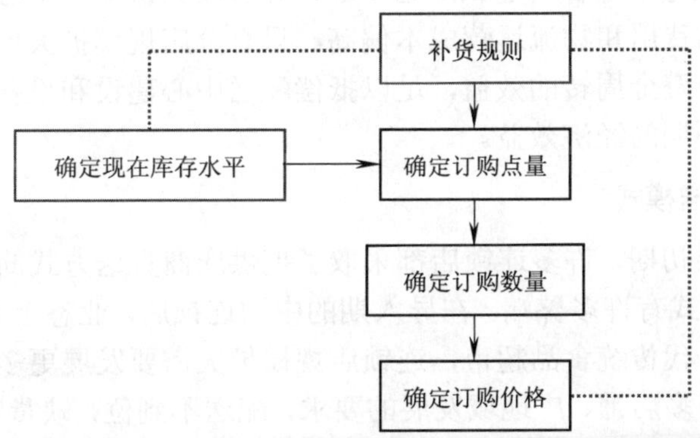

图 7-13　补货作业流程图

（六）流通加工作业

在配送中心的各项作业中，流通加工能提高商品的附加价值。流通加工作业包括商品的分类、拆箱重包装、贴标签及商品组合包装。

（七）出货作业

处理完成商品拣取及流通加工作业后，即可进行商品出货作业。出货作业包括：根据客户订单为客户打印出货单据，制订出货调度计划，打印出货批次报表、出货商品上所需地址标签及出货核对表；由调度人员决定集货方式，选用集货工具，调派集货作业人员，并决定运输车辆大小与数量；由仓库管理人员或出货管理人员决定出货区域的规划布置及出货商品的摆放方式。

（八）配送作业

配送作业包括商品装车和实际配送。完成这些作业需事先规划配送路线安排，由配送路线的先后次序来决定商品装车顺序，并在商品配送途中进行商品跟踪、控制及配送途中意外状况的处理。

四、连锁企业目前常用配送模式

1. 自建配送中心的自营配送模式

零售业巨人沃尔玛在配送方面的成功说明了配送中心的重要作用。在我国商业连锁经营中，具有一定规模的超市、综合商场等，也都十分重视配送环节，相继建立了配送中心。实力较强的连锁超市自建配送中心，主要是为本企业的连锁分店进行配货，同时也可以为其他企业提供货物，能够创造更大的经济效益和社会效益。而且这种做法也符合企业的长期利益和战略发展需要。连锁企业都各有自己的经营特色，自建配送中心有利于协调与连锁店铺之间的关系，保证这种经营特色不受破坏和改变。

如果各家零售连锁超市都各自建立配送中心，会造成大量配送中心资源的浪费和人员的闲置，使得配送中心的费用和物流运营成本偏高。只有分店规模扩大使配送中心正常运转所取得的数量折扣和加速资金周转的效益，足以抵偿配送中心建设和设备所花费的成本时，自建配送中心才能取得预期的经济效益。

2. 供应商直接配送模式

在中国连锁店发展初期，许多连锁店都采取了把供应商直送方式简单地组合成物流配送体系，实践证明这种方式有许多弊端。在导入期的中国连锁店，业态上大多选择了超市形式，而且是规模不大的第一代传统食品超市，连锁店规模扩大需要发展更多的店铺来实现。供应商的运输系统适应不了多店铺、广地域发展的要求，配送不到位，缺货断档，时间衔接不上，会制约连锁超市的发展。

3. 第三方物流配送模式

在这种配送模式中，连锁企业的物流活动完全由第三方的专业物流公司来承担。社会化物流的优势在于专业物流公司能提供更多的作业和管理上的专业知识，可以使连锁企业降低经营风险。在运作中，专业物流公司对信息进行统一组合、处理后，按客户订单的要求，配送到各门店。用户之间还可交流供应信息，从而起到调剂余缺，合理利用资源的作用。社会化的中介配送模式是一种比较完整意义上的配送模式，国内多数物流配送企业也正在积极探索。

本章小结

连锁经营是通过对若干零售企业实行集中采购、分散销售、规范化经营，进而实现规模经济效益的一种现代流通方式。作为连锁经营核心技术之一的物流配送技术，是连锁经营的基础和重要保证。连锁经营离不开配送，配送是实现连锁经营规模效益的关键因素。本章主要就连锁企业物流管理的特点、作用、物流系统构成，以及我国连锁企业物流配送现状、配送模式以及目前常用的配送模式进行了介绍。

同步测试

基础训练

一、选择题

1. 配送中心的业务活动以（　　）发出的订货信息作为驱动源。
   A. 生产订单　　B. 客户订单
   C. 采购订单　　D. 内部订单
2. 配送中心进货作业不包括（　　）。
   A. 订货　　B. 盘点　　C. 接货　　D. 验收入库
3. 组织合理化配送作业不包括（　　）。
   A. 订货发货合理化　　B. 商品检验合理化
   C. 备货作业合理化　　D. 送货时间合理化
4. 配送中心统一进货的主要目的是（　　）。
   A. 避免库存分散　　B. 减少安全库存
   C. 降低整体库存水平　　D. 提高资金周转速度
5. 配送计划执行的步骤是（　　）。
   A. 按配送计划组织进货　　B. 配货发运
   C. 设计配送车辆运行路线　　D. 送达服务
6. 影响配送中心选址的因素有（　　）。
   A. 客户特点　　B. 接近工厂
   C. 运输服务　　D. 地价因素
7. （　　）工艺是拣选人员或拣选工具巡回于各个储存点将所需的物品取出，完成货物配备的方式。
   A. 拣选式　　B. 分货式
   C. 播种法　　D. 播撒法
8. 在拣货区的存货低于设定标准的情况下，将货物从仓库保管区域搬运到拣货区的工作是（　　）。

A. 补货作业　　B. 拣选作业　　C. 播种法　　D. 分货式

9. 下列关于配送的理解正确的是（　　）。

A. 配送实质是送货

B. 配送是一种“中转”形式

C. 配送以企业要求为出发点

D. 配送是“配”与“送”有机结合的形式

二、简答题

1. 配送的实质是什么？
2. 配送中心有哪些特点？
3. 连锁企业的自身特点对物流配送提出了何种要求？
4. 列举说明配送的基本形式及各适合配送什么商品？

实训项目

以小组为单位到某一大型超市，了解其物流配送模式，并画出其流通途径和指定类别商品（化妆品、糕点、酒类）的流通渠道。

案例分析

美国家助公司是一个大型家庭装潢零售商，平均每个店铺面积为10万平方英尺（1平方英尺≈0.093平方米）并提供2.5万种不同的产品。家助公司的主要消费者构成是：专业装修公司40%；自主装修个体60%。家助与专业装修公司的联系密切。但是，目前专业装修公司仅购买家助公司10%的家具用品，主要原因是：①家助公司的递送服务外包给当地的运输公司，运输公司每递送一件家具通常要在家助公司的要价上增加10～30美元，虽然价格不高，但对于装修公司的顾客来说，免费递送家具更容易在心理上得到认可，因此，装修公司的顾客大多选择到别处购买家具。②家助公司的每一个店铺的存货都受到限制，从而导致无法展示全部产品。在所有订货中，通常只有7%从存货储备中得到满足。如果一个店铺没有存货，订单将被转移到家助公司的地区仓库，从地区仓库存货中提取家具到店铺，顾客最早得到家具的时间是在原始订货后的37天。若地区仓库也无存货，则顾客得到家具的时间会更长，因为家助公司要向制造厂订购。由于递送时间的延长和不确定，装修公司主要向独立的配送商购买家具，以实现家具递送时间和安装时间的及时衔接，保证装修公司按计划装修。威特摩尔公司是一家家具制造公司，其主要顾客是零售层次的经销商。威特摩尔公司的制造厂通过销售预测来制订生产计划。预测在装配前6个星期锁定。公司的3个配送中心承担全部的产品库存并维持最低的库存水平。当库存下降到预订的最低限度时，进货订单就送往相应制造工厂。其余的3个配送中心储备的只是一些周转快的产品。当接受到顾客订单时，订单被分配到离顾客最近的配送中心，如果该中心缺货，缺货产品就会从离该中心最近的配送中心中调拨或向制造工厂订购。如果预订的产品是多品种，一直要到所有产品备齐后再装运，以保证一次递送，顾客可以同时得到所需全部产品。所有订单都经过配送中心处理，配送中心每晚检查汇总订单，设法进行整体装运，并选择合适的递送路线。当最初指定的中心的存货可得时，通常订货周期时间为3～6天。内部配送中心之间的存货调拨通常需要2～3天，当一种产品向制造工厂延伸订货时，在订货周期上需再加8～12天。威特摩尔公司的原主要伙伴是幸福家具公司，其销售额曾达到威特摩尔公司的25%，但是，由于幸福家具公司出现了财务危机，其飘忽不定的订购正造成威特摩尔公司开工不足。目前，威特摩尔公司急需寻求新的合作伙伴。

问题：

（1）请分析威特摩尔公司与家助公司合作的可能性。

（2）如果合作，威特摩尔公司现有的物流系统的哪些方面需要改进？请设计出其物流运作方案。

第八章 连锁企业文化管理

学习目标

知识目标：

- 了解连锁企业文化的含义和性质
- 掌握连锁企业文化的特征和功能
- 熟悉连锁企业文化的结构和构成要素
- 重点掌握连锁企业文化建设的基本内容、程序和方法

能力目标：

- 知道连锁企业文化的含义
- 熟知连锁企业文化建设的结构和构成
- 能够对一个连锁企业的文化进行建设

【案例导入】

希尔顿的宾至如归

美国希尔顿饭店创立于1919年，在不到90年的时间里，从一家饭店扩展到100多家，遍布世界五大洲的各大城市，成为全球最大规模的饭店之一。80多年来，希尔顿饭店增长如此之快，其成功的秘诀在于其创造的“宾至如归”的文化理念，并把这个理念贯彻到每一个员工的思想和行为之中。

希尔顿总公司的董事长，89岁高龄的唐纳·希尔顿所写的《宾至如归》，已成了每个希尔顿旅馆工作人员的“圣经”。

你今天对客人微笑了没有？

希尔顿十分重视企业礼仪和通过礼仪塑造企业形象，唐纳·希尔顿为此制定和强化能最终体现希尔顿礼仪的措施，即“微笑服务”。他注重员工的文明礼仪教育，倡导员工的微笑服务。唐纳·希尔顿每天至少到一家希尔顿饭店与饭店的服务人员接触，向各级人员（从总经理到服务员）询问：“你今天对客人微笑了没有？”

1930年是美国经济萧条最严重的一年，全美国的旅馆倒闭了80%，希尔顿的旅馆也一家接一家地亏损，一度负债高达50万美元，希尔顿召集旅馆员工并向他们特别交代：“目前

正值旅馆亏空靠借债度日时期，我决定强渡难关。一旦美国经济恐慌时期过去，我们希尔顿旅馆很快就能进入云开月出的局面。因此，我请各位记住，希尔顿的礼仪万万不能忘。无论旅馆本身遭遇的困难如何，希尔顿旅馆服务员脸上的微笑永远是属于顾客的。”

由于唐纳·希尔顿对企业礼仪的重视，下属员工执行得很出色，并形成了自己的传统和习惯。事实上，在那只剩下20%的旅馆中，只有希尔顿旅馆服务员的微笑是美好的。经济萧条刚过，希尔顿旅馆就领先进入了新的繁荣期，跨入了黄金时代。

进入黄金时代的希尔顿旅馆紧接着充实了一批现代化设备。此时，希尔顿到每一家旅馆召集全体员工开会时都要问：“现在我们的旅馆已新添了第一流设备，你觉得还必须配合一些什么第一流的东西使客人更喜欢呢？”员工回答之后，希尔顿会笑着摇头说：“请你们想一想，如果旅馆里只有第一流的设备而没有第一流服务员的微笑，那些旅客会认为我们供应了他们全部最喜欢的东西吗？如果缺少服务员的美好微笑，正好比花园里失去了春天的太阳和春风。假如我是旅客，我宁愿住进虽然只有残旧地毯，却处处见到微笑的旅馆，也不愿走进只有一流设备而不见微笑的地方……”当希尔顿坐专机来到某一国境内的希尔顿旅馆视察时，服务人员就会立即想到一件事，那就是他们的老板可能随时会来到自己面前再问那句名言：“你今天对客人微笑了没有？”

资料来源：《管理案例博士点评》，代凯军，2000

第一节　企业文化概述

文化管理是20世纪80年代兴起的一种管理思想、管理学说和管理模式。文化管理模式是把组织文化建设作为管理中心工作的管理模式，是对科学管理的超越，它代表了企业管理发展的一种新趋势。在知识经济时代文化管理必将取代科学管理，成为组织管理的最佳选择。文化管理学说是继承经验管理、科学管理之后企业管理理论发展的一个新阶段，企业文化是一个企业战无不胜的动力之源，是决定一个企业竞争力的重要因素，也是企业可持续发展的基本保障。

一、企业文化的含义

（一）文化的概念

文化本身是一个动态的概念，是一个历史的发展过程，因此，文化既具有地域特征和民族特征，又具有时代特征。在历史性意义上，中国文化既包括源远流长的传统文化，也包括中国文化传统发生剧烈演变的近代文化与现代文化。

广义的文化是指人类创造的一切物质产品和精神产品的总和。狭义的文化专指语言、文学、艺术及一切意识形态在内的精神产品。

（二）企业文化

企业文化可以表述为：企业文化，或称组织文化（Corporate Culture 或 Organizational

Culture），是一个组织由其价值观、信念、仪式、符号、处事方式等组成的其特有的文化形象，主要指一个企业长期形成的并为全体员工认同的价值信念、行为规范以及行为方式。所谓行为方式，就是稳定的行为倾向，行为方式是价值信念和行为规范的体现。企业文化只是企业的一个部分，对一些刚刚建立的新企业来说，有机器、设备、工具、技术、产品、组织和制度等，却不一定有文化。企业文化需要经过一个较长的时期才能形成。文化的形成与企业的经营有关，也与社会文化背景有关，文化在经营过程中逐渐积累，也可以通过教育、引导和灌输而使之得以传播和深入人心。

（三）企业文化性质

企业文化是一个企业共有的价值体系，实质是由物质文化、制度文化和精神文化按照一定的方式和层次结合而成的有机体。作为一种组织文化，其性质有以下六点：

1．独特性

企业文化具有鲜明的个性和特色，具有相对独立性，每个企业都有其独特的文化积淀，这是由企业的生产经营管理特色、企业传统、企业目标、企业员工素质以及内外环境不同所决定的。

2．继承性

企业在一定的时空条件下产生、生存和发展，企业文化是历史的产物。企业文化的继承性体现在三个方面：一是继承优秀的民族文化精华；二是继承企业的文化传统；三是继承外来的企业文化实践和研究成果。

3．相融性

企业文化的相融性体现在它与企业环境的协调和适应性方面。企业文化反映了时代精神，它必然要与企业的经济环境、政治环境、文化环境以及社区环境相融合。

4．人本性

企业文化是一种以人为本的文化，最本质的内容，就是强调人的理想、道德、价值观、行为规范在企业管理中的核心作用，强调在企业管理中要理解人，尊重人，关心人。注重人的全面发展，用愿景鼓舞人，用精神凝聚人，用机制激励人，用环境培育人。

5．整体性

企业文化是一个有机的统一整体，人的发展和企业的发展密不可分，要引导企业职工把个人奋斗目标融于企业整体目标之中，追求企业的整体优势和整体意志的实现。

6．创新性

创新既是时代的呼唤，又是企业文化自身的内在要求。优秀的企业文化往往在继承中创新，随着企业环境和国内外市场的变化而改革发展，引导大家追求卓越，追求成效，追求创新。

二、企业文化的特征

1．无形性与有形性的统一

企业文化的内核中包含着各种价值因素、信念因素、道德因素、心理因素等，是作为一种精神氛围存在于特定人群之中的，因此，它具有无形性，是看不见、摸不着的。然而，任何无形的事务都是寓于有形事物之中的，企业文化也不例外。无形的价值因素、信念因素、道德因素、心理因素等通过各种有形的载体，如人的行为方式、企业的各种规章制度、经营政策体现出来。人们往往是通过有形的事物去观察、分析、研究和培植企业内在文化的。无形性是对内容而言的；有形性是对形式和载体而言的。因此，企业文化是内容与形式，无形性与有形性的统一。

2. 观念性与实践性的统一

企业文化在形态上表现为一种观念、一种认识、一种群体意识。但是，马克思认为："观念的东西不外是移入人的头脑并在头脑中改造过的物质的东西而已。"这说明，人的认识是客观世界在人的头脑中的反映，任何认识都以客观的具体事物为其实在的内容。客观世界是认识的对象，但它只有在实践中才可能被人所充分认识。认识来源于实践。无疑，企业文化的核心内容——价值观作为一种认识，也离不开企业的生产经营活动，它既来源于实践，同时又指导实践，为实践服务。因此，用马克思主义认识论的观点看待企业文化，它是观念性和实践性的统一。了解企业文化的这一特点，有利于企业文化建设更加贴近实际，具有针对性，对于克服企业文化建设中脱离实际、拔苗助长，或束之高阁、只做表面文章的倾向具有重要意义。

3. 抽象性与具体性的统一

企业文化所反映的基本经营理念和管理哲学往往是概念性的，优秀的企业文化往往引导大家追求卓越，追求成效，追求创新，内涵清晰而目标"模糊"。它不像企业的生产计划、产品标准、规章制度、管理规范那样明确具体，它只给人们提供一种指导思想，一种价值判断，一种行为规则。它不会告诉人们每个问题用什么具体方式和具体方法去处理，它只会告诉人们应该根据什么样的思想和标准去处理每个具体的问题，因此，它是一种抽象性的概念。但是，企业文化又是具体的，员工的各种具体言行都在从不同的角度具体体现着企业文化；同时员工也感受到企业文化的导向、激励和制约作用。尽管这种作用是微妙的、暗示性的，但在多数情况下，决定着人们的行为方向，为人们提供行为动力。

4. 经济性与社会性的统一

如前所述，企业文化具有经济属性，是一种经济文化，它反映着企业的经济伦理、经营价值观和目标追求，以及实现目标的行为准则等。企业文化的经济属性是由企业作为一个独立的经济组织的性质决定的。在这一点上，企业文化与军队文化、校园文化、医院文化、机关文化、社区文化等存在明显区别。同时，还必须看到，企业不仅作为独立的经济组织而存在，而且作为社会的一个细胞而存在。从其功能来讲，它不仅有推动企业创造物质财富的功能，而且也具有社会功能。在中国，企业文化体现着社会主义生产关系的要求，具有为思想政治工作创造条件，培育有思想、有道德、有文化、有纪律的员工队伍，促进社会主义精神文明建设等重要工作。因此，企业文化也具有社会属性或一定的政治属性。况且，企业从事经济活动，也不是在封闭的系统中进行的，企业员工生活在社会的各个层次，每时每刻都会受到社会大文化的感染和熏陶，所以企业文化是经济性和社会性的完美统一。

5．超前性与滞后性的统一

生产力是推动社会发展的根本力量，是最活跃的要素。企业是生产力的直接组织者，在经营管理活动中产生的企业文化，相对于社会文化是超前的，往往最先反映时代的新观念、新思想、新气息。企业文化的超前性决定了它的社会价值。但企业文化相对于科学技术的飞速发展，相对于企业设备的快速更新和组织的急剧变革等，往往显得变化缓慢，具有一定的滞后性。解决企业文化的滞后性，即随着科学技术的发展、设备的更新、组织的变革等及时推动企业文化的变革与进步，是企业文化实践中需要解决的突出问题。

6．吸收性与排他性的统一

一种积极的企业文化形成以后，对于外来的优秀文化仍具有很强的吸收学习能力，能够吸收经济发展、文化进步和社会变革中的积极因素，吸收其他企业在实践中形成的好的思想和经验；同时，对于与企业文化主流相悖的其他思想意识也有相应的抵御能力。一般来讲，一种消极的企业文化往往不具备这一特点。这个特点也是区分或衡量企业文化优劣的标志之一。

三、企业文化的功能

企业文化功能就是企业文化的“性能”与作用，它分为内功能和外功能两种。内功能是指企业文化在其文化共同体内部的文化功能；外功能是指企业文化对外部环境的作用与功能。诸如企业文化对人类文化的影响，对社会各阶层、各种角色的影响，对其他集团文化的示范与冲击。显然，内功能是企业文化的基本功能、主要功能，外功能是企业文化的派生功能、辅助功能。当然，随着企业文化共同体的全球性的迅速发展及其实力、作用的与日俱增，企业文化的外功能愈益重要，其研究和探讨价值亦愈大。

（一）导向功能

企业文化作为广大职工共同的价值观、追求，必须对职工具有强烈的感召力。这种感召力能把企业职工引导到企业目标上来。这种功能往往在企业文化形成的初期就已存在，并长期地引导职工始终不渝地去为实现企业的目标而努力。其导向功能主要体现在以下两个方面：

1．经营哲学和价值观念的指导

经营哲学决定了企业经营的思维方式和处理问题的法则，这些方式和法则指导经营者进行正确的决策，指导员工采用科学的方法从事生产经营活动。企业共同的价值观念规定了企业的价值取向，使员工对事物的评判达成共识，有着共同的价值目标，企业的领导和员工为着他们所认定的价值目标去行动。美国学者托马斯·彼得斯和小罗伯特·沃特曼在《追求卓越》一书中指出“我们研究的所有优秀公司都很清楚它们的主张是什么，并认真建立和形成了公司的价值准则。事实上，一个公司缺乏明确的价值准则或价值观念不正确，我们则怀疑它是否有可能获得经营上的成功。”企业价值文化如图 8-1 所示。

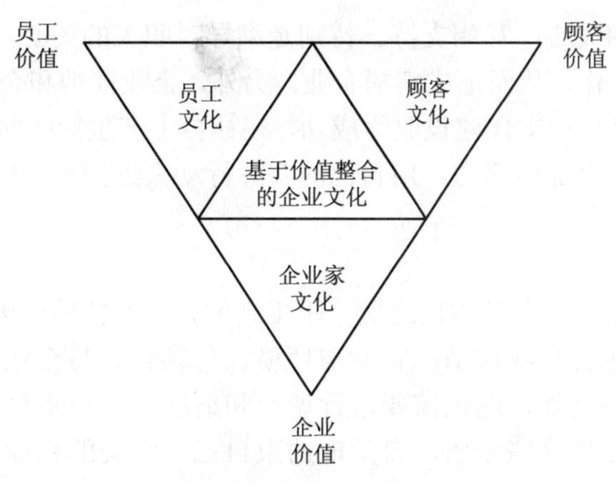

图 8-1　企业价值文化

2. 企业目标的指引

企业目标代表着企业发展的方向，没有正确的目标就等于迷失了方向。完美的企业文化会从实际出发，以科学的态度去确立企业的发展目标，这种目标一定具有可行性和科学性。企业员工就是在这一目标的指导下从事生产经营活动的。

（二）约束功能

企业文化的约束功能主要是通过完善规章制度和道德规范来实现。

1. 有效规章制度的约束

企业制度是企业文化的内容之一。企业制度是企业内部的法规，企业的领导者和企业职工都必须遵守和执行，从而形成约束力。

2. 道德规范的约束

道德规范是从伦理关系的角度来约束企业领导者和职工的行为。如果人们违背了道德规范的要求，就会受到舆论的谴责，心理上会感到内疚。同仁堂药店“济世养生、精益求精、童叟无欺、一视同仁”的道德规范约束着全体职工必须严格按工艺规程操作，严格质量管理，严格执行纪律。

（三）凝聚功能

企业文化以人为本，尊重人的感情，从而在企业中营造一种团结友爱、相互信任的和睦气氛，强化了团体意识，使企业职工之间形成强大的凝聚力和向心力。共同的价值观念形成了共同的目标和理想，职工把企业看成一个命运共同体，把本职工作看成实现共同目标的重要组成部分，整个企业步调一致，形成统一的整体。这时，“厂兴我荣，厂衰我耻”成为职工发自内心的真挚感情，“爱厂如家”就会变成他们的实际行动。

（四）激励功能

共同的价值观念使每个职工都感到自己存在和行为的价值，自我价值的实现是人的最高精神需求的一种满足，这种满足必将形成强大的激励。在以人为本的企业文化氛围中，领导与职工、职工与职工之间互相关心，互相支持。特别是领导对职工的关心，职工会感到受人尊重，自然会振奋精神，努力工作，从而形成幸福企业。另外，企业精神和企业形象对企业职工有着极大的鼓舞作用，特别是企业文化建设取得成功，在社会上产生影响时，企业职工会产生强烈的荣誉感和自豪感，他们会加倍努力，用自己的实际行动去维护企业的荣誉和形象。

（五）调适功能

调适就是调整和适应。企业各部门之间、职工之间，由于各种原因难免会产生一些矛盾，解决这些矛盾需要各自进行自我调节；企业与环境、与顾客、与企业、与国家、与社会之间都会存在不协调、不适应之处，这也需要进行调整和适应。企业哲学和企业道德规范使经营者和普通员工能科学地处理这些矛盾，自觉地约束自己。完美的企业形象就是进行这些调节的结果。调适功能实际也是企业能动作用的一种表现。

（六）辐射功能

企业文化关系到企业的公众形象、公众态度、公众舆论和品牌美誉度。企业文化不仅在企业内部发挥作用，对企业员工产生影响，它也能通过传播媒体、公共关系活动等各种渠道对社会产生影响，向社会辐射。企业文化的传播对树立企业在公众中的形象有很大帮助，优秀的企业文化对社会文化的发展有很大的影响。

四、企业文化的地位和作用

企业文化是企业的灵魂，是企业信奉并付诸实践的价值理念，它包括企业的经营观念、行为准则、知识成果、精神风貌、职工心态、舆论环境等内容。随着时代的发展，企业文化越来越受到企业界的重视。先进的企业文化在实践中已经显示出强劲的生命力，发挥着越来越重要的作用。可以说，先进的企业文化对于提高职工的思想文化素质，丰富职工的精神文化生活，增强企业的吸引力、凝聚力和向心力，充分调动职工的积极性、主动性和创造性，增强职工的事业心和责任心，促使他们搞好生产经营，促进企业又好又快发展，都有着重要的意义和作用。具体来说，有以下作用：

（1）企业文化建设是企业核心竞争力的关键因素。企业文化是指在一定的社会经济条件下，通过社会实践所形成的并为全体成员遵循的共同意识、价值观念、职业道德、行为规范和准则的总和，是一个企业或一个组织在自身发展过程中形成的以价值为核心的独特的文化管理模式，是一种凝聚人心以实现自我价值、提升企业竞争力的无形力量和资本。企业文化的主要内容是企业价值观、企业精神、企业经营之道、企业风尚、企业员工共同遵守的道德行为规范。成功的企业文化必须具备以下特点：简明易懂、以理服人，令人心悦诚服；得到广泛认同的价值观；出现价值观指导下成功的实践与验证；使企业重要成员产生使命感；使员工对企业、企业代表人物、企业象征标志产生感情。这也是企业文化成为企业的内在驱动力的基础。

企业文化实质上是一种竞争文化，在这种竞争中，企业的信誉、形象、品牌和知名度已经成为企业不可估量的无形资产，在市场竞争中占据着十分显著的地位。从这个意义上讲，现代企业的竞争，归根到底是企业文化的竞争。从这个角度看，企业不仅是一个经济组织，也是一个文化组织，企业的生产经营活动不仅是产品竞争，而且也是文化竞争。因此，企业竞争实际上也是隐含在企业形象展示、产品广告宣传及社会公关活动背后的文化竞争，建设企业文化就是要提高企业核心竞争力，追求良好的企业效益。企业必须重视文化战略，以文化决胜于市场，以企业文化推动企业发展，这是提高企业核心竞争力的关键因素。

（2）企业文化建设是企业发展强大的内在驱动力量。优秀的企业文化对企业发挥着重要作用：首先，企业文化具有凝聚作用。企业文化是一种“黏合剂”，可以把广大员工紧紧地黏合、团结在一起，使员工明确目的、步调一致。从根本上来说，企业员工队伍凝聚力的基础是企业的事业目标。企业文化的凝聚力来自企业根本目标的正确选择。如果企业的事业目标既符合企业的利益，又符合绝大多数员工个人的利益，即是一个集体与个人双赢的目标，那么说明这个企业凝聚力产生的利益基础就具备了。否则，无论采取哪种策略，企业凝聚力的形成都只能是一种幻想。其次，企业文化具有导向作用。导向作用包括价值导向与行为导向。企业核心价值观与企业精神，发挥着无形的导向功能，能够为企业提供具有长远意义的、更大范围的正确方向与重要方法，从而把企业与个人的意志统一起来，使企业更快、更好、更稳定地生存与发展。第三，企业文化具有激励作用。激励是一种精神力量或状态。企业文化所形成的文化氛围和价值导向是一种精神激励，能够调动与激发职工的积极性、主动性和创造性，把人们的潜在智慧诱发出来，使员工的能力得到全面发展，并提高下属机构和员工的自主管理能力、自主经营能力及活力，增强企业的整体执行力。第四，企业文化具有约束作用。企业文化包含规范管理的相关内容，而且管理本身也体现着企业文化。在企业行为中哪些不该做、不能做，正是企业文化、企业精神发挥“软”约束作用的结果，是一种免疫功能。约束力能够提高员工的自觉性、积极性、主动性和自我约束，使员工明确工作意义和工作方法，从而提高员工的责任感和使命感。

【知识拓展】

摩托罗拉：“肯定个人尊严”

作为世界上最大的通信、电子业跨国公司，摩托罗拉在中国改革开放之初就通过销售产品（无线对讲系统、蜂窝电话系统等）方式进入中国市场。1992 年 3 月 25 日，摩托罗拉（中国）电子有限公司在天津经济技术开发区成立，首期投资 1.2 亿美元。1994 年 10 月，1995 年 6 月，摩托罗拉（中国）电子有限公司上海分公司和广州分公司分别成立。

如今，摩托罗拉在中国进行广泛的商业活动。具体内容包括：①继续在中国进行投资及技术转让；②加速从技术人员到高层管理人员的本土化进程；③提高产品国产化成分，协助中国建立电子基础工业；④以独资为基础，发展与中国电子行业的合资合作。

截止到 1997 年 4 月，摩托罗拉在中国的投资项目包括：在天津建立 8 英寸亚米半导体芯片厂，在北京成立中华总部，建立 6 家合资企业和 5 家合作项目，建立摩托罗拉大学培训中心，建立多个项目研究中心，转让一系列世界领先技术等。举世闻名的摩托罗拉公司这样阐述自己对人力资源的看法：“人才是摩托罗拉最宝贵的财富和胜利源泉。摩托罗拉公司将对人才的投资摆在比追求单纯的经济利益更重要的位置。尊重个人是摩托罗拉在全球所提倡的处世信念。为此，摩托罗拉将深厚的全球公司文化融合在中国的每一项业务中，致力于培养每一个员工。”尊重个人，肯定个人尊严，构成了摩托罗拉企业文化的最主要内容。

具体来说，摩托罗拉将“尊重个人”理解为：以礼待人，忠贞不渝，提倡人人有权参与，重视集体协作，鼓励创新。摩托罗拉公司通过为员工提供培训、教育、专业发展机会，后勤保障，公司内部沟通等方式，来实现对个人尊严的肯定。

一、培训和专业发展机会

公司制订了培训计划，向公司中层和高层输送管理人才，以实现由中国人负责公司的管理和决策，从而加速人才本土化的进程。目前，在摩托罗拉（中国）电子有限公司中，经理主管一级已有 100 多名中国人，占该层管理者的 51%。在几年的时间里，摩托罗拉每年都选派 600 多名中国员工到其美国工厂去参加技术会议、工程师设计会议以及技术培训。

除内部教育和培训外，摩托罗拉还支持、组织员工参加全国经济统计专业职称技术资格考试、职称外语考试、质量认证培训等。

二、众多沟通方式

1998 年 4 月，摩托罗拉（中国）电子有限公司推出了“沟通宣传周”活动，内容之一就是向员工介绍公司的 12 种沟通方式。比如，我建议：书面形式提出您对公司各方面的改善建议，全面参与公司管理。畅所欲言：保密的双向沟通渠道，您可以对真实的问题进行评论、建议或投诉。总经理座谈会：定期召开的座谈会，您的问题会在当场得到答复，7 日内对有关问题的处理结果予以反馈。报纸及杂志：《大家》《移动之声》等杂志可以使您及时了解公司的大事动态和员工生活的丰富内容。公司每年都召开高级管理人员与员工沟通对话会，向广大员工代表介绍公司经营状况、重大政策等，并由总裁、人力资源总监等回答员工代表的各种问题。

三、一块铜匾

如果参观者来到摩托罗拉摆满奖杯奖状的“荣誉厅”，就会看到一块“先进党组织”的铜匾，这令很多人感到诧异。有人问：不是外资企业吗？怎么还允许党组织存在？党员活动受不受限制？外国老板怎样看中共党员？事实上，在摩托罗拉，“党员公开、组织公开，活动公开”，这里的老板对党员活动给予方便，给予支持，给予经费，真正做到肯定个人的尊严。他们自己这样解释：“有这么多的党员，如果不发挥他们的作用，就是资源的浪费！”

资料来源：《管理案例博士评点》，代凯军，2000

第二节　连锁企业文化的主要构件

一、企业文化结构

企业文化结构是指企业文化系统内各要素之间的时空顺序、主次地位与结合方式。企业文化结构就是企业文化的构成、形式、层次、内容、类型等的比例关系和位置关系。它表明各个要素如何链接，形成企业文化的整体模式，即企业物质文化、企业行为文化、企业制度文化、企业精神文化形态。企业文化结构可以分为四层：第一层是表层的物质文化；第二层是幔层的（或称浅层的）行为文化；第三层是中层的制度文化；第四层是核心层的精神文化，如图 8-2 所示。

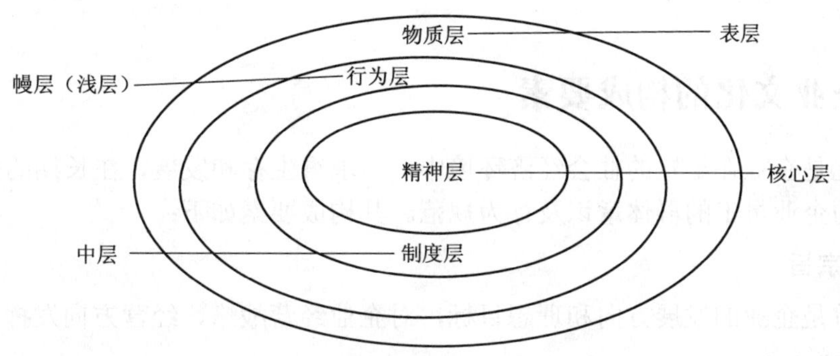

图 8-2 企业文化结构图

（1）企业文化的物质层。企业文化的物质层也叫企业物质文化，它是企业职工创造的产品和各种物质设施等构成的器物文化，是一种以物质形态为主要研究对象的表层企业文化。企业生产的产品和提供的服务是企业生产经营的成果，它是企业物质文化的首要内容。其次是企业创造的生产环境、企业建筑、企业广告、产品包装与设计等，它们都是企业物质文化的主要内容。

（2）企业文化的行为层。企业文化的行为层又称为企业行为文化。如果说企业物质文化是企业文化的最外层，那么企业行为文化可称为企业文化的幔层，或称为第二层，即浅层的行为文化。它是指企业员工在生产经营、学习娱乐中产生的活动文化。它包括企业经营、教育宣传、人际关系活动、文娱体育活动中产生的文化现象。它是企业经营作风、精神面貌、人际关系的动态体现，也是企业精神、企业价值观的折射。主要分为企业家行为、企业模范人物行为、企业员工行为。

（3）企业文化的制度层。企业文化的制度层又叫企业制度文化，主要包括企业领导体制、企业组织机构和企业管理制度三个方面。企业领导体制的产生、发展、变化，是企业生产发展的必然结果，也是文化进步的产物。企业组织机构，是企业文化的载体，包括正式组织机构和非正式组织。企业管理制度是企业在进行生产经营管理时所制定的、起规范保证作用的各项规定或条例。

企业制度文化是企业文化的重要组成部分，制度文化是一定精神文化的产物，它必须适应精神文化的要求。人们总是在一定的价值观指导下去完善和改革企业各项制度的，企业的组织机构如果不与企业目标的要求相适应，企业目标就无法实现。卓越的企业总是经常用适应企业目标的企业组织结构去迎接未来，从而在竞争中获胜。

制度文化又是精神文化的基础和载体，并对企业精神文化起反作用。一定的企业制度的建立，又影响人们选择新的价值观念，成为新的精神文化的基础。企业文化总是沿着精神文化——制度——新的精神文化的轨迹不断发展、丰富和提高的。

企业的制度文化也是企业行为文化得以贯彻的保证。与企业职工生产、学习、娱乐、生活等方面直接发生联系的行为文化建设得如何，企业经营作风是否具有活力、是否严谨，人际关系是否和谐、职工文明程度是否得到提高等，无不与制度文化的保障作用有关。

（4）企业文化的精神层。企业文化的精神层又称为企业精神文化，相对于企业物质文化和行为文化来说，企业精神文化是一种更深层次的文化现象，在整个企业文化系统中，它处于核心的地位。

二、企业文化的构成要素

企业文化是企业在给定的社会经济环境中，为求得生存和发展，在长期的生产经营过程中自觉形成的企业员工的群体意识及行为规范。其构成要素如下：

1．企业宗旨

企业宗旨是企业的发展方向和理想目标，对企业经营战略、经营方向发挥着导向作用。

2．企业价值理念

价值理念是人们基于某种功利性或道义性的追求而对人们（个人、组织）本身的存在、行为和行为结果进行评价的基本观点。可以说，人生就是为了价值的追求，价值观念决定着人生的追求行为。价值观不是人们在一时一事上的体现，而是在长期实践活动中形成的关于价值的观念体系。企业的价值观，是指企业职工对企业存在的意义、经营目的、经营宗旨的价值评价和为之追求的整体化、差异化的群体意识，是企业全体职工共同的价值准则。只有在共同的价值准则基础上才能产生企业正确的价值目标。有了正确的价值目标才会有奋力追求价值目标的行为，企业才有希望。因此，企业价值观决定着职工行为的取向，关系着企业的生死存亡。抱持只顾企业自身经济效益的价值观，就会偏离社会主义方向，不仅会损害国家和人民的利益，还会影响企业形象；抱持只顾眼前利益的价值观，就会急功近利，搞短期行为，使企业失去后劲，导致灭亡。企业价值理念集中体现了员工群体的价值评价和取向，是企业精神的核心。它通常表现为员工对劳动、为人、处世、辨别是非、善恶、好坏的价值评价。企业为实现自身的使命，必须统一员工的行为，作为一个有生命力的整体蓬勃向上，其前提条件就是企业形成正确主导性的价值观，并为广大员工认同。

3．企业道德行为准则

企业的道德行为准则规范了企业员工的行为模式。企业应当坚持的经营宗旨和价值理念的外在表现就是企业员工的行为。一般可以通过企业和员工的行为、作风、制度等表现出来，并能够在社会上形成良好的企业形象。道德行为准则体现了企业所有员工在履行自身的劳动义务中应当怎么做、不应当怎么做以及做到何种程度是最好的。行为准则可以规范、引导企业和员工的劳动行为、管理行为和生产经营行为向着正确的方向发展。

4．企业环境

企业环境是指企业的性质、企业的经营方向、外部环境、企业的社会形象、与外界的联系等方面。它往往决定企业的行为。

5．英雄人物

英雄人物是指企业文化的核心人物或企业文化的人格化，其作用在于作为一种活的样板，给企业中其他员工提供可供仿效的榜样，对企业文化的形成和强化起着极为重要的作用。

6. 文化仪式与文化网络

文化仪式是指企业内的各种表彰、奖励活动、聚会以及文娱活动等，它可以把企业中发生的某些事情戏剧化和形象化，来生动地宣传和体现本企业的价值观，使人们通过这些生动活泼的活动来领会企业文化的内涵，使企业文化寓教于乐。

文化网络是指非正式的信息传递渠道，主要是传播文化信息。它是由某种非正式的组织和人群，以及某一特定场合所组成，它所传递出的信息往往能反映出职工的愿望和心态。

7. 企业精神

企业精神是指企业基于自身特定的性质、任务、宗旨、时代要求和发展方向，并经过精心培养而形成的企业成员群体的精神风貌。企业精神要通过企业全体职工有意识的实践活动体现出来。因此，它又是企业职工观念意识和进取心理的外化。企业精神是企业文化的核心，在整个企业文化中具有支配的地位。企业精神以价值观念为基础，以价值目标为动力，对企业经营哲学、管理制度、道德风尚、团体意识和企业形象起着决定性的作用，可以说，企业精神是企业的灵魂。企业精神通常用一些既富于哲理，又简洁明快的语言予以表达，便于职工铭记在心，时刻激励自己；也便于对外宣传，容易在人们脑海里形成印象，从而在社会上形成个性鲜明的企业形象。如王府井百货人楼的“一团火”精神，就是用大楼人的光和热去照亮、温暖每一颗心，其实质就是奉献服务；西单商场的“求实、奋进”精神，体现了以求实为核心的价值观念和真诚守信、开拓奋进的经营作风。

第三节　连锁企业文化建设

连锁企业文化建设是指与连锁企业文化相关的理念的形成、塑造、传播等过程，要突出在“建”字上，切忌重口号轻落实；重宣贯轻执行；是基于策划学、传播学的，是一种理念的策划和传播，是一种泛文化。企业文化建设是一项系统工程，是现代企业发展必不可少的竞争法宝。一个没有企业文化的企业是没有前途的企业，一个没有信念的企业是没有希望的企业。从这个意义上说，企业文化建设既是企业在市场经济条件下生存发展的内在需要，又是实现管理现代化的重要方面。

一、连锁企业文化建设的作用

连锁企业文化建设应从现代企业发展的实际出发，树立科学发展观，讲究经营之道，培养企业精神，塑造企业形象，优化企业内外环境，全力打造具有自身特色的企业文化，为企业快速发展提供动力和保证。企业文化建设，是新世纪企业生存和发展的内在需要，作用如下：

（1）建设企业文化，充分发挥人的作用，是当今世界企业发展的一种趋势，是经营企业的新思想、新观念。调动和科学组织广大职工的积极性、智慧和创造力，是现代化管理的高层次选择。

（2）建设企业文化，增强企业的凝聚力和在市场上的竞争力，是企业生存和发展的根本战略。通过建设企业文化，增强企业活力，保证市场经济健康发展，满足经济上新台阶的迫切需要。

（3）树立企业文化的战略意识，增强企业文化的战略观念，强调企业文化的战略决策，进行企业文化的战略实施，是当前转换经营机制和进行科学管理以赢得市场经济竞争优势的迫切需要和必然趋势。

（4）通过企业文化建设，培育企业价值观把企业全体员工拧成一股绳，为实现企业目标而奋斗。

（5）企业文化建设对企业凝聚力、吸引力、战斗力、公信力等的形成和提高具有重要意义，凝聚力是一个企业的核心力，如能将员工比作一根线，那企业就是由线拧成的一股绳，绳的结实程度就是凝聚力，优秀的企业文化就是一双编绳的巧手。吸引力是一个企业的向心力，让员工贴得更近，让外界人员靠得更近，这就是企业文化的魅力。战斗力是员工的作战能力，优秀的企业文化能让员工思想统一，而思想统一才能步调一致，步调一致的团队才有战斗力。公信力是健康的企业文化，不但是企业员工的精神支柱，也能提高企业的公众信誉，给企业带来难以估计的社会效益。

总上，企业要真正步入市场，走出一条发展较快、效益较好、整体素质不断提高、使经济协调发展的路子，就必须普及和深化企业文化建设。

二、连锁企业文化建设的原则

1. 以人为本

文化应以人为载体，人是文化生成与承载的第一要素。企业文化中的人不仅仅是指企业家、管理者，也体现于企业的全体职工。企业文化建设中要强调关心人、尊重人、理解人和信任人。企业的全体成员有共同的价值观念，有一致的奋斗目标，才能形成向心力，才能成为一个具有战斗力的整体。

2. 表里一致

企业文化属意识形态的范畴，但它又要通过企业或职工的行为和外部形态表现出来，这就容易形成表里不一致的现象。建设企业文化必须首先从职工的思想观念入手，树立正确的价值观念和哲学思想，在此基础上形成企业精神和企业形象，防止搞形式主义，言行不一。形式主义不仅不能建设好企业文化，而且是对企业文化概念的歪曲。

3. 注重个性

个性是企业文化的一个重要特征。文化本来就是在本身组织发展的历史过程中形成的。每个企业都有自己的历史传统和经营特点，企业文化建设要充分利用这一点，建设具有自己特色的文化。企业有了自己的特色，而且被顾客所公认，才能在企业之林中独树一帜，才有竞争的优势。

4. 重视经济性

企业是一个经济组织，企业文化是一个微观经济组织文化，应具有经济性。经济性是指企业文化必须为企业的经济活动服务，要有利于提高企业生产力和经济效益，有利于企业的生存和发展。前面讨论的关于企业文化的各项内容中，虽然并不涉及“经济”二字，但建设和实施这些内容，最终目的都不会离开企业经济目标的实现，以及谋求企业的生存和发展。所以，企业文化建设实际是一个企业战略问题，称文化战略。

5．继承传统

马克思主义认为："人们自己创造自己的历史，但他们并不是随心所欲地创造，而是在直接碰到的从过去继承下来的条件下创造。"中国企业文化建设也是这样，它应该是在传统文化的基础上进行增值开发，否则企业文化就会失去存在的基础，也就没有生命力。增值开发就是对传统文化进行借鉴，弃其糟粕，取其精华。我国传统文化中的民本思想、平等思想、务实思想等都是值得增值开发的内容。中国民本思想自古以来就相当强烈，并在一定程度上制约着专制行为。在社会主义企业中，劳动者是企业的主人，企业文化建设自然要以民本思想为重要的思想来源，并通过这一思想的开发利用，使职工群众产生强烈的主人翁意识，自觉地参与企业的民主管理。中华民族坚持人的平等性，认为"人皆为尧舜"，这正是过去中国革命的思想基础。这种思想的增值开发用于现代企业的文化建设，将为企业职工提供平等竞争的机会，有利于倡导按劳分配，同工同酬的运行机制。务实精神要求人们实事求是、谦虚谨慎、戒骄戒躁、刻苦努力、奋发向上。如能将此发扬光大，必将形成艰苦创业、勇于创新的企业精神。

三、连锁企业文化建设的影响因素

影响连锁企业文化建设的因素是多方面的，但我们可以概括为两个大的方面来认识，即企业的外部环境因素和内部环境因素。

（一）企业外部环境因素的影响

企业外部环境因素的影响主要有以下三大因素：

1．社会文化

任何一个企业文化都是在社会文化环境中生存和发展的，文化建设必然要服从和接受它所在的环境。文化环境主要包括世界文化因素和民族传统文化因素两个方面：

（1）世界文化因素的影响。企业作为经济活动的主体，不仅直接受到国内经济文化环境因素的影响，而且还要受到国际经济文化环境因素的间接影响。比如，每次世界范围内的科技进步，都会影响到我国的技术发展，进而影响到企业的技术水平；发达国家企业的竞争规范、运作机制的发展变化，必然也会间接地影响到我国企业的竞争环境和运作方式的变化；同样，世界经济文化因素的重大变化，无疑也要间接影响我国企业的发展战略和经营思想。

（2）民族传统文化因素的影响。民族传统文化是一个民族在长期的历史长河中形成的体现自己民族特色的文化。就企业文化建设而言，民族传统文化是培育企业文化的土壤，企业文化是植根于民族传统文化土壤之中的。一般来说，优秀的民族传统文化对企业文化的建设会产生正效应，特别是优秀民族文化与世界优秀文化针对企业的实际相结合，就会形成具有特色的企业文化。比如，中国传统文化中的"货真价实"与世界营销文化中的"顾客第一"结合在一起，便形成了我国企业的市场观念和经营风格。当然，低劣的民族传统文化也会对企业文化建设产生负效应。如传统文化中的宗法观念会导致企业建设中的关系网、派性等问题，形成内耗，压抑人才，影响职工积极性的发挥。因而，必须高度重视民族传统文化的这两种效应的影响，努力扩大正效应，坚决抑制负效应。

2. 社会生产力发展水平的影响

总的来说，社会生产力发展水平对企业文化建设的影响是明显的和直接的。其一要影响企业的技术装备水平和工艺的先进程度，从而直接影响到企业的工作效率和效能；二要影响职工的思想观念和技能水平，进而影响到职工队伍建设的总体水平和企业的整体面貌；三要影响到企业的未来发展，制约企业的发展动力、转换能力和创新潜力。因此，社会生产力发展水平是外在因素中最重要的因素，企业发展的一切都受制和依赖于这一因素的影响。

3. 政治体制

看一个企业的文化特征，就能看出任何一个企业的文化中都体现着一定的政治性，也就是说，政治因素对文化建设存在着普遍影响。在我们国家，企业文化体现国家、集体和个人利益的有机结合，在文化建设过程中，要集中体现全体职工的利益，充分发挥职工的积极性和能动性。当然，任何企业在进行文化建设的过程中都必须遵循科学性、合理性、经济性，在实施过程中要考虑所处的社会环境和当时的政治制度。

（二）企业内部因素的影响

企业内部因素的影响主要是人的因素，即职工素质和企业家素质的影响。

1. 职工素质的影响

如职工队伍的结构是否合理，是反映职工队伍素质的一个很重要的方面。若一线生产职工、管理人员、推销人员、技术人员、研究开发人员等的比例不够合理，对企业的发展影响就会非常大。所以，职工队伍结构的素质状况及其变化是否符合企业发展的需要，对企业文化的建设至关重要。还有职工队伍的年龄构成因素、学历构成因素、技能水平及其构成等，也都会影响到企业文化的建设。因此，没有良好的职工素质就不会形成一流的企业文化。有人讲企业文化就是“人”的文化，道理就在这里。因为职工既是企业文化的创造者和实践者，也是企业文化的接受者和传播者。

2. 企业家素质的影响

企业家是企业文化建设的核心力量和领导者，他们既是本企业的企业文化的倡导者和设计者，也是企业文化实践的组织者和推动者。比如，企业家的精神素质就要影响到企业文化的状态与特征，表现出是开拓进取还是求稳怕事；企业家的能力素质又要影响到他们的思维能力、组织能力和决策能力，进而影响到企业文化的创造能力；企业家的知识素质也要影响到企业文化的知识含量，进而影响到企业文化的创造力。同样，企业家的观念素质也会影响到企业文化建设的质量和实际效能，况且观念本身就是企业文化的重要内容，如市场观念、时间观念、效率观念、竞争观念等。因此，企业家的素质如何对企业文化的建设影响非常大，注重不断提高企业家的素质至关重要。

【知识拓展】

企业文化建设的基本观念

1. 团队理念
2. 团队精神
3. 领导理念
4. 经营服务理念
5. 精细核算理念
6. 质量理念
7. 文明工地“窗口”理念
8. 名人效应理念
9. 科技创新理念
10. 依法治企理念

以上十个理念其具体内容将层层进行征集、评定、归纳。

四、连锁企业文化建设主要目标

（1）确定 MI（理念识别），包括：

1）确定全体职工的价值观。企业价值观是企业文化的核心，决定着企业的命脉，关系着企业的兴衰。现代企业不仅要实现物质价值，还要实现文化价值，要充分认识企业竞争不仅是经济竞争，更是人的竞争、文化的竞争、伦理智慧的竞争。企业的最终目标是服务社会，实现社会价值最大化。

2）确立企业精神。培育有个性的企业精神是加强企业文化建设的核心，培育具有鲜明个性和丰富内涵的企业精神，最大限度地激发职工的内在潜力，是企业文化的首要任务和主要内容。企业精神是指企业广大职工在长期的生产经营活动中逐步形成的，由企业的传统、经历、文化和企业领导人的管理哲学共同孕育的，并经过有意识的概括、总结、提炼而得到确立的思想成果和精神力量，必须是集中体现一个企业独特的、具有鲜明特色的经营思想和个性风格，反映企业的信念和追求，并由企业倡导的一种精神。培养企业精神，要遵循时代性、先进性、激励性、效益性等原则，不仅要反映企业的本质特征，而且要反映出行业的特点和本单位特色，体现出企业的经营理念。

3）确立符合集团实际的企业宗旨是企业生存发展的主要目的和根本追求，它是以企业发展的目标、目的和方向来反映企业价值观的。企业道德是在企业生产经营实践的基础上，基于对社会和对人生的理解得出的评判事物的伦理准则。企业作风是企业全体干部职工在思想上、工作上和生活上表现出来的态度、行为，体现企业的整体素质和对外形象。

（2）确立 VI（视觉识别），统一标识、服装、产品品牌、包装等，实施配套管理。在企业发展中还要以务实的态度不断完善企业视觉识别各要素，做到改进——否定——再改进——再确定。视觉识别系统包含企业标识、旗帜、广告语、服装、信笺、徽章、印刷品统一模式等，以此规范员工的行为礼仪和精神风貌，在社会上建立起企业的高度信任感和良好信誉。

（3）确立 BI（行为识别），主要体现在两个方面，一方面是企业内部对职工的宣传、教育、培训；另一方面是对外经营、社会责任等内容。要通过组织开展一系列活动，将企业确立的经营理念融入到企业的实践中，指导企业和职工行为。

（4）以人为本，树立精干高效的队伍形象，打造精神文化。企业文化实质是“人的文化”，人是生产力中最活跃的因素，人是企业的立足之本，企业职工是企业的主体，建设企业文化就必须以提高人的素质为根本，把着眼点放在人上，分别达到凝聚人心，树立共同理想，规范行动形成良好行为习惯，塑造形象扩大社会知名度的目的。为此要做好建立学习型组织；抓好科学文化知识和专业技能培训；培育卓越的经营管理者，带动企业文化建设；做好思想政治工作等相关工作。

（5）内外并举，塑造品质超群的产品形象，打造物质文化。企业文化建设应与塑造企业形象相统一，实现技术创新，做到持之以恒地进行群众性合理化建议活动，使之具备独特的技术特色和产品特色。教育职工要像爱护自己的眼睛一样爱护企业的品牌声誉，使企业的产品、质量在社会上叫得响、打得硬、占先机，展企业精华。要做到在经营过程中的经营理念和经营战略的统一；做到在实际经营过程中所有职工行为及企业活动的规范化、协调化；做到视觉信息传递的各种形式相统一，为促进企业可持续发展奠定坚实基础。

（6）目标激励，塑造严明和谐的管理形象，打造制度文化。企业管理和文化之间的联系是企业发展的生命线，战略、结构、制度是硬性管理；技能、人员、作风、目标是软性管理。强化管理，要坚持把人放在企业的中心地位，在管理中尊重人、理解人、关心人、爱护人，确立职工主人翁地位，使之积极参与企业管理，尽其责任和义务。强化管理要搞好与现代企业制度、管理创新、市场开拓、实现优质服务等的有机结合。还要修订并完善职业道德准则，强化纪律约束机制，使企业各项规章制度成为干部职工的自觉行为。也要提倡团队精神，成员之间保持良好的人际关系，增强团队凝聚力，有效发挥团队作用。

（7）寓教于文，塑造优美整洁的环境形象，打造行为文化。人改造环境，环境也改造人，因此，要认真分析企业文化发育的环境因素，使有形的和无形的各种有利因素成为企业文化建设的动力源泉。采取强化措施，做到绿化、净化、美化并举，划分区域，责任明确，做到治理整顿并长期保持卫生环境。要开展各种游艺文体活动，做到大型活动制度化，即：体育活动（趣味运动）会、企业文化艺术节等；小型活动经常化，即：利用厂庆、文体活动等形式丰富职工文化生活，赋予各种活动以生命力，强化视觉效应。

五、企业文化建设的基本流程

企业文化建设是一个系统工程，要遵循由浅入深、循序渐进的过程。

（1）建立企业文化实施机构：企业领导人要作为企业文化建设的领导者和推行者。

（2）审视企业内外部状况，明确变革需求，制定切实可行的企业文化体系。

（3）发布并宣传企业文化的内容，采取培训教育的方式，发动企业全体成员学习了解。

（4）组织成员进行讨论，集思广益，在讨论中实现新旧价值观及文化的碰撞及交替，确立并完善企业文化的内涵。

（5）导入企业文化系统：如制定企业文化手册，进行企业形象策划等。

（6）组织全体成员（可分部门）进行文化再培训。对比原有企业制度、企业风气及现象中与企业文化主旨不符合的，加以修改或重新制定有关的企业管理制度。

（7）以企业文化为指导完善企业文化制度层，将企业文化以制度形式确立下来。

具体操作遵循“诊断、设计、强化”三部曲。

1．企业文化的诊断

诊断的方法和原理是：把企业中层以上干部集中起来，把集团的理念逐句念出来，请大家把听到理念后，所想到的能代表这种理念的人物、事件说出来或写出来。如果大部分人都能联想到代表人物或事件，且事件相对集中，就说明企业的文化得到了大家的认同；但是，如果大部分人不能说出或写出代表性的人物或事件，就说明企业文化和企业理念没有得到员工的认同，就更谈不上对员工行为的指导作用。

另外一种诊断方法就是在全体职工范围内进行企业文化的特征分析，根据特征分析给本企业定位，主要有三种类型：病态涣散型、被动防守型和主动建设型。

（1）病态涣散型特征：共同的企业价值观缺失；员工不关心企业成长；开拓进取精神受到压抑；领导形象没有感染力；企业部门之间、成员之间无法良好沟通。

（2）被动防守型特征：按常规出牌，步调较齐；缺少创新意识；满足于现在成绩；员工对企业的依赖较强；应变能力较弱；各部门间互相推脱责任。

（3）主动建设型特征：拥有明确的、富于创新性的价值观；员工自我实现意识较强；企业领导善于开拓进取；企业内部、外部关系通畅；强烈的危机感和风险意识；充满生气、鼓励个人见解。

2．企业文化的提炼与设计

第一步：首先，让企业找 10 位从创业到发展全过程都参加的人，让他们每一个人讲三个故事。

第二步：把重复率最高的故事整理出来，进行初步加工，形成完整的故事。

第三步：找 10 个刚来企业一年左右的员工，最好是大中专学生，把整理好的故事讲给他们听。

第四步：把专家和有关企业领导集中封闭起来，对记录的内容进行研究、加工，从中提炼出使用率最高的代表故事精神的词。这些词经过加工，就是企业精神或企业理念。

第五步：按照提炼出来的反映精神或理念的核心词，重新改编故事，在尊重历史的前提下，进行文学创作，写出集中反映核心词的企业自己的故事。

3．企业文化的强化与培训

首先，对全体员工进行企业文化培训。其次，树立和培养典型人物。再次，以企业文化理念与价值观为导向，制定管理制度。

六、连锁企业文化建设方法

1．晨会、夕会、总结会

晨会、夕会就是在每天的上班前和下班前用若干时间宣讲公司的价值观念。总结会是月度、季度、年度部门和全公司的例会，这些会议应该固定下来，成为公司的制度及公司企业文化的一部分。

2. 思想小结

思想小结就是定期让员工按照企业文化的内容对照自己的行为，自我评判是否达到了企业要求，如果未达到，该如何改进。

3. 张贴宣传企业文化的标语

把企业文化的核心观念写成标语，张贴于企业的显要位置。

【知识拓展】

常用的企业文化标语

1. 态度决定一切，细节决定成败。
2. 态度决定行为，行为培养性格，性格决定命运。
3. 诚信立足，创新致远。
4. 持诚信互利共荣，以厚德载物。
5. 有一分耕耘，就有一分收获。
6. 有您的自觉贡献，才有公司的辉煌。
7. 要想不被淘汰，只有跑在前面。
8. 每天进一步，踏上成功路。
9. 今天工作不努力，明天努力找工作。
10. 一等二看三落空，一想二干三成功。
11. 五湖四海聚一厂，情同手足友谊长。
12. 培育礼仪员工，创造文明团队。
13. 宁可因高目标而脖子硬，也不要为低目标而驼背。
14. 只有勇于承担责任，才能承担更大的责任。
15. 保持环境清洁，做位可爱的人。
16. 爱护公物，珍惜资源，勤俭节约，共同发展。
17. 生活因拼搏而存在，拼搏因生活而永恒。
18. 为自己养成一个好习惯，给别人留下一个好印象。
19. 遵守厂规厂纪，争当优秀员工。
20. 合格的员工从严格遵守开始。
21. 自我提升、良性竞争，相互欣赏、相互支持。
22. 心态正，事业成，不成也成。
23. 事不三思总有败，人能百忍自无忧。
24. 得意时应善待他人，失意时你会需要他们。
25. 立足新起点，开创新局面。
26. 塑造人的品质，建立管理根基。

27. 企业以人为本，员工以厂为荣。
28. 以厂为校，以厂为家；互相学习，互相关怀。
29. 转变观念转变作风，让企业文化生生不息。
30. 和传统的昨天告别，向规范的未来迈进。
31. 企业的成功来自每一位员工的付出。
32. 争做一流员工，共造一流产品，同创一流企业。
33. 要有好的灌溉，才有好的成果。
34. 我们的理念是：没有最好，只有更好。
35. 持续改善是企业文化的精髓。

4. 树先进典型

为员工树立一种形象化的行为标准和观念标志，通过典型员工可形象具体地明白“何为工作积极”“何为工作主动”“何为敬业精神”“何为成本观念”“何为效率高”，从而提升员工的行为。上述的这些行为都是很难量化描述的，只有具体形象才可使员工充分理解。

5. 网站建设

在网站上进行及时的方针、思想、文化宣传。企业网站建设专家米粒文化 CEO 指出，寻找专业的跟企业文化相关的网站建设公司进行网站建设，更符合、更贴近公司的企业文化。

6. 权威宣讲

引入外部的权威人士进行宣讲是一种建设企业文化的好方法。

7. 外出参观学习

外出参观学习也是建设企业文化的好方法，这无疑向广大员工暗示：企业管理当局对员工所提出的要求是有道理的，因为别人已经做到这一点，而我们没有做到这些是因为我们努力不够，我们应该改进工作向别人学习。

8. 故事

有关企业的故事在企业内部流传，会起到企业文化建设的作用。

9. 企业创业、发展史陈列室

陈列一切与企业发展相关的物品。

10. 文体活动

文体活动指唱歌、跳舞、体育比赛、国庆晚会、元旦晚会等，企业可以把企业文化的价值观贯穿其中。

11. 引进新人，引进新文化

引进新的员工，必然会带来些新的文化，新文化与旧文化融合就会形成另一种新文化。

12. 开展互评活动

互评活动是员工对照企业文化要求当众评价同事工作状态，也当众评价自己做得如何，并由同事评价自己做得如何，通过互评运动，摆明矛盾，消除分歧，改正缺点，发扬优点，明辨是非，以优化工作状态。

13. 领导人的榜样作用

在企业文化形成的过程当中，领导人的榜样作用有很大的影响。

14. 创办企业报刊

企业报刊是企业文化建设的重要组成部分，也是企业文化的重要载体。企业报刊更是向企业内部及外部所有与企业相关的公众和顾客宣传企业的窗口。

15. 企业文化培训

企业文化培训是企业文化建设过程中一个非常重要的环节，通过培训能帮助企业全员明确公司的战略、目标，更加系统有效地推行企业文化建设。

本章小结

文化之于企业，它渗透于企业管理活动及其结果的全过程之中，并彰显出以文明取胜的群体竞争意识。企业文化是全新的管理思维与行为，是管理的最高境界，具有极强的时代精神。它以全新的理念，全新的视角，使企业管理得到升华。

企业文化是一个企业共有的价值体系，实质是由物质文化、制度文化和精神文化按照一定的方式和层次结合的有机体。企业文化结构是指企业文化系统内各要素之间的时空顺序、主次地位与结合方式。企业文化结构就是企业文化的构成、形式、层次、内容、类型等的比例关系和位置关系。它表明各个要素如何链接，形成企业文化的整体模式，即企业物质文化、企业行为文化、企业制度文化、企业精神文化形态。企业文化的构成要素有企业宗旨、企业价值理念、企业道德行为准则、企业环境、英雄人物、文化仪式与文化网络、企业精神。

在进行文化建设的时候要考虑到影响连锁企业文化建设的因素：企业的外部环境因素和内部环境因素。以及应遵循的基本原则：以人为本、表里一致、注重个性、重视经济性、继承传统。在建设的过程中要按照既定的建设目标和操作流程来实施。

同步测试

基础训练

一、填空题

1. 四个同心圆结构认为企业文化由______、______、______和______四个层次构成。
2. 企业文化的功能有______功能、______功能、______功能、______功能。
3. 企业文化的原则是______、______、______、______、______。
4. 企业文化的核心是______，而______、______和______则是企业文化的载体。

二、判断题

1. 文化管理是人本管理的最高层次。
2. 企业文化就是老总文化或老板文化。
3. 任何企业都有自己的企业文化。
4. 企业文化是寓于企业员工的一种群体意识。
5. 企业文化是社会文化的亚文化。
6. 企业文化看起来很美，听起来很甜，做起来很难，实际上没用。
7. 企业文化建设主要是为了丰富员工的文化生活。
8. 企业文化既具有稳定性又具有动态性。
9. 企业领导人对企业文化起着十分重要的影响作用。
10. 目前中国企业已普遍形成了有个性特色的企业文化。

三、简述题

1. 简述影响企业文化建设的因素有哪些。
2. 简述企业文化的性质和基本特征。
3. 企业文化建设的基本目标有哪些？
4. 企业文化实施的基本流程有哪些？
5. 企业文化实施应遵循哪些原则？
6. 如何强化企业文化建设？

实训项目

把班级分成几个小组对本城市的连锁企业竞相调研，对照企业文化建设指导方针，结合某一企业，分析其企业文化建设存在的主要问题。书写一份连锁企业文化建设策划案，做成PPT，以小组形式在班上汇报。

案例分析

沃尔玛的企业文化

山姆·沃尔顿为公司制定了三条座右铭：“顾客是老板”“尊重每一个员工”“每天追求卓越”。这也可以说是沃尔玛企业文化的精华。

1. 保证顾客满意

山姆说：“我们的老板只有一个，那就是我们的顾客。是他付给我们每月的薪水，只有他有权解雇上至董事长的每一个人。道理很简单，只要他改变一下购物习惯，换到别家商店买东西就是了。”因此，沃尔玛始终坚持的原则就是：顾客第一，保证顾客满意。山姆一再强调：“在我整个零售业生涯中，我一直遵循一个指导原则，这是个简单的原则，我反复提到的，你大概已经觉得不耐烦了，但我仍打算再强调一下，商品零售成功的秘诀是满足顾客的要求。事实上，如果从顾客的角度出发，会有许多要求：商品品种繁多、质优价廉、提供满意友善和在行的服务、方便的购物时间、免费停车场、愉快的购物环境。当你来到一家比你的期望更好的商店时，你就会喜欢它，反之，如果一家商店给你带来不便或不快，或对你不理不睬时，你就会讨厌它。”

沃尔玛总是不断地了解顾客的需要，设身处地地为顾客着想，最大限度地为顾客提供方便，以其超一流的服务吸引着大批顾客。走进任何一家沃尔玛连锁店，店员立刻就会出现在你面前，笑脸相迎。店内贴有这样的标语：“我们争取做到，每件商品都保证让您满意！”顾客在这里购买的任何商品如果觉得不满意，可以在一个月内退还商店，并获得全部货款。沃尔玛把超一流的服务看成自己至高无上的职责。在很多沃尔玛店内都悬挂着这样的标语：“第一，顾客永远是对的；第二，如果对此有疑义，请参照第一条执行。”这是沃尔玛顾客至上原则的一个生动写照。

沃尔玛的商品结构力求富有变化和特色，以满足顾客的各种喜好。其经营项目繁多，包括食品、玩具、新款服装、化妆用品、家用电器、日用百货、肉类果菜等。这样，消费者在沃尔玛不仅可以享受到舒适、方便的购物环境，而且可以体验“一站式”购物（One-Stop Shopping）的新概念，即在店中一次购齐所有需要货品。

2．天天平价，薄利多销

所有的大型连锁超市都采取低价经营策略。沃尔玛与众不同之处在于，它想尽一切办法从进货渠道、分销方式以及营销费用、行政开支等各方面节省资金，提出了“天天平价、始终如一”的口号，并努力实现价格比其他商号更便宜的承诺。严谨的采购态度，完善的发货系统和先进的存货管理是促成沃尔玛做到成本最低、价格最便宜的关键因素。沃尔顿曾说过，“我们重视每一分钱的价值，因为我们服务的宗旨之一就是帮每一名进店购物的顾客省钱。每当我们省下一元钱，就赢得了顾客的一份信任。”为此，他要求每位采购人员在采购货品时态度要坚决。他告诫说：“你们不是在为商店讨价还价，而是在为顾客讨价还价，我们应该为顾客争取到最好的价钱。”

3．“员工是合伙人”

提出“员工是合伙人”的企业口号并将之具体化为三个计划：利润分享计划、雇员购股计划、损耗奖励计划。1971 年，山姆开始实施第一个计划，保证每个在沃尔玛公司工作了一年以上，以及每年至少工作 1 000 个小时的员工都有资格分享公司利润。山姆运用一个与利润增长相关的公式，把每个够格的员工工资的一定百分比归入这个计划，员工们离开公司时可以取走这个份额，或以现金方式，或以沃尔玛股票方式。雇员购股计划的内容就是让员工通过工资扣除的方式，以低于市值15%的价格购买股票，现在，沃尔玛已有 80%以上的员工借助这两个计划拥有了沃尔玛公司的股票，而其他的 20%员工基本上都是不够资格参与利润分享。损耗奖励计划的目的就是通过与员工共享公司因减少损耗而获得的盈利来控制偷窃的发生。对有效控制损耗的分店进行奖励而不是对损耗大的分店进行处罚，使得沃尔玛的损耗率降至零售业平均水平的一半。

4．快乐轻松的工作氛围

无论是到世界各地的哪一家沃尔玛连锁店，你都会感受到一种强烈的震动。这是沃尔玛精神——勤恳、节俭、活跃、创新的作用。“来一个 W！来一个 M！我们就是沃尔玛！来一个 A！来一个 A！顾客第一沃尔玛！来一个 L！来一个 R！天天平价沃尔玛！我们跺跺脚！来一个 T！沃尔玛，沃尔玛！呼——呼——呼！”沃尔玛的员工总是设法让工作变得有趣，他们经常会作出近似疯狂和愚蠢的行为来吸引顾客和同仁的注意，让顾客和同仁觉得趣味横生。山姆为鼓励分店经理业绩的飞跃，在华尔街上跳草裙舞；公司副董事长曾穿着粉红色裤袜、戴上金色假发，骑着白马在本特维拉闹市区招摇过市。尽管有些人认为沃尔玛有一群疯疯癫癫的人，但了解沃尔玛文化的人会懂得它的用意是鼓励人们打破陈规去努力创新，为了让工作更有趣。这就是山姆的"吹口哨工作"哲学。此外，一年一度的圆月饼竞吃大赛和诗歌朗诵、小朋友钻草寻宝等游戏不仅是一种最好的宣传公司和促销的手段，也拉近了公司与顾客的关系。

每周六的晨间例会也是沃尔玛企业文化的表现。虽说各项事宜特别重要，但形式却是轻松愉快的，在山姆的带领下，大家有时做做健美操，有时唱唱歌，有时干脆喊喊口号，反正怎样高兴就怎样做，只要能活跃气氛，就可以随心所欲地尝试。大家就在随心所欲、活跃的气氛下，轻松地研讨许多严肃的、重要的商业话题，每一个人都兴致勃勃，精神振作，常常还会期待下一件有趣的事会是什么，会不会在自己身上发生。

一位经理说，周六晨会的主要特色在于它的自发性，周六晨会从来就没有专门的议事日程，董事长会在他随身携带的黄色笔记本上潦草地记些会上必须讨论的事，其他的管理人员也会带上自己的记事本。有趣的是，开会前，山姆随便指谁，谁就是这次会议的主持，由于没有预先的固定安排，人们总是带有某种期望，猜测可能发生的事，或者谁可能会有一个令人捧腹大笑的节目。一位公司的管理人员阿尔·迈尔斯就曾经在会上，被山姆多次催逼在众人面前唱《红河谷》，最后在一帮人合唱的帮助下终于过关。阿尔认为，山姆让他在众人面前做自己力不能及的事，主要是提醒他谦虚谨慎。他说：周六晨会令你完全处于一种着迷的状态，不知道会发生什么，这是它的魅力所在。有时候也许会令某人很不好意思，但如果他的工作不够理想，他不会受到当众责罚，可能受到温和的批评，或者某种形式的暗示。周六会议的真正价值在于它的不可预期性。

从周六晨会我们可以看到沃尔玛企业文化的轻松、随意、团结和高效率，这些通俗甚至略显夸张的文化活动，大大增强了管理人员的凝聚力和参与意识，改变了会议在人们心目中枯燥乏味的印象，这就是沃尔玛不同于其他公司的文化特色。

5. 热心公益事业

沃尔玛为了向顾客提供更多的实惠，而尽量缩减广告费用，为此它在促销创意上颇费心思，力争以最少的投入获取最佳的效果。凡是沃尔玛所促销的商品总是能被一抢而空。在促销方式中，沃尔玛特别重视发挥活动行销（Event Marketing）的作用。为了给社区乏味枯燥的生活增添些情趣，制造欢乐气氛，沃尔玛会经常性开展一系列户外大拍卖、乐队和马戏团表演，以吸引顾客前来购物。每年 10 月的第二个星期六，沃尔玛都会在奥尼安塔分店的停车场举行"吃圆月饼"的竞赛活动。这一活动吸引了许多来自其他州的顾客前来参加、观看。新闻媒体的采访报道更提高了该项竞赛以及沃尔玛的知名度。另外，在沃尔玛公司股票上市时，公司领导人曾邀请华尔街的证券分析家和股东们泛舟溪流、露营湖畔。

沃尔玛为了降低成本，一再缩减广告方面的开支，但在各项公益事业的捐赠上，却不吝金钱、广为人善。有付出便有收获，沃尔玛在公益活动上大量的长期投入以及活动本身所具有的独到创意，大大提高了品牌知名度，成功塑造了品牌在广大消费者心目中的卓越形象。

例如，在纳布拉斯加州费尔佰利分店成立了一支"精确购物花车训练队"，并组织参加了当地举行的花车游行活动。所有的队员都穿着沃尔玛的制服，推着花车变换队形，在游行队伍中显得格外引人注目。1968—1978 年，沃尔玛纯收入增长了 600%以上，而在 1987—1997 年，其业绩平均增长速度高达 26%。这一速度在世界大公司中实属罕见，它无疑是全球增长最快的公司之一。而在这一增长过程中，沃尔玛的企业文化起了相当大的作用。竞争对手美国凯马特连锁店创始人哈里·康宁汉这样评论："山姆可以称得上是 20 世纪最伟大的企业家。他所建立起来的沃尔玛企业文化是一切成功的关键，是无人可以比拟的。"

问题：

（1）企业文化的主要构件包括哪些？

（2）创始人山姆·沃尔顿对沃尔玛企业文化起着怎样的作用？

（3）沃尔玛的奇迹取决于沃尔玛的企业文化吗？

（4）企业文化究竟是一种怎样的存在？请结合案例谈谈你的理解。

第三篇
连锁经营的基本业态

第九章　百货店

学习目标

知识目标：

- 掌握连锁百货店的发展与业态特征
- 掌握我国连锁百货店的特点与发展趋势
- 了解购物中心的特征及发展趋势

能力目标：

- 能知道连锁百货店的发展与业态特征
- 熟悉我国百货店的特点
- 知道购物中心的特征及发展趋势

【案例导入】

银泰百货

中国银泰是一家以地产开发、商业零售、产业投资、高档酒店经营等为主的多元化投资集团，1996 年成立于北京，旗下拥有银泰百货（1833.HK）、京投银泰（600683.SH）、科学城（000975.SZ）、鄂武商（000501.SZ）等多家境内外上市企业，业务版图覆盖北京、上海、杭州、宁波、成都、西安、郑州、武汉、长沙、合肥、沈阳、三亚等全国 40 多个城市。

地产业务板块，代表项目有北京银泰中心、北京柏悦酒店、北京王府井吉祥大厦、北京泰悦豪庭、北京雍和家园、上海新天地凯悦酒店、杭州城西都市综合体、杭州银泰海威国际、杭州银泰喜来登酒店、宁波东钱湖别墅及柏悦度假酒店、合肥银泰中心、成都银泰中心等。

商业零售板块，银泰百货集团是以百货零售业为主营业务的百货零售集团，为香港主板上市公司（1833.HK，于 2007 年 3 月 20 日在香港联交所挂牌上市），集团以实现连锁经营、专业化、集约化为目标，结合银泰百货的优势实现管理创新、业态创新，实施品牌战略，形成具备银泰商业文化特色的大型零售企业品牌，已形成百货、购物中心、网上商城（B2C）三大战略布局。

银泰百货集团是一家外资企业，总部位于北京市建国门外大街 2 号北京银泰中心，公司董事长沈国军，为北京浙商协会会长。总裁周明海，是管理学博士。截至 2010 年集团运营近 30 家、筹建十余家大型百货商场和购物中心，遍布北京、武汉、杭州、宁波、温州、西安、金华等城市的商业中心，参控股武汉武商集团（000501.SZ）和杭州百大集团（600865.SH），2009 年银泰百货集团总销售规模近 100 亿元，位列全国商业零售连锁企业前列。其中杭州武林店于 2008、2009 年连续两年单日销售超亿元。2010 年 10 月正式上线的银泰网，是国内消费者的首选时尚 BtoC 购物商城。2010 年 10 月，成功收购国内知名百货连锁企业北京燕莎。

2010 年前 6 个月，银泰百货 21 家门店总销售额为 39.19 亿元人民币，较 2009 年同期的 28.15 亿元增长了 39.2%。2009 年较 2008 年的同期增速为 36%，增速略有上涨。其中 17 家门店的同店销售额增长 17.2%。而 2009 年较 2008 年同期的同店销售增速为 13%。

从 1998 年 11 月 16 日，银泰百货（第一家店——杭州武林店）开幕至今，银泰百货先后获得"浙江省知名商号""中国服务业 500 强""浙江省百强企业""杭州市百强企业""浙江省消费者信得过单位""杭州市商贸特色企业品牌单位""杭州市来杭投资先进企业""杭州市物价信得过单位""杭州市纳税大户""下城区重点骨干企业""工商企业信用评价 AAA 级企业""企业银行资信 AAA 级"等称号，树立了良好的社会形象，具有较高的知名度与美誉度。

产业投资板块，银泰投资了煤炭、煤化工、新能源、有色金属矿产资源等新能源领域，并投资运营北京银泰鸿业高尔夫俱乐部、三亚东锣岛风景区及北京"秀"屋顶花园酒吧、中国杂技团、吉祥戏院等高端休闲娱乐项目。

第一节　百货店的发展与业态特征

一、百货店的定义与设立条件

（一）定义

国家质量监督检验检疫总局、国家标准化管理委员会联合颁布的国家标准《零售业态分类》（GB/T18106－2004）中，将百货店定义为"指在一个建筑物内，经营若干大类商品，实行统一管理，分区销售，满足顾客对时尚商品多样化选择需求的零售业态"。

（二）设立条件

根据城市规模、消费习惯、经济水平等方面的不同，百货店有着不同的定位，相对应的也具有不同的设立条件。通常有以下几种：

1. 高端型百货店的设立条件

高端型百货店即以高端人群为主要目标的百货店。我国高端人群的数量有限，但购买力相当可观；而且，出于种种原因，有相当多的收入有限人群愿意购买超过其经济能力的高端商品，以抬升自己的地位。

设立高端型百货店需具备的条件有：

（1）有驾驭高端品牌的能力。高端品牌的入驻是高端型百货店成功的基础，但高端品牌入驻往往有严格的筛选程序，要考察当地的消费能力、百货店在当地市场的地位、设施硬件条件等多项因素，不是所有企业都具备对高端品牌的吸引力。

（2）有提供高端服务的能力。高端人群数量少，但品牌忠诚度高，对服务的要求更高，需要提供个性化、贵宾式服务，这不仅要求企业具备完善的客户关系管理系统，而且要求企业能够开发出高水平的增值服务项目，并具有高素质的服务团队。

（3）有高标准的硬件设施。高端人群购物重视环境的宽松与舒适，同时建筑的标准与风格也是品质与品位的体现。高标准的硬件设施还包括便捷、充足的停车设施等配套设施。

（4）所处地域有一定规模的高收入阶层。评价一个地区高收入阶层的规模，除了要考虑GDP水平，还要考察基尼系数，基尼系数高的地区，高收入人群的规模也相应较大。同时，流动人群的规模也应当考虑在内。

（5）竞争条件宽松。高端型百货店属于高风险型投资，固定投入很大。如果本地已有成功的奢华型零售设施，而高端购买力规模又有限，需慎重选择是否进入。

2．时尚型百货店的设立条件

时尚型百货店即以引领潮流和时尚为主要定位的百货店。设立时尚型百货店需重点做好以下几点：

（1）引进时尚品牌。通过高知名度的大品牌形成聚集效应，带动整个卖场的销售，做到引进一线时尚品牌树立购物地位，引进个性品牌塑造单店特色，引进畅销品牌形成销售热点，创造自有品牌带来更高利润。

（2）营造卖场氛围。在时尚型百货店中的消费者购物时往往感性远大于理性，冲动型购买占的比例较大。因此应当采用卖场布局、商品陈列等多方面的手段，营造繁华、时尚的消费氛围，使消费者获得购物的乐趣，促进消费。

（3）促销组合创新。时尚型百货店的消费者主要为中等收入人群，以中青年为主。这类消费者对于个性化、新颖的促销方式有着较高的响应度。因此，商家应充分运用多种促销组合策略，并不断推陈出新，使消费者发现需求，唤醒消费者的购物欲望。

3．大众型百货店的设立条件

大众型百货店即以主流生活需求满足为目标的百货店。这种类型的百货店面向的是收入水平中低等的最广大的主流消费群体，这类消费群体通常以理性消费为主，不易被花样繁多的促销所诱导，具有较高的品牌忠诚度。因此设立大众型百货店，应重点做好以下几点：

（1）商品种类丰富多样。大众型百货店的目标消费者通常全家购物，或承担为全家购物的任务，因此希望在百货店中找到各年龄层、各种身份所需的商品，尤其是适合各种体型的服装服饰，这一点与以年轻人为主体的时尚型百货店截然不同。

（2）商品以实用和质量为主。这类消费者重视商品质量、实用价值，这一点既不同于高端型百货店消费者重视档次、身份象征的特点，也不同于时尚型百货店消费者重视设计和潮流的特点。

（3）选择市场接受度高的主流品牌。正是由于这类消费者重视商品质量、实用价值，因此选择商品品牌时，他们会优先考虑其质量、口碑，通常会选择口碑较好，或曾经购买过的品牌。因此一些大众主流化的品牌较受欢迎。另一方面，推出一些质量可靠的自有品牌商品，以百货店自身的品牌信誉为其提供担保，也是一种选择。

（4）价格具有竞争力。由于目标消费者具有很高的价格敏感度，不喜欢被花哨的促销所诱导，希望货真价实和明码实价，因此在价格策略上应当走平实化的线路，以取得消费者的信任。

二、连锁百货店的业态特征

百货店是指在一个大建筑物内，根据不同商品部门设销售区，开展进货、管理、运营，满足顾客对时尚商品多样化选择需求的零售业态。

（1）选址方面，通常建在城市繁华的商业区或流动人口较多的交通枢纽。

（2）店面规模方面，通常面积较大，营业面积在 5 000 平方米以上。

（3）商品结构方面，以经营化妆品、首饰、服装、家庭用品和户外、娱乐用品为主，多为毛利润较高、购买频率较高的商品。

（4）设施方面，店内大多拥有宽敞的营业空间和舒适的购物环境，店外招牌醒目，广场、停车场等配套设施齐全。

（5）销售方式方面，多采取柜台销售或半自选销售方式，定价销售，可以退货，服务功能齐全。

三、连锁百货店与大型综合超市的区别

百货店这一业态在中国已有很长的历史，但新中国成立后，国营百货店一直作为计划经济体制的商品流通主渠道，承担着短缺经济下将生活物资配给机关的职能，其主要任务是“稳定物价”“保障供给”，并不完全具备百货店原有意义上的业态特征。当时这种按部门综合经营的国营百货店叫作百货商场，规模较大的叫作大型商场。由于没有竞争，也没有新的业态出现，这种百货商场几十年来便成了计划经济体制下中国市场中唯一的零售业态。改革开放后，大型国营百货商场开始向规范化的百货店改革，同时新兴建的大型豪华百货店以及外资百货店的进入，使中国的百货店这一业态逐步走向了规范化，进而产生了连锁形式的百货店。然而，随着城市的发展，许多新兴的零售业态使原百货店的顾客大量分流，其中最具代表性的就是大型综合超市。那么，连锁百货店与大型综合超市有哪些区别呢？具体如表 9-1 所示。

表 9-1　连锁百货店与大型综合超市的区别

区　　别	连锁百货店	大型综合超市
选址	在城市繁华区和交通要道上	主要以居民区为主
目标对象	以城市流动人口为主要销售对象	以当地居民为主要销售对象
商品结构	以时尚生活日用品为主	以大众化的食品和日用品为主
售货方式	柜台销售与自选销售相结合	自助售货、集中结算
价格	一般要比大型综合超市定得高	价格较低

四、百货店的发展与创新

世界上最早的百货店是 1862 年在法国巴黎创办的，名称为好市场。1900 年，俄国资本

家在哈尔滨开设了秋林公司，这是中国第一家百货店。百货商店以规模大、品种全、设施好、定时定位、系列服务和明码标价的经营方式，改变了历史上传统的小商贩摆摊设点或走街串巷、讨价还价、一物多价、没有固定时间和地点的经营方式。世界上最大的百货商店是美国的希尔顿百货商店。在中国，百货商店是城镇零售商业的一种重要形式。百货商店的经营范围广泛，商品种类多样，花色品种齐全，兼备专业商店和综合商店的优势，便于顾客广泛挑选，能够满足消费者多方面的购物要求，拥有一定的现代化的管理手段和服务设施，服务质量较高。商店内按商品的类别设置商品部或商品柜，实行专业化经营。随着社会经济的不断发展，百货商店的经营方向和经营内容也在不断地发生变化，呈现出两个新的发展趋势：一是经营内容多样化，除销售商品外，还附设咖啡厅、小吃部、餐饮部、娱乐厅、舞厅、展览厅、停车场、休息室、电话间等多种服务设施；二是经营方式灵活化，除零售外，还兼营批发，并设立各种廉价柜、折扣柜，以满足顾客的多层次需求，提高商店的竞争能力。

新中国成立后，国营百货店一直作为计划经济体制的商品流通主渠道，承担着短缺经济下生活物资配给机关的职能，几十年来一直是计划经济体制下中国市场中唯一的零售业态。改革开放初至 1989 年年底，传统百货商店一直在零售市场占据着绝对的主导地位。1990 年之后，各种零售业态纷纷涌入中国，从而动摇了传统百货商店在零售行业的垄断地位。

随着市场竞争的加剧，到了 20 世纪 90 年代中期，百货店经济效益明显下降，昔日场面火爆的大商厦接二连三停业或改建。据国家内贸局商业经济研究中心的资料显示，中国第一次大商场关门现象集中出现在 1996 年，它们是北京的信特、沈阳的协和、天津的亚细亚和广东国丰 4 家。此后这种势头迅速蔓延，1997 年上半年，上海一百西安店、协和西安店、广州仟村百货相继宣布停业；下半年，北京卡玛商业大厦、亚视商城、万惠双安也步其后尘，陆续关闭。近年来，全国各地的百货商店纷纷转型，借着经济发展和消费观念的变化，各大城市在中心地带建立了各种各样的购物中心，百货商店的发展进入了新的时代。国家实行改革开放以来，国民经济保持了持续、健康、快速发展的良好态势。

第二节　我国百货店的特点与发展趋势

一、我国百货店的特点

近年来，中国百货行业坚持以市场为导向，以消费者为中心，努力借鉴先进的营销理念和发展模式，以打造企业竞争力为核心，科学规划，实施适合企业特色、顺应市场变化的企业发展战略，行业市场竞争力不断增强，行业发展水平显著提高。在发展趋势方面体现出以下几点特征：

（1）业态模式混合化。作为零售中坚的百货店，一直以来不断调整营销模式，不断摸索既能充分发挥企业固有优势，又能迎合消费新主张，适应消费新需要的营销模式。海纳百川，包容发展，采取超市、专业店、专卖店等不同业态组合模式，是众多百货店在深入研究市场基础上进行的战略选择。目前，混合化的业态模式已成为势不可挡的行业潮流。

目前中国百货行业业态模式混合化又有新动向：一是大型百货企业在积极维持百货主力

业态地位的基础上，猛打“购物中心”牌。它们或以主力店姿态挺进，或置入新物业经营，百货零售的市场热潮与商业地产的开发热潮，共同掀起了购物中心的发展高潮。二是针对主力消费群的变化，推出定位全新、面貌全新的子品牌。眼下，有着超前消费理念，热衷并能敏锐感知时尚潮流，注重个性消费，主张张扬自我的 80 后、90 后新生代正逐渐成长为消费主力军。在这种态势下，百货企业要巩固既有市场份额，捍卫行业地位，势必要设法抓住年轻时尚人群。推出品牌全新、面貌全新，定位针对年轻消费群体的子品牌，是基于混合业态模式的全新市场尝试。

（2）企业拓展连锁化。近年来，众多大型零售企业在积极打造企业品牌，努力提升企业管理水平的同时，开始突破单店模式，探索连锁经营，以寻求更大的成长空间。连锁经营对提高市场发展水平，提升行业集中度，强化企业竞争力具有至关重要的意义，已经成为企业寻求发展的必然选择，成为众多零售企业的发展方向和主要发展形式。

（3）企业建设品牌化。百货企业的品牌化建设主要体现在两方面，一是企业形象的品牌化，二是商品组合的品牌化。随着商务部主导的百货店分等定级工作全面深入展开，百货店品牌化建设从硬件到软件有了明确的指标和规范，行业品牌化建设实现了标准化发展。分等定级工作对规范经营行为，提升服务能力，提高企业综合素质，树立企业品牌形象起到了积极作用，全行业的品牌化建设也由此上了一个新台阶。

（4）营销模式精准化。服务模式精准化的精髓是以顾客为中心，依托现代信息技术手段，建立个性化的顾客沟通服务体系，对目标顾客实现点对点、一对一的有针对性的管理和服务，使消费者享受贴心、安心、放心、舒心、省心的购物体验，维护顾客关系，提升顾客价值。多年来，百货行业在创新服务模式的探索中，付出了艰苦努力。很多商家积极利用现代技术手段，从每一个微小细节入手，优化服务流程，提升服务标准，增设服务项目，以精准贴心的服务，赢得顾客忠诚的回报，收到了良好成效。商品定位是企业市场经营定位的体现。面对包罗万象的商品和各种各样的零售业态，百货店需要根据企业定位，瞄准特定的目标顾客，按目标顾客的需求确定相应品类、品牌组合，确保商品品牌、品类、品种与目标顾客的精准对接。

二、我国百货店的发展趋势

在我国，百货店的发展经历了从垄断期发展到顶峰，又在新兴业态和外资企业的共同冲击下迅速衰退，近年来又再次繁荣起来，进入了新一轮的发展阶段的过程，体现出一种螺旋上升的态势。总体来看，我国百货店的未来发展趋势有以下几个方面：

1. 传统百货逐渐向小型购物中心过渡

传统百货公司以货全价廉为优势，来满足顾客基本的消费需求，顾客只能在有限的购物渠道中被动地接受企业提供的各项产品与服务。然而，随着零售行业竞争加剧，顾客购物的可选择范围增大，顾客消费地位发生巨大变化，他们开始主动地选择购物渠道、购物方式。顾客不再满足于仅仅是获得令人满意的商品和服务，而是开始追求在购物过程中的情感体验，“休闲购物”“娱乐购物”等概念也由此产生。新型百货商店不仅仅需要满足顾客购物的需求，还需要满足家庭休闲、社区交往的需要，从而使其成为商业中心的同时也成为顾客的生活中心、休闲中心和交往中心。这就要求传统百货商店不得不增加其他刺激消费并能提供消费者愉悦体验的业种，传统百货商店向小型购物中心过渡的趋势越来越明显。

2．传统百货连锁经营的程度加剧

百货商店的业态特征决定了它的利润在很大程度上依赖于商店或商店网络的经济效应，以及在店铺空间稳步扩大基础上实现的销售增长。许多著名的百货企业在组织制度上，都选择了连锁经营这一先进的组织制度，通过连锁经营的规模化经营、网络化组织和规范化管理，充分发挥连锁经营的规模经济效益。一方面，规模化的经营方式把分散的经营个体组合成统一管理、统一营运的群体，发挥集中采购、统一仓储和配送、整体促销等规模优势；另一方面，网络化组织形式使分散的经营个体实现整体的、全方位的联合，使得连锁企业的差异化战略，通过经营理念、商品结构、目标消费群体、店面环境、服务水平等方面得以全面实现。同时，规范化的管理方法使分散的经营个体执行统一的管理规范和标准，实现了管理的简单化、专业化和标准化。

3．各地各店差异愈加明显

目前，百货商店在竞争中形成的差异化越来越明显。很多知名的百货商店成功的标志就是与众不同，并且能够以这种方式提供独特的价值。这样的竞争方式为顾客提供了更多的选择，同时也为零售市场带来了更多的创新。这种差异化主要体现在两个方面：

（1）商品的差异化。对于百货商店而言，其所出售的商品是顾客选择百货商场的最主要因素。根据市场调查显示，品牌商品对消费者来说似乎越来越重要，但品牌忠诚度却在下降。也就是说，消费者满足于有品牌的产品，而不是一定要一个特定的品牌。因此，对于连锁百货商店而言，商品的选择范围在不断扩大，很多百货店在选择主流品牌的基础上，会增加既能够满足目标顾客需求、又能够和竞争对手形成差异的个性化品牌，从而给顾客提供更大的选择空间。与此同时，进行与市场定位相符的自有品牌的销售，也是形成差异化的有效手段之一。

（2）服务的个性化。如果商品品牌、种类和质量很难体现出差异性，那么差异化战略只能更多地体现在服务的差异上。例如，增加一些方便性服务设施和补充性服务设施，为顾客营造一个典雅、舒适、整洁、安全的购物环境；或者是在商场中适当配置顾客休息椅、咖啡厅、自动取款机、停车场等，使商场集购物、休闲、娱乐于一体；再如提供订货服务、咨询服务、金融服务、包装服务、维修服务、临时幼儿托管服务等，最大限度地满足顾客的愿望与要求。

4．与多种业态的融合程度增加

从连锁百货商店的发展状况来说，业态融合、创新和多业态发展已经成为一种大趋势，连锁百货商店根据目标顾客消费水平和消费观念的变化，综合考虑自身的条件、实力和经验等多种因素，十分深入地在原有百货业态的基础上进行业态的整合和创新。这种融合仍然以百货业态为主，适度引入其他业态为辅，各业态之间实现优势互补，进行科学组合，从而发挥业态之间的协同作用。例如，共享供应商资源、信息资源以及目标顾客群资源等，形成整体的市场定位，产生单一业态所无法形成的综合竞争力，形成一种混合经营的零售业态形式。“百货＋超市”成为了近年来传统百货商店业态改良和发展的趋势。它是在原有的百货业态中引入超市业态，在同一场所，采用同一商号的超市和百货联合经营。这种模式用统一的品牌塑造形象，商品种类配置富有特色，并在营销活动中相互配合。

第三节 购物中心的特征与发展趋势

一、购物中心的概念和特征

（一）购物中心的概念

购物中心是指多种零售店铺、服务设施集中在一个建筑物内或一个区域内，向消费者提供综合性服务的商业集合体。这种商业集合体内通常包含数十个甚至数百个服务场所，业态涵盖大型综合超市、专业店、专卖店、饮食店、杂品店以及娱乐健身休闲场所等。

（二）购物中心的特征

1. 业态及功能

购物中心是多业态多业种的复合，体现“一站式消费”的多功能大型商用物业，一般是一组统一规划的建筑集群，集旅游、购物、休闲、娱乐、饮食等各种商业功能于一体，具有宽阔的购物通道和良好的动线设计，设置充足的来客休息和停车设施，努力做到建筑美学与商业功用的结合。能够集中众多商业资源的商业地产项目，通过业态整合、长期经营，成为城市或更大范围的商业中心场所和物业旺地，实现城市商业主体定位、城市消费文化聚集和地产物业需求的多种价值。

2. 运营方式

购物中心主要通过分租物业的租金收入方式来获利。运营管理的重点是业态组合的配置和租户管理的效果，并以经营租户为主，通过物业、商务的统一管理，为众多商家的分散经营创造统一的购物环境和顾客服务保障体系。

3. 目标顾客

购物中心是物业出租，管理的是商户，经营的是全客层、有潜在购买需求的顾客。商圈较广，客流可以是本地居民，也可以是旅游者，可以来自全国，更可以来自全市。因此，购物中心多以数条步行街或回廊式多层布局，其共享空间不仅要通透各业态的聚集和互动，更要扩展到周边环境。

4. 行业定位

购物中心注重整体氛围、综合体验的效果，餐饮业品种多样，大型、特色餐饮比重大，而娱乐和休闲项目则形成购物中心的主题特色和特定优势的内涵。一般购物、餐饮、娱乐的比例达到 50:32:18，甚至后者更多，通常会有健身、运动、美容、休闲、文化等主题项目进驻。与此同时，购物中心中宽阔的多格局的空间提供了极好的公众展示及商务活动功能，而且因建筑独特往往成为城市标志性建筑，又因内部功能齐全、服务项目多样性、环境美学价值高，而成为观光游览地。

【小资料】

购物中心最早出现在欧美发达国家，约有100年的历史。Shopping Mall是指城市市区购物中心，Shopping Center是指郊区的购物中心。

购物中心的本质特点是统一管理和分散经营的管理方式。管理者对购物中心实行统一的集中管理，购物中心的日常运行、保安、清洁、维修进货和促销活动等都是有组织地进行，公共空间实行统一管理，供所有的零售商与购物者共享。经营者不参与管理，定期向管理者缴纳管理费用，而所有者与管理者不参与经营，租金收入和经营状况并无直接关系。

购物中心在发达国家发展日趋成熟，已经朝着生态化、娱乐个性化等方向发展。日本大阪率先发展生态型购物中心，其中 Namba 工程是独具特色的生态购物中心，建筑面积达到32万平方米。建筑师设计了一个带有自然地貌特点的人造峡谷式的公园式购物中心，该峡谷的植物覆盖在2～8层建筑上面，通过露天的坡道可以从2层逐渐走到8层，从坡道两边可以进入不同层上的商店、餐饮与娱乐场所，并有天桥连接峡谷两端，此绿色方案得到业主与当地政府的喜爱与批准。

20世纪90年代末期，深圳首家MALL购物中心——铜锣湾百货在华强北开业，它是利用工业厂房改建的物业；上海正大广场由泰国正大集团附属公司上海帝泰发展有限公司于2002年投资4.5亿美元兴建，总建筑面积达24万平方米，是当时中国最大的集购物、餐饮、娱乐和休闲于一体的大型购物中心，堪称“现代商业巨型航母”。

我国购物中心发展很快，但是对购物中心精髓理解不深，投资的许多购物中心缺乏精心规划，运作管理方式依旧是传统的百货管理方式，许多购物中心经营失败。

二、购物中心的发展趋势

1．复合化倾向

复合化倾向是指将多种功能有机地组合于一组建筑之内的设计倾向。一方面，20世纪60—70年代，随着西方发达国家经济的高速发展、社会空闲时间的增多，市民消费心理逐渐由单一需求向多元需求转化；另一方面，将多种功能集中于一组建筑之内，有利于土地的高效利用，从而促使商业建筑向功能复合化的方向发展。各种功能的互相协调与促进，构成了大规模、复合化的商业环境。复合型购物中心大多集购物、餐饮、娱乐、健身、办公、居住于一体，有的还包括剧场、会议中心、艺术画廊以及教堂等内容，通常由一个管理机构组织、协调和规划。这类购物中心在设计上往往采用以下处理手法：根据各功能特征进行合理的综合配置，将商业购物与内部交通及公共娱乐休憩部分相对分离，步行商业空间更趋于室内化，在公共部分开发新型而更具磁力的共享空间，巧妙运用高质量的城市公共空间环境。由于这类购物中心能满足顾客的各种需求，因而发展迅速，成为目前最具优势的商业建筑形式之一。

2．追求省时、高效的倾向

当今社会，随着生活节奏的加快，对高效的追求渗透到社会生活的各个方面。在实际生活中，许多顾客往往有很强的购物目的，并表现为有计划的购物行为，即在商店滞留时间相对缩短，由于冲动所造成的购物行为也相应减少。为了适应这种购物模式，出现了一种省时、高效的购物中心，它来源于一站购足（One-stop Shopping）的概念。目前，这种新型购物中心在欧美得到迅速发展。此类购物中心将巨大的专业商品仓库面向公众、货物齐全、价格合理，并备有购物车，让顾客自行挑选，以节约时间。它们没有多余的空间供人们休息，唯一的公共空间就是停车场。其面积通常为 2 万～4 万平方米，包括服务性商品目录店、百货公司、折扣商店、批发俱乐部或一些价格低廉的专营商店。具有这种省时、高效倾向的典型形式是仓储式购物中心。这类购物中心由制造商或批发商直接经营，往往包含有许多批发商店，其优势在于商品的低价售出，或折价处理剩余的商品。一些仓储式购物中心还发展为会员制，是一种竞争力极强的促销方式，因而得以迅速发展。

3．地域化倾向

当前一方面世界科技、经济与文化等各个层面的全球化趋势日益明显；另一方面，民族、传统与地域性的文化也日益受到人们的重视，这是对全球化所作出的反应。两者相互交织，多元互补。这种文化观念在各个领域得到体现，在商业建筑中，也出现了追求地域特色的设计倾向，即在融汇当代建筑创作原则的同时，注重地域色彩的体现。它反映一种地域文化，着眼于传统的内涵，并试图超越传统。

4．个性化倾向

个性化倾向是当前购物中心设计的另一种倾向。这种倾向注重对个性的塑造，追求独特且充满人情味的空间形式。在 20 世纪 50—60 年代，强调共性与规律，流行的是单一的或标准的购物模式，如大空间、长柜台的售货模式。60 年代以后，随着后现代建筑的出现，人们更加注重自身的价值，开始追求个性化，如追求幽默、滑稽、残缺美、原始部落风情，有的甚至强调偶然性和主观随意性等。总之，那些毫无表情的方盒子已失去昔日的魅力，建筑师们纷纷采用个性化的设计，使自己的建筑作品在激烈竞争的市场上占有一席之地。另外，开发者们也对旧购物中心进行装修革新或是变换租赁方式，以适应不断变化的市场需求。

随着近现代科技的运用，购物中心由平面化向立体化和艺术化演进着，组合成一个立体的都市。同时，进一步强化售后服务与维修工作，强化广告宣传，并发展通信邮购、销售代理、上门服务及电视购物、网上购物等推销方式，以增加商品的销售额。而根据社会心理的变化，运用先进的科学技术，创造新颖的商业建筑模式，则是建筑师的责任。

本章小结

百货店是指在一个大建筑物内，根据不同商品部门设销售区，开展进货、管理、运营，满足顾客对时尚商品多样化选择需求的零售业态。近年来，中国百货行业坚持以市场为导向，以消费者为中心，努力借鉴先进的营销理念和发展模式，以打造企业竞争力为核心，科学规划，实施适合企业特色、顺应市场变化的企业发展战略，行业市场竞争力不断增强，行业发展水平显著提高。本章主要介绍了百货店的发展与业态特征、我国连锁百货店的特点与发展趋势以及购物中心的特征及发展趋势。

同步测试

基础训练

一、简答题

1. 简述百货店的定义和设立条件。
2. 简述连锁百货店的业态特征。
3. 简述连锁百货店与大型综合超市的区别。
4. 简述购物中心的特征和发展前景。

二、论述题

1. 分析我国百货店的发展趋势。
2. 举例说明购物中心在中国的发展现状。

案例分析

东南亚的购物中心分别反映了购物中心开发的不同阶段：扎根（菲律宾）、成长（马来西亚）、成熟（新加坡）、再发展（泰国）。购物中心在这4个国家演变的过程，转型的背景，成功与失败的因素，及未来的展望，皆可为台湾及大陆业者提供弥足珍贵的思考方向。

购物中心的开发与永续经营，是一个非常专业而深奥的议题。当业者在决定投资购物中心之前，最重要的是一定要建立缜密的思维架构，洞察并掌握购物中心的历史、现况与将来发展趋势。购物中心在东南亚国家发展的历史，虽然不长，但是在最近 10 年内，却以相当蓬勃的生命力在逐渐茁壮。它们在每一个国家，皆不约而同地走上了类似的成长轨迹。以这个成长的轨迹作为殷鉴，尤其于 1999 年亚洲金融风暴时期，泰国、印度尼西亚、马来西亚、菲律宾购物中心及零售业都遭逢重大冲击，许多购物中心首当其冲，尤其是日本系的公司，许多都倒闭；还有 2003 年席卷全球的 SARS 也给购物中心的发展带来许多重大影响。这些购物中心发展史上重要时期的经验，可以使台湾及大陆的业者掌握正确方向并避免错误。

对于东南亚这4个国家而言，它们相似的成长轨迹，有下列四个共同现象：

1．设置地点：市区或郊区

当一个国家开始发展购物中心时，多数集中在人口众多之首善之区，如菲律宾的马尼拉市、马来西亚之吉隆坡、新加坡的乌节路、泰国的曼谷等，在经过一段时间后，便逐渐向郊区或其他城市发展。其中最主要的原因，一方面是精华地区土地取得不易、城市人口结构改变等；另一方面是大众交通、公路兴建与捷运系统延伸等因素，对于购物中心的设置地点也造成相当影响力。因此在选择购物中心筹建地点时，投资者大都会聘请专业市场顾问公司对相关因素及未来发展进行深入的调查与评估；然后再慎重地决定开发的地点。

2．商场处理方式：卖断或租赁

亚洲，许多业主常用房地产的心态来开发购物中心，亦即卖断的方式来处理。然而这种方式却造成了购物中心生存的最大致命伤。因为购物中心一旦被卖断，则业主失去了控制权，因此也无法掌握进驻店家的性质，业种组合也一阵混乱；很快的消费者就会对这个购物中心失去了与趣。而就购物中心长期发展而言，当商店的形态出现新的类型及走势时，业主无法实时提供其所需的面积、位置或可互相搭配的店面时，是很难吸引到这些精彩的商店进驻。这种现象，常见于新加坡、马来西亚及泰国早期的购物中心。这些实例使用得业者了解掌握经营管理权的重要性：在专业有系统的管理下，不但能吸引优质的零售店进驻，更能针对市场的需求而作机动性的调整。

3．业种组合：空间内容或专业规划

亚洲的购物中心开发商过去常由建筑师来规划商场，却很少请专业顾问公司作一整体的规划。许多业主认为美观的外形即能吸引到客群；但事实上，购物中心的内容扎实与否，才是顾客重复前来的主要原因；而专业的规划则能依据市场的需求及趋势建构出优良的业种组合，这才是购物中心成功与否最主要的关键。新加坡市郊 Tampines Mall 即是一个下过工夫规划的案子，它没有华丽奇特的外观，因为它非常清楚的定位在小区型购物中心的基础上，它在业种组合与互相搭配上的关系处理很好，同时再加上捷运的助力。因此自开幕以来，即生意兴隆。目前在马来西亚及新加坡开发商已明白规划专家的重要性。而这些新形态的购物中心也已一步步的取代早期的购物中心的地位。

4．供应与需求的课题

亚洲许多大城市如曼谷、吉隆坡、新加坡、雅加达，甚至上海、北京在最近几年来掀起了一股兴建大型购物中心的热潮，以每年增加数百万平方英尺购物中心的速度来抢食这块零售市场的大饼。而许多专家对这种一窝蜂的现象均感到忧心忡忡，因为购物中心过剩很可能造成零售业者获利降低，甚至导致巨额亏损。这种现象很可能带动亚洲国家下一波的零售革命（与美国 80 年代末期、90 年代早期的市场类似）：业绩不好的购物中心倒闭，而其他的业者也重组或合并。而之后仍能够屹立不摇的购物中心，必定是经过精心规划，掌握优秀的零售商店组合，随时因应市场需求弹性调整的，并拥有专业经营管理专家辅佐的业者。

问题：

（1）购物中心在中国的发展趋势是怎样的？

（2）建立购物中心要考察的环境因素有哪些？

第十章 超级市场

学习目标

知识目标：

- 掌握超级市场的含义
- 重点掌握超级市场的业态特征与类型
- 了解我国超级市场的发展情况

能力目标：

- 知道超级市场的含义
- 熟悉超级市场的业态特征与类型
- 知道我国超级市场的发展情况

【案例导入】

香港百佳超级市场的管理策略

香港百佳超级市场起步于 20 世纪 70 年代中期，在不到 10 年的时间里，后来居上，一跃而成为香港超级市场的龙头大哥。目前，百佳集团在本土拥有多家连锁分店，占领市场份额的三至四成，并积极将触角伸入台湾、大陆市场，其发展势头令人瞩目，成为亚太地区连锁超级市场中一颗璀璨的明珠。

1．百佳超级市场的机构设置

百佳超级市场在成立之初，即全面引进西方成套的超级市场管理方法，实行高度集中的管理体制，各连锁分号的商品进货、价格制定、广告策划、商品摆设、橱窗设计等均由总部统一管理实施，既节省管理费用，又塑造了整齐划一的企业形象，以向消费者显示它的服务水平和商品品质的一致性。在公司总部，共设有六大部门：

（1）店铺管理部：主要职责为筹划开设新店铺，监管各个店铺的日常业务，包括雇员工作效率、服务态度、店铺的外观及清洁、商品的陈列及补充、费用开支的控制等。

（2）采购部：主要职责是采购本公司所需的所有商品，负责验收及保管，并随时向各连锁分号补充货物，且代理其他公司的商品采购。

（3）市场推广部：全面收集各种市场信息，开展各种有效的广告宣传，研究提出改善公司经营效果的新建议。

(4) 人事及训练部：负责雇聘和培训工作，制定公司奖金福利制度，改善雇员与公司之间的关系。

(5) 保安部：负责商品的运送安全，检查收款计算是否准确，店铺除装有有效的防盗、消防设备外，还派有专门人员进行看守。

(6) 会计部：负责各项业务的财务工作及资料报告。

2．百佳超级市场的内部管理

百佳超级市场的进货管理十分有特色，其下属分店的所有商品均由公司总部的采购部门负责，在全世界范围内寻找优良商品，经过严格筛选和检验后进货，分店按需求向采购部申请，然后在现代化的中央仓库提货。为确保采购适销对路的商品，总公司每年都要制订详细的滚动商品计划，其步骤是首先收集上一年超级市场发展形势、顾客购买频率、购买金额、顾客消费心理和要求资料，然后对过去5年的营业额增长率和发展趋势作出统计，再在销售的10 000多种商品中，找出最受欢迎的品种，在对社会及经济环境变化作出全面分析的基础上确定下一年的商品采购计划。

为了进一步加强公司的内部管理，使总公司领导层能迅速了解基层情况，1991年，百佳投资了1 600万港元购置了一套连接所有分店的计算机系统，于是，哪一分店销售了商品，哪种商品畅销，哪种商品滞销，哪一分店需要补货，补进多少，何时进入超市等，总公司的计算机中心随时可以显示出来。这样不好销的商品会及时淘汰，好销的商品也不会脱销，还可以使各超市的库存商品保持在最低水平，大大节省了管理费用，提高了管理效益。

由于百佳超级市场的进货数量大，且一般都直接从生产厂家进货，故货物成本较低，这就给该公司经常采用特价优惠措施以招揽顾客打下了基础。此外，百佳超级市场货品比较新鲜，质量上乘，且清洁卫生，包装方便，品种繁多，再加上店内陈设清雅，服务快捷，地点适中，因而成了香港居民购物的好去处。

第一节　超级市场的定义与业态特征

一、超级市场的定义

超级市场（Super Market）是采取自选销售方式，以销售生鲜商品、食品、副食品和生活用品为主，满足顾客每日生活需求的零售业态。它是许多国家特别是经济发达国家主要的商业零售组织形式。

20世纪30年代中期以后，超级市场这种零售组织形式由美国逐渐传到了日本和欧洲。在我国，超级市场被引入始于1978年，当时称作自选超市。1983年1月3日，中国第一家超级市场在北京市海淀区开业，那时购买者几乎都是外国人。30年后的今天，人们去超市购物已经成为生活中不可缺少的部分。

二、超级市场的业态特征

1．超级市场规格统一

超级市场的商品均事先以机械化的包装方式，分门别类地按一定的重量和规格包装好，并分别摆放在货架上，明码标价，顾客实行自我服务，可以随意挑选。

2．超级市场广泛使用计算机和其他现代化设备

超级市场广泛使用计算机和其他现代化设备便于管理人员迅速了解销售情况，及时保存、整理和包装商品，自动标价、计价等，因而提高了工作效率，扩大了销售数量。

3．超级市场内的商品品种齐全，挑选方便

人们可以在一个超市内购买到日常生活所需的绝大部分商品，免除了许多麻烦。自动标价、计价、结算效率高，也节省了顾客的时间。而且由于超市的经营效益好，降低了成本，所以商品的价格相对也较低廉，受到广大顾客的欢迎。

【知识拓展】

上海联华超市

1991 年 5 月 27 日，上海联华超市商业公司成立，拉开了上海连锁商业的发展帷幕。1992 年联华超市有连锁门店 7 家，年销售额 1 974 万元。经过 3 年的发展，1995 年联华超市有连锁门店 41 家，年销售额 1.98 亿元。随着我国经济迅速增长，人民生活水平逐渐提高，连锁店经营方式广受消费者欢迎。公司通过合资控股的形式扩大规模，另外在行业内拓展服务功能。到 1997 年公司已经拥有 30 家连锁门店，24 亿元的销售额。1998 年公司进入高速扩张时期。通过多渠道融资，多方式扩张，2001 年公司在全国有 1 300 多家连锁店，利润和销售额分别为 1 200 万美元和 17 亿美元。2005 年，联华超市的总门店数目已经达到 3 609 家，遍布全国 21 个省份以及直辖市，继续保持国内最大零售连锁超市公司的行业领先地位，连续 9 年成为以营业额计中国最大的零售连锁超市。至 2005 年 6 月 30 日，联华超市的总门店已经达到 3 377 家，比 2004 年净增加 254 家，继续保持行业领先地位。据中国连锁协会统计，2008 年联华超市的销售规模超过 500 亿元，连续 12 年排名中国快速消费品连锁企业百强首位。《中国连锁零售企业经营状况分析报告 2012—2013》显示，在 2013 年联华超市依然是中国连锁百强之首。

联华超市通过创业调整和高速扩张两个阶段，以低成本运行和目标管理为核心，在资本运作、市场拓展、技术进步等方面取得了领先优势。公司经营模式逐渐走向标准化和成熟化，成为中国顶尖的零售商，全国连锁超市的领先者。

创业调整阶段：最初门店的建立都是依靠银行贷款及政府贴息，走的是负债经营的发展道路。1995 年联华超市抓住市政府“菜篮子工程”的契机，在上海连锁超市行业中首先引进了生鲜食品经营，其经营业务从超级市场延伸到了便利店，且开辟了生鲜区域并突出了生鲜食品的经营特色。1996 年通过资本投资建立控股合资公司，在原先直营店的基础上不断向其他空间扩张。联华超市成立之初，经营业务主要集中在日常生活必需品上。1997 年在多个省市开发了生鲜食品基地，初步建成了全国采购网，一直积极拓展加盟经营零售网络。2001 年年底联华超市改制，正式组建了联华超市股份有限公司，并引进境外资本 8 000 多万元人民币，吸引了诸如日本三菱商事株式会等国际著名跨国公司参股，同时与法国家乐福合资组建了联家超市，在上海率先开出超市大卖场，在多市成功组建了数个联华控股合资子公司，使其连锁规模迅速扩大。

高速扩张阶段：与南京的长江超市实施资产重组，纳入其拥有的 10 家超市，同时还接受了为民超市的 48 家门店和天天配送公司。2002 年以 1.2 亿元收购了浙江的华商集团，华商属下的网点均纳入了联华华商旗下。2003 年公司以 H 股形式在香港联合交易所有限公司上市，是首家于联交所上市的中国零售连锁超市公司。截至 2005 年年底，便利店门数达到 1 595 家，加盟的便利店门店增加至 714 家。杭州、宁波与北京便利店业务成为继上海、大连后联华集团便利店业务新的盈利城市。在此阶段，联华超市通过资本投资，建立巩固合资子公司，在原先直营店的基础上不断向其他空间扩张，先走向江浙皖地区，然后逐步走向全国，完成全国战略发展结构。

便利店开店速度整体较快，26 个城市 2013 年店铺平均增速为 19.5%，普遍高于百货、大型超市的开店速度。数据显示，温州、呼和浩特和徐州的增速均超过了 50%，其中徐州的增速达到了 100%。

第二节　超级市场的业态类型

随着零售业的快速发展，之前的《零售业态分类》国家标准已无法满足市场发展需求，于是中国连锁经营协会对《零售业态分类》进行修订。超市业态被划分为便利超市、社区超市、综合超市和大型超市，结合日益加快的市场需求变化和激烈的市场竞争，超市的经营业态可划分为以下三种形式。

一、标准超市

标准超市在中国也称为社区超市，是以满足顾客便利性需求为主要目的的零售业态，营业面积一般为 100～200 平方米，它的功能集中了食品店、小百货店、杂货店、粮油店等传统商店各自的单一功能，是采取自选销售方式，以销售食品、生鲜食品、副食品和生活用品为主。

（一）标准超市的特点

（1）选址在居民住宅区、主干线公路边以及车站、医院、娱乐场所、机关、团体、企事业单位所在地。

（2）营业面积在 100～200 平方米左右，营业面积利用率极高。

（3）营业时间一般在 16 小时以上，甚至 24 小时。

（4）商品结构：以速成食品、小包装商品、文具杂志为主，有即时消费性、少容量、应急性等特点。

（5）目标顾客：居民徒步购物 5 分钟可到达，80%顾客为有目的的购物。

标准超市在时间上、空间上及品项上都是对其他业态的一种弥补，随着人们生活水平的提高及生活节奏的加快，有较大的发展空间。它的非生鲜食品类商品是无法与大型公司进行价格竞争的。作为必需商品的生鲜食品是商圈消费者基本生活的组成部分，生鲜食品成为该类店铺的主要商品。店家需以提高生鲜食品的鲜度、加工工艺等手段吸引家庭主妇光顾，并且积极参与或组织各类社区活动，让消费者感到是去邻居家购物，而不是去店里购物。

（二）标准超市的类型

超级市场的业态模式各种各样，绝大多数超级市场的类型都是以价格折扣为导向，这种导向由超级市场经营的商品属性和采取的连锁经营方式所决定，即基本生活所需商品的属性是低价格、高周转，而超级市场连锁经营的方式又使其低价格的销售成为可能。随着市场需求的变化加快，市场竞争日益激烈化，超级市场的业态分化是必然现象，因此，能够更好地抓住顾客，满足不同顾客的特定需要是零售业不得不考虑的首要问题。

1. 传统食品超级市场

超级市场是从传统食品超级市场开始的，并在实现消费者一次性购足商品的需求上迈开了第一步。传统食品超级市场的营业面积一般为 300～500 平方米，其经营的商品种类一般是食品和日用品。其中食品占全部商品的70%左右，但食品中生鲜食品的构成不足30%。它的功能集中了食品商店、杂货商店、小百货商店、粮店、南北货商店等传统商店各自的单一功能，使之综合化。传统食品超级市场的主要目标顾客是家庭主妇，它是传统小商店的取代者，也是超级市场最初的原始模式，20 世纪 80 年代末 90 年代初，中国最早发展起来的 500 平方米左右的超级市场，都属于传统食品超级市场。由于传统食品超级市场仅仅是对传统小商店的替代，其商品经营的综合度不高，无法真正满足一次性购足所需商品是它的最大缺陷，而这种缺陷集中地反映在无法综合地经营生鲜食品上。当新的业态模式如标准食品超级市场和大型综合超级市场纷纷进入市场时，传统食品超级市场就面临着巨大竞争压力而处于劣势。此时，传统食品超级市场具有的唯一优势是距离居民区近，具有购物上的便利性，然而，当便利店的规模发展起来以后，这种便利优势也就让位于便利店了。从世界范围来看，传统食品超级市场的市场空间缩小是最快的，因此，这种超市不可能成为超级市场的主力业态。

2. 标准食品超级市场

标准食品超级市场也称生鲜食品超级市场，其经营面积一般在 1 000 平方米左右，与传统食品超级市场不同的是，它以经营生鲜食品为主。其营业面积的 50%～70%要用来销售生鲜食品，可以说标准食品超级市场实际是在传统食品超级市场的基础上，强化了生鲜食品的经营。因此，它对传统商店是一个内容和形式上较为完整的现代化替代，为超级市场保证消费者基本生活用品的一次性购足创造了最初的、较为完整的条件。标准食品超级市场虽然初步满足了对消费者一次性购足生活必需品的需要，但同样面临着被大型综合超级市场等替代的危险。从中国的情况来看，由于受消费习惯、收入水平、保鲜技术、冷冻技术、农产品加工技术等因素的制约，以标准食品超级市场为发展模式的连锁企业没有一家取得成功，但标准食品超级市场在发展中遇到的这些困难并不影响人们对标准食品超级市场的肯定。超级市场要成功发展是不可能超越生鲜食品超级市场这个阶段的，超级市场经营生鲜食品一直是中国超市界追求的目标。

二、仓储式超市

仓储式超市是以经营生活资料为主的，储销一体，低价销售，提供有限服务的销售业态（其中有的采取会员制，只为会员提供服务），仓储式超市大多采取会员制，设有较大规模的停车场，它的功能主要是实现为小型零售商业、餐饮业和服务业提供商品的配销服务，对法人和个人会员实行低价销售，规范企事业单位集团采购的行为，降低采购成本。仓储超市的兴起和发展，有效弥补了三级批发市场的空缺，提升了小商业和服务业的组织化程度，降低了个人会员的采购成本。仓储式超市区别于其他超市的最大特点是采取了以固定顾客为目标消费者的会员制度。

（一）仓储式超市的特征

（1）选址在城乡结合部，节约了土建的投资，土地的租金一般都比较便宜，这就大大节约了土地成本的投入。但交通便利性强，并有大型停车场。

（2）营业面积大，一般为 10 000 平方米以上，实行现购自运（Cash and Carry）的销售方式，实行用零售的方式从事现代的批发业务——配销，这样既没有批发企业要承担的运输费用，也没有被下游企业或最终客户占用的商品资金。

（3）库架合一，装饰简单，超市使用高仓货架，对下面的超市区域可实行立体式补货，这是一种最快捷的补货方式。

（4）商品结构：主要以食品（有一部分生鲜食品）、日用品、服装衣料、文具、家用电器、汽车用品、室内用品为主。重点在于商品的广度要宽（指商品的种类要多）。

（5）目标顾客：以中小零售商、餐饮业、集团购买和有交通工具的消费者为主。此种店铺大都实行大量销售和大批订货等方式，从而实现廉价销售，实行有限的专业顾客会员制度，这种制度可针对专业顾客的需求提供针对性强的服务。

（6）仓储式超市采用控制毛利率的方法控制价格，以保持自己配销企业的价格形象。一般会员制商店把它们的毛利率控制在 6%～7%，比一般的大型超市的毛利率低了许多，这就给它的顾客留出了较大的加价和利润空间。

（二）仓储式超市的缺点

现在看来，仓储式超市在中国存在的缺点是非常明显的。

（1）中国的批发市场和农贸市场是绝大部分农产品和一部分日用品进行交易的市场，其中存在着许多不规范的市场行为，如假货、无税票等，这会从市场的秩序方面对仓储式超市造成负面的影响。一些批发市场向顾客提供账期和送货上门，直接冲击了仓储式超市的现购自运制度。仓储式超市的这一弱点是中国的市场秩序强加给它的。

（2）仓储式超市的专业顾客会员制度十分不符合中国的国情，大大地限制了顾客的宽度和来店的顾客数，虽然这种状况已有所改变，但这种顾客制度本身是没有考虑到中国消费者对商店极少的忠诚度和极高的游离性的。中国消费者的忠诚度是需要商家长期培养的。

（3）在与大型超市的激烈竞争中，仓储式超市的价格优势并没有体现出“批发”的特点，这是因为它的发展速度没有大卖场快，规模采购优势还没有体现出来。另外，大的品牌商不愿意在价格上随意受到支配，仓储式超市的价格调配空间受到了限制。

（4）仓储式超市的客户开发采取的是服务上门的方式，但顾客的需求实现——配销业务的实现采取的是来店的形式，这种分离的形式使批发的优良传统没有得到继承性的发扬。因为，有一定数量的顾客希望送货上门，或没有交通工具来店大量购买商品。

（5）仓储式超市的高仓货架，使得超市的销售气氛难以进行装饰性的布局和陈列，与其他大型超市相比仓储式超市缺乏活性化的销售气氛。

（三）仓储式商场的优势与经营特点

仓储式商场的经营方式是避开与大型百货商场竞争的焦点，转而搞薄利多销的特色经营。与大型商场和综合百货商场相比较，仓储式商场有其自身的优势和经营特色，主要表现在以下几方面。

1．薄利多销的营销战略

这是仓储式商场的最主要特征。国外仓储式商场的销售价格一般低于市场价格 20%以上，毛利率为 8%左右。低价销售无疑赋予了仓储式商场较强的竞争力，从而吸引了众多的顾客，以较大的营业额赢得较多的利润。在经营过程中，商场刻意创造条件，使经营成本和各项费用最低，通过低成本达到低价格，实现薄利多销的战略。仓储式商场以其廉价特征，招徕顾客，形成自己的经营特色。一般的仓储式商场都是通过以下途径来降低成本和价格的：

一是将商场建在地价便宜的城郊结合部或远离市区，由于地价较低，从而降低了经营成本。

二是商场内外只进行简单装修，利用廉价设施，降低费用。

三是大批从厂家直接进货，省略中间环节，降低进货成本。

四是商品开架陈列，自助式售货，品种多，人员少，并且商品整箱整盒堆放，定量包装，便于顾客批量购买，从而节约大量的人工成本。

五是仓场合一，即把仓库与商场结合起来，节约了仓储费用。

六是一般不做商业广告，而以其营销特色和服务质量吸引消费者。

总之，仓储式商场让消费者真正体验到了实在、优惠、方便，满足了消费者现实的购物消费的需要。仓储式商场这样运行，尽管商品价格低、利润薄，但消费群体大、运转快、购物次数频繁，所以依旧可以有可观的效益。

2．建立与消费者合作的稳定的营销关系

进入 20 世纪 90 年代，面对日益激烈的市场竞争和消费者需求特性的多样化，企业普遍感到为消费者提供满意的产品和服务更加困难，因而传统的企业和消费者的服务与被服务的关系受到挑战，认为企业与消费者可能而且有必要建立形成一种合作关系，这种合作是多方面的，会员制就是其中之一。国外仓储式商场经营大都实行会员制销售方式，即向特定的消费者发放会员卡，一般缴纳少量费用或不缴费用就可入会，会员持卡可以享受信息、商品、价格等方面的优惠，通过这种组织可以稳定基本客源和骨干客源。同时，会员卡制度也是一种价格促销制度。我国因消费者购买心理和习惯与西方消费者不同，所以仓储式商场会员制的采用没有像发达国家和地区那样普遍，但作为一种新型的价格促销制度和建立一种与消费者稳定的购销关系的有效途径，一些商场也在积极寻求能被我国消费者普遍接受的购销制度。

3．实行科学规范的连锁经营管理

仓储式商场兼有百货商场、超级市场和连锁商店的多重功能，集批发、零售于一身，这种商场规模大、投资少、价格低，并且对商品的进、销、存采取了科学规范的计算机控制管理，有利于实现规模经营。作为现代化的大商业，仓储式商场盈利的基本要领就在于规模化和连锁化。规模化可以通过大批量进货，享受厂家给予的价格折扣、数量折扣、优惠条件，

可以低价渗透，从而大幅度节约流动资金，提高资金的周转率。连锁化是通过经营活动中的“八个统一”，把复杂的商品流通活动分解成相对简单的一些环节，实现采购、送货、销售、经营的专业化，以提高经营效率，降低经营成本，实现规模效益。许多仓储式商场采用连锁化经营后，其规模迅速扩大，销售额和利润也较大地攀升，这说明仓储式商场经营方式中蕴涵着连锁化的客观机理。当今一些实力雄厚的仓储式商场，大都通过实行连锁化经营，在一个城市或同一国家的其他地区开设多家分店，通过连锁化提高了规模经济和效益，树立了企业的整体形象，在更大程度上提高了企业的知名度。

4. 精选大众化的畅销日用商品

与大型百货商店比较，仓储式商场经营商品的种类并不很多，但却形成了自身的商品特色。一是从商品大类中筛选出最畅销的大众化日用名牌商品经营，并在经营过程中根据大众消费者需求的变化不断调整，以确保其销售的商品占有较大的市场份额，不断加快商品的流通速度。二是商品质量好。通过从厂家直接进货，严格把好商品质量关，防止假冒伪劣商品混在其间，确保向顾客出售货真价实、质量优良的商品。三是市场上出现的新产品，仓储式商场都要领先于其他商场经营和销售，以满足消费者对新产品的追逐。

三、大型综合超市

大型综合超市是以销售大众化实用品为主，满足顾客一次性购足需求的零售业态。大型综合超市具有两个最基本的要点：一是经营方式的灵活性和经营内容的组合性，它可以根据周边消费者需求的特点、营业区域的面积大小而自由选择门店规模的大小，组合不同的经营内容，实行不同的经营形式；二是经营商品内容的大众化和综合化程度较高，可以适应大部分消费者的购买方式。

（一）大型综合超市的特征

（1）选址在住宅区、城乡结合部或商业密集区。

（2）营业面积在 2 500～6 000 平方米之间，超大型综合超市的营业面积在 6 000～10 000 平方米之间。

（3）商品结构：生鲜食品、衣食用品齐全。重点在商品的深度（指同一商品的规格、等级、品种的多少），大型综合超市的商品线宽度和深度要大于仓储式商场，使得顾客的商品选择性增强。

（4）目标顾客：满足消费者中比率最大的中等收入阶层的消费需求。

（5）设施装饰较仓储式商店好，购物环境更为舒适便利。

（二）大型综合超市的缺点

与其他超市业态一样，大型综合超市也有其缺点，主要表现在：

（1）由于大型综合超市更像是食品超市和百货店的混合体，因此在超市方面价格形象不突出，在百货方面品牌形象也不突出，这为经营带来了一定的难度。

（2）商品线的宽度和深度的“度数”较难控制，这需要品类管理的介入。

（3）营业面积的跨度太大使商品的组合变得困难，也使得统一采购商品的资源共享性下降。

（4）商品组合线的宽和深，使得商品的周转速度下降。

（5）产品的标准化程度低（因为个性化的商品多，如生鲜食品、杂品和百货商品等），对连锁店的规模化发展产生制约的影响。

但大型综合超市的弱点并不是不可以克服的，中国的许多连锁企业在发展大型综合超市方面已经积累了许多经验。

（三）大型综合超市前景广阔

（1）商品有选择性放大的宽度和深度要优于外资大超市，多品种，高品质，适应了消费方式向一次性购足与追求品质方向的发展，也与外资企业实行了差异化经营。

（2）商品的价格带相对宽，价格线相对深，目标顾客面广，与一般大超市的低价定位实行了错位经营，与外资企业低价的形象区别的是清洁明亮的购物环境，较高的商品品质、齐全的品种。

（3）实行中央采购制度下的厂商联销制，实行了低成本运作，高毛利回报。

（4）对以前的传统百货店的改造和发展提供了可能和很大的市场空间，能做到对传统商业资源的合理利用．在中国这样一个地少人多的国家，商业区和住宅区往往是合在一起的，百货商店进不了住宅区，而大型综合超市既能进入住宅区，又能进入商业中心区。

（5）大型综合超市是大型超市中商品品种最齐全的，大型综合超市具有发展配销业务的有利条件。目前大部分大型超市正在建设大型配送中心，意欲将超市的采购体系与其结合形成辐射力强、市场覆盖面大的配销体系，达成非店铺化的销售规模目标。而这一配销体系是将超市管理的输出技术、传统批发的推销技术与现代的商品配送技术相结合的新型的中国式超市化的配销体系。

总之，每一种零售业态都有自己的特点，有其长处，也有其对环境的特殊要求，而且各种业态之间既有一定的竞争关系，又能互相弥补对方的不足，合理布局就能起到优势互补和繁荣市场的作用。只有切实了解各种零售业态的优缺点，广泛地调研，认真分析各类消费者的消费心态和需求，合理布局，才能充分发挥各种业态的长处，以最小的投资取得最大的效益。

【知识拓展】

1号店借区域连锁超市涉足O2O

网上超市开创者1号店开始扩展与线下超市的关系。1号店与山西大型连锁超市卖场美特好达成战略合作协议，后者入驻1号店开设旗舰店，同时开放其105家门店进行配送，1号店则输出整套电子商务解决方案。

据《北京商报》记者了解，1号店美特好旗舰店目前有粮油调味、食品饮料、家居百货等八大类商品，消费者在下单后，即由美特好工作人员配送，目前可以实现隔日达。美特好集团董事长储德群表示，已经成立了近百人的快递公司，届时可以一日三送。同时也可以承担1号店在当地的一些配送。美特好旗下的大卖场、便利店、综合超市、社区店等105家店面已经开放进行末端配送和自提，前期主要覆盖太原市内。目前，美特好已经在系统和库存上与1号店打通，并且在仓库中设立适合电商的“仓中仓”模式。储德群透露，虽然美特好已经是年销售过 60 亿元的企业，但缺乏电商基因，而 1 号店作为网上超市，双方在超市品类的供应链上非常契合，“美特好不再自己做电商平台”。

中国连锁经营协会秘书长裴亮认为，与京东和唐久便利店合作不同的是，美特好的主要业态是中型超市及大卖场，品类已经很丰富了，“1 号店和美特好的合作主要在后端供应链和仓储上，京东和唐久的合作集中在前端扩充品类上”。1 号店董事长于刚认为，传统零售依然在社会零售中占据主导地位，两者的合作为“小步快跑”，初期只是爬坡阶段，之后会深化合作。美特好只是 1 号店 O2O 布局的一个试点，系统整合后将使得供应链得到优化，这种模式将在山西省内和全国范围进行复制。

第三节 我国超级市场的发展展望

一、我国超级市场发展的特征

在成为 WTO 成员以后，我国的超级市场在应对国内竞争的同时，面临着来自沃尔玛、家乐福、麦德龙等国际零售巨头激烈的国际竞争。分析国外超级市场的发展历程，结合我国超级市场的现状，我们可以看出，在全球化的大背景下，我国超市在不断发展的过程中主要有以下几个显著的特点：

1. 业态多元化

目前，我国超市业态类型已经由原来千店一面逐渐分化出许多不同类型，其中包括超级市场、大型综合超市、仓储式超市和便利店。综合型超市的营业面积在 2 000～5 000 平方米之间，主要为特定的居住区顾客服务，目标是成为该地区的“购物第一站点”；大卖场的营业面积在 10 000 平方米以上，实行廉价销售，经营品种齐全，有足够的辅助面积；便利型超市的营业面积一般在 1 000 平方米以下，主要经营食品和日用百货。

此外，我国连锁超市的业态类型不断推陈出新，除以食品、小百货为主的综合性超市外，专业性的超市如家具超市、日杂土产超市、家电超市、计算机超市、建材超市、文化超市等也相继兴起。

预计今后的业态将进一步细分为：以生鲜食品超市作为基本生活满足型的主力业态；以大型综合超市作为消费需求满足型的主力业态；以仓储式超市作为小型商店、集团采购满足型的主力业态；以便利店作为服务满足型的主力业态；以专卖店作为差异化个性需求满足型的主力业态。

2. 经营规模化

随着超市行业的发展，超市的经营规模正呈现上升的趋势。这种上升趋势主要表现在两个方面：一方面连锁超市公司的总体规模急剧上升；另一方面超市的单店面积也在不断扩大。

通过连锁经营发挥规模效益是超市发展制胜的重要秘诀。作为薄利多销的超市更是要突出规模效益，而实现超级市场规模效益的重要途径是积极开展连锁经营。自从特许连锁经营开始被一些大型连锁超市公司采用以来，超市的规模迅速扩大。

随着我国人民生活水平的不断提高，效率高、规模化、购物环境舒适的超级市场正在得到越来越多消费者的青睐，连锁超市已经成为我国零售业的主流业态。

3. 市场定位差别化

在国外，不同形式商店的特点非常鲜明，在价格上体现得尤为明显。便利店、食品超市、家居俱乐部、大卖场的差别也是很明显的，不会相互混淆。凯玛特和沃尔玛都是大卖场，但它们之间很少打价格战，而是通过提供特色鲜明的商品来吸引顾客。

国内很多大型超市正在突破以食品为主的传统格局，经营品种日益多样化，食品结构也比以前更加合理。今后中国超市的发展也会不断明确各种超市业态本身的市场定位，千军万马走独木桥的局面将会远去。市场导向作用在各超市企业将有所加强，成熟的超市企业在进一步拓展经营规模时，将不断细分市场，找准市场定位。在居民区内的连锁超市就要在“鲜”字上多做文章，并不断增添新品，淘汰滞销品，开发绿色商品。便利店空间小，价格上无优势，应在“便”字上下功夫。

4. 自有品牌系列化

建立和发展自有品牌，充分发挥品牌效应是大型连锁超市发展的一个明显的趋势。自有品牌商品目前有两部分：一是自产，二是定牌。自产商品主要是投入小、销量大、周期短的产品。定牌商品发展迅速、潜力大。生产定牌产品的企业可不负责销售、广告，只管以销定产。自有品牌无论淡旺季，都可充分满足市场供应。而且可以利用无形的附加值与形象创造品牌商品，比起同类产品，更能激发购物者的忠诚度，并会使超市的规模化发展呈现出纵向化发展优势，为公司带来更多利润。

在超市竞争日趋白热化的经营环境中，要想达到既能降低进货销售成本，又能为消费者提供满意的商品之目的，开发和经营自有品牌商品无疑是一条有效的途径。自有品牌具有风格独特、价格低廉、统一设计、统一货源、统一价格等优势，可以形成系列产品，一些大型零售商拥有自有品牌的比例已达到20%～25%。

5. 生鲜食品主打化

目前，我国超市的商品结构已经发生了显著变化，生鲜食品经营的比重亦呈逐步上升势头。在上海、北京、武汉、广州、深圳等大中城市，这种趋势已日渐明显。生鲜食品经营成为超市利润的主要来源。生鲜食品是超市中附加值最高的产品，在南方一些超市，生鲜食品的毛利大都在30%左右。

随着人民生活水平的不断提高，消费主体的需求也不断改变，对生鲜食品的需求越来越大，以经营鲜活商品、食品等为主的中型超市业态，将成为提高消费者生活质量的购物好去处，并进一步与大型综合超市和部分餐饮业形成竞争态势。因而，在超市经营中，生鲜食品是超市业发展的一个新生点。

6. 投资主体多元化

超级市场因其较低的壁垒和独特的时空优势吸引了大量投资者，投资主体结构日益呈现多元化趋势。不仅旧体制下一统天下的国有商业进入超市，外资、私营等经济也大规模涌入超市领域，使连锁超市市场充满活力和生气。随着我国零售业开放步伐的加快，外资和私营的超市所占的比重将进一步提高。流通产业结构调整进一步到位和经营资源配置趋向合理化，多种所有制结构、多种经济成分的超市公司将诞生，各种所有制超市经营的竞争将更加激烈。

7．物流配送中心快速发展

随着超市的发展，物流配送中心显得越来越重要，配送中心是企业降低经营成本的重要源泉之一。沃尔玛之所以取得较高利润，并非是它从供货商那里得到了多少优惠政策，它是靠整体运行成本特别低的优势来获利。

超市对配送服务的选择有两种模式：一种是自建配送中心，即超市经营的所有商品全部由自己的配送中心配送，如沃尔玛的物流配送系统；另一种模式是内外配送服务并用，有些企业虽然建立了自己的配送中心，但是也使用第三方的配送服务，一般事关企业秘密的运输由自己做，但是需要专业的配送时，就委托第三方来做，因为第三方物流既专业又节约成本。专业的物流配送中心运用先进的电子技术，将极大地提高超市的运营效率，因此，配送中心的建立和蓬勃发展将是超市发展的一个重要趋势之一。

二、我国超级市场发展的方向和趋势

1．从单一的出售商品向出售服务和消费者附加值过渡

超级市场顾客让渡价值论明确地告诉商家：谁能让消费者用最少的支出、最短的时间、最快的速度、最低的价格在最优质的服务下完成一次快乐的购物，谁便能最大化的占有市场竞争的优势。在商品同质化、价位同价化、促销同样化的竞争阶段，消费者对生活质量的要求越来越高，消费者的整体消费形态已从以往的“物美价廉”“节衣缩食”发展到了今天“个性购物”“健康购物”“快乐购物”以至于“享受购物”“体验购物”“感受购物”的高度。从消费者接到商家 DM 单那一刻起，从消费者的“贵脚盈门”开始，他们便在无时无刻地向商家索取一种时时刻刻的服务和满足。单纯的商品丰满与否、单纯的价格比较、单纯的打折买赠、单纯的会员积分已经无法满足消费者对商家的要求和期望。在这种形势下，超市应该摈弃传统的销售理念，置于“售货”之上着重于售前、售中、售后全方位的销售服务。

2．从价格制胜的竞争观念向集价格、文化、服务、品牌等多种因素的复合型竞争理念过渡

价格之于消费者可以使得超市实现理想中的市场比率和客流客源，之于竞争对手可以有效地增强自身竞争优势，以这种杀伤力极强的价格手段的确可以起到实实在在、看得见摸得着的短期效果。然而，这种效果毕竟只是一种眼前利益，而且市场比率的增大、客流量的加大并非就意味着超市能够在大赚人气的同时大赚钞票。现阶段我国商业发展势头良好：物流配送系统渐趋成形，大物流、大流通的概念已深入人心；以计算机应用和互联网技术发展为基础的电子商务（B2B）正在继纳斯达克指数回升之后，越发彰显成熟的魅力；厂商联合，供应链不断发展，规模生产和规模销售已能够缩减控制成本；健全的营销网络和日臻完善的供销组织已经不是某一家超市企业的独家本事，一系列的现象最终必将使超市里的各种商品统统走上同质化、同价化、同步化的经营阶段。至此，单纯的价格优势荡然无存，集合了文化、价格、服务、传播、附加值等多种销售因素的复合型竞争观念将随着国际超市巨头涌入中国、涌入各大城市，而最终以重新洗牌的名

义在大大小小超市人的脑海里“生根发芽”。

本章小结

超级市场最早产生于1930年的美国纽约。在我国，超级市场被引入始于1978年，当时称作自选超市。超级市场是规模相当大的、成本低、毛利低、销售量大的自我服务的经营机构，其目的是满足顾客对食品和家庭日用品的全部需要。在我国，超级市场是指采取自选方式，以销售食品为主，生鲜品占一定比重，满足人们日常需要的零售店。本章主要介绍了超级市场的含义、超级市场的业态特征与类型以及我国超级市场的发展情况。

同步测试

基础训练

一、简答题

1. 简述超级市场的定义。
2. 简述仓储式超市的特点。
3. 简述我国超级市场的发展趋势。

二、论述题

1. 分析仓储式超市和大型综合超市的区别。
2. 根据我国超级市场的发展趋势分析连锁超市在中国的发展战略。

实训项目

将本班同学分成几个小组，对本市的几家超级市场的选址、商圈、销售方式、商品价格等项目进行调研，写一篇2000字左右的调研报告。

案例分析

华润万家商业模式分析

1．战略目标

华润万家坚持“以小攻大”的战略，将零售作为主业发展，制定了5年时间内，投资50亿，实现营业额500亿，年度利润5个亿的“四个五工程”战略目标。从实现经营结果和建立长期竞争力两个方向，华润万家进一步明确了三个阶段的管理目标：2003—2004年，保持有质量的稳定增长，通过优化和标准化逐步使基本业务系统成熟；2005—2007年，实现“四个五”的经营目标，确立华润万家的核心竞争力；2008—2010年，华润万家的领先地位将体现在业态市场份额和利润最大化、公司价值最大化上，通过核心竞争力保证公司的可持续增长。

华润万家制定了“全国发展、区域领先、多业态协同”的发展战略，形成了华东、华南、华北和香港四大业务发展区域，主营大型综合超市、综合超市、标准超市三种业态。

2．目标客户

华润万家从事的是与百姓生活紧密联系的零售行业，坚持“时尚、品质、贴心、新鲜、低价、便利”的经营理念，主营大卖场、生活超市、便利超市三种业态；同时针对细分市场，华润万家开拓了定位于中高消费市场的Ole超市，以及为满足年轻消费者追求快捷、舒适的时尚生活而精心打造的一种全新形象便利店。华润万家以持续改善消费者生活品质为己任，引领现代与健康的生活方式，多种业态优势互补，为消费者提供高质、超值、安全的商品与服务，最大限度地满足消费者的各种购物需求。

3．收入和利润来源

华润万家业务主要是大卖场、便利超市、生鲜超市、欢乐颂购物中心、Ole超市、VanGO24小时便利店。大卖场包括食品、日用消费品，同时开设药品、服装、化妆品、饰品等中高档品牌商品专柜。便利超市以日常消费品为主，以社区居民为依托，突出便利优势。生鲜超市以生鲜、食品为主，同时为顾客提供多项快捷、便利、亲民的服务。欢乐颂购物中心以所在的区域家庭消费者为主要服务对象，不仅具备日常购物、休闲、餐饮、文化、金融等服务功能，更是迎合了消费者的“快乐消费”心态，增强了购物中心的游乐场所剧场、影院等各种娱乐功能，为消费者带来“一站式消费”和“快乐消费”的双重体验。Ole超市以进口商品为主，通过全新的国际化商品组合，专业化的服务，为现代都市人描绘精致的生活细节。VanGO24小时便利店以快速消费品为主，简洁、时尚、24小时服务。

4．核心能力

万家模式将转型成为“超市市场+生鲜+两个专业模块（家居+服装）”的邻里购物中心模式。毕竟，零售业一直在力求差异化，但在差异化方面，传统百货能否形成竞争力值得商榷。继续坚持优化，只有优化才能带来利润，进而是转型。

问题：

（1）华润万家提出的万家模式成功在哪里？

（2）结合当地大型连锁超市，讨论万家模式是否值得学习并复制？

第十一章　专卖店与专营店

学习目标

知识目标：

- 了解专卖店和专营店的含义和特征
- 掌握专卖店和专营店的设立条件
- 熟悉专卖店和专营店的经营范围
- 重点掌握专卖店和专营店的区别
- 了解我国专卖店和专营店的发展趋势

能力目标：

- 知道专卖店和专营店的含义和特征
- 熟知专卖店和专营店的设立条件
- 能够区分专卖店和专营店
- 知道我国专卖店和专营店的发展趋势

【案例导入】

太阳能热水器专卖店

专卖店是终端销售的重要渠道，是一种强大的终端通路形式，是产品集中销售的场所，是品牌和产品形象展示的场所，是给消费者提供售后服务和购买咨询的场所，在厂家品牌传播、渠道建设、销售控制、终端展示等方面有着其他终端形式无法比拟的优势。

我国太阳能热水器行业经过20多年的发展，整个产业链逐步走向成熟，已经能自主生产从太阳能热水器整机到末端的所有的太阳能热水器产品，其生产规模、研发能力、市场运作、营销模式等在国际上都有一定的知名度和影响力。尤其是太阳能热水器正以每年20%～30%的速度增长，从城市走向农村，在大众消费者当中越来越普及，形成了良好的口碑，这一切与太阳能热水器独特而科学的营销模式是分不开的。太阳能热水器开始在市场推广时，没有自己的专卖店，只能与卫浴、取暖、钢材、配件产品混在一起销售，在外部形象上，属于低档消费品，很难树立起太阳能热水器行业的整体品牌形象，一直有太阳能热水器难登大雅之堂的说法。之后，太阳能热水器作为家电产品，摒弃了这种销售模式，各个厂家在终端建立起了自己的终端卖场——专卖店，做到了产品专卖，有专业讲解、服务等，发挥出专卖店树立品牌形象、产品展示、科学咨询、服务的作用，无形之中提高了太阳能热水器行业品牌的整体形象。目前，专卖店的形式有三种：专卖形象店、概念店和旗舰店。当然，笔者在市场上看到，某些太阳能热水器专卖店还处在杂乱脏的境地，这应该引起经销商的注意。因为这种做法可能在某阶段能赚一时之利，但是长期处在这种境地，则“店”将不“店”也。其实，经销商可能存在一种思想误区，认为只有品牌企业才有品牌的专卖店。此言差矣，在市场上，品牌企业的经销商由于经营不善，专卖店经营时间不长便关门大吉的不在少数。不知名企业的经销商通过自己的经营运作，在当地把专卖店做得顺风顺水的也为数不少。各地形成了太阳能热水器一条街的局面，要想在众多的专卖店脱颖而出，需花费很多的心血。

第一节 专 卖 店

一、专卖店的基本定义

专卖店的定义概括为：专卖店是指那些专门经营销售特定商品的商店，这些商店具有极强的关联度，或者是同一个品牌的商品，或者是一个系列专门的商品。专卖店一般非常讲究店门装饰，给人以精品的感觉。例如，出售具有传统特色的商品，店堂布置突出古典美；出售流行、新潮品，店堂装饰突出现代感。同时，专卖店提供比其他商店更多的服务，诸如消费咨询和建议等。

总之，专卖店具有两个基本要点：一是商品品质都有保证，关联度强；二是一般都实行专业销售。

二、专卖店特征

专卖店从业种店向业态店发展从根本上改变了中国零售业按计划管理需要开设商店的传统模式，开始以消费需求为导向来进行经营管理。具体地讲，从对专卖店整体经营流程的分析可以得出专卖店有如下特征。

1．专卖店的目标顾客特征

专卖店是专门销售某一类、某一种商品或某一个品牌商品的商店，所以它必须对这些商品的目标顾客进行明确的界定，即要明确他们属于哪个消费群或他们拥有哪些特殊的市场需求。专卖店这种明确的目标顾客特征，从某种意义上来说反映了专门的基本特征，它直接影响到专卖店的经营。

2．专卖店的需求特征

专卖店的需求特征是用有限的商品，满足需求无限大或者需求不明确的或需求特殊的顾客的需求。因此，这些有限的商品都是严加选择、正确定价的，从各方面都尽可能保证符合顾客的特别需求。

3．专卖店创造消费潮流的特征

专卖店能在广大的消费者中寻找出自己的目标顾客，能在万花筒般的需求中寻觅到能满足大多数人的某种共同的特殊需求，对这种目标顾客和特殊需求它不但能熟识，还必须利用自己进货渠道的优势，采购那些代表时代潮流的专用商品，通过有意识的概念营销来创造某种消费潮流，并对其进行控制。专卖店的这个特征在商业引导和创造消费潮流中，更具有代表性。

4．专卖店的商品特征

专卖店的商品能赢得顾客的心理，是因为其在某一类商品上做到了品种齐全，在某一种商品上做到了款式多样、花色齐全，在某一品牌的商品上做到了系列化。专卖店的这种商品特征也说明了这样一个事实，与出售相同种类商品的其他商店相比，专卖店中的这些商品要好卖得多，因为它更符合消费者挑选性、专门性和特殊性的需要，而且还能符合顾客对某一品牌的钟爱特点。

5．专卖店的经营特征

专卖店极富个性的经营方式为其业态的又一个特征。如在我国一些大中城市中不断涌现的“韩国料理”店，紫菜包饭是现做的，寿司也是现做的（还可以根据个人口味选择配料），这种现场制作、突出个人口味的经营方式使其生意兴隆，迅速瓜分了街头餐饮的份额。

6．专卖店的服务特征

由于专卖店对目标顾客服务层面的多样性和完全性，专卖店的服务特征呈现出以下两个特点：

（1）营业员对自己所售商品有相当丰富的专业知识，不但要掌握商品的基本性能、功能及顾客的利益所在，还要掌握商品的原料特性、工艺流程、使用与保养要领等。因为光顾专卖店的顾客往往是很挑剔的，营业员如不掌握丰富的商品知识，是无法用具有说服力的言语来引导顾客完成购买的。

（2）在消费者自我保护意识增强和专卖店日益高档化、品牌化和精品化的发展趋势中，专卖店对顾客的服务是成体系化的售前、售中和售后服务。如护肤品专卖店，要向顾客提供个人肤质鉴定和检测、推荐适合顾客个人肤质的单品或套装、指导顾客正确使用产品、提供特殊肤质护理、定期回访顾客使用产品情况等服务。可以说完善成熟的顾问式咨询服务和无顾虑的服务，是专卖店有别于其他零售店的服务特征。

专卖店的这些特征，说明了专卖店是各种零售商店中最讲究经营特色、个性细节和创造力的商店。

三、专卖店的经营范围

专卖店自身的特征决定了它与一般零售商店的不同。它经营的商品种类较少甚至可能很“极端”，它的经营范围也比较单纯。强大的经营能力与丰厚的资金只是必要条件，选择处于“衰退期”的商品，会增加投资失败的风险。选择处于“成长期”的商品，会提高成功的概率，并获得一定的自由度。选择处于“成熟期”的商品，前期投入较大，自由度较低。不同的经营范围，开业准备的时间及资金也大不相同。首先明确经营范围，是决定成败的关键所在。专卖店应在自己的经营范围内组织经营活动，力争形成自己的经营优势，满足目标市场的需要。

专卖店经营范围的确定需注意以下几点：

1．根据专卖店的类型与规模进行确定

专卖店的类型和规模不同，经营范围会有很大差异。就服装专卖店而言，可能有涵盖所有品种的大型服装专卖店，可能有专门出售女性服装的专卖店，也可能有专门针对高收入阶层的奢侈服装专卖店。专卖店的经营范围，以本行业经营的某一大类或者某一小类商品为界限，专业化经营越细，经营商品的种类界限也就越狭窄。

2．根据目标顾客确定

专卖店如果目标顾客定位失误，那将会招致根本性的失败。因此，需要根据商店所处地段的情况，商业圈内的人们的生活条件、爱好以及竞争等，来决定以哪些顾客为主要对象。

3．根据一定的商品流转额确定

专卖店作为一个经济组织，必须讲究经济效益。因此，在确定经营范围时，应当合理确定经营的商品，保证专卖店有一定的商品流转额。

确定经营范围，还应根据专卖店本身的具体条件，发挥专卖店的特长，与经营特色相结合，把重点商品的经营特色作为经营范围的主要内容，保持应有的经营比重，形成企业的特点。

选择经营商品、确定经营范围是一项十分复杂和危险的工作。经营范围是否合理，直接关系着专卖店人财物的合理组织与调度，关系着专卖店的发展。为了在最初阶段尽可能合理地确定经营范围，专卖店管理决策者必须通过各种方式进行细致的调查研究，周密地考虑主客观方面的条件及影响因素，预测市场的发展变化，同时考虑宏观环境，从实际需要与可能出发，实事求是。

四、专卖店门面设计

专卖店的门面无疑就如人的脸面对于人形象的重要性一样，为其形象的突出表现部分。门面设计要求在考虑经营商品和接待顾客特点的情况下，刻意求新，显示个性，力争让顾客产生好印象，也就是说既要有精神上的美感，又要在现实中符合人的要求。

1．专卖店门面设计的目的

现代商店店面设计主要包括以下内容，即立体造型、入口、照明、橱窗、招牌与文字、材质、装饰、绿化、技术以及室外地面与规划。

从设计上看，构成一个完整专卖店门面设计的最终目的是：

（1）效果较好地促销商品顺利获得利润。

（2）引导顾客出入。

（3）提升专卖店形象。

2．专卖店门面设计要点

目前，在中国某些城市规划中，临街门面设计被要求统一字体、统一尺寸、统一高低、统一材质、统一位置、统一颜色等若干个统一，从一定程度上，极大地束缚了专卖店门面的设计风格和美感。

店铺内部是供顾客消费的营业场所，因此做好店内布局设计非常关键。良好的通道设置，能引导顾客按照设计的自然走向，到达卖场的每一个角落，接触所有商品，使卖场空间得到最有效的利用。

店铺通道设计最终应达到两个效果：第一，顾客与商家行动路线的有机结合，使顾客感到商品非常齐全并容易选择，有利于商家工作效率的提高。第二，创造舒适的购物环境。

3. 专卖店门面设计分类

（1）封闭型。这种类型的专卖店，面向大街的一面用橱窗或有色玻璃遮蔽起来，入口尽可能小些。采用这种形式的多是一些经营高档商品的店铺，如珠宝、定制品的专卖店。它突出了经营贵重商品的特点，设计别致，用料精细、豪华，使进入的顾客具有与众不同的优越感，觉得在这样的商店里买东西很自豪。由于该类商店的接待对象为收入较高者，所以橱窗设备等不需要过于突出。要让行人难以看到店堂内部，从而营造一个优雅、安静、神秘、高贵的购物氛围。

【小资料】

V2K 高级服装店

V2K 高级服装店，位于伊斯坦布尔中心的高级购物区，突出的倾斜入口吸引着顾客浏览来自世界各地顶级设计师的服装。一条大型的倾斜圆柱伸展并穿过店内的阁楼，为通往店内的门口创造出令人难忘的空间。同时，侧墙上的网格与灯泡排列成一个口号，成为强有力的标语，并可随时更改，如图 11-1 所示。

图 11-1　V2K 高级服装店

（2）半封闭型。专卖店入口适中，玻璃明亮，使顾客能看清店内，然后被引入店内。经营化妆品、服饰等中高端商品的专卖店多采用这种形式。它们的顾客预先都有购买商品的计划，当看到橱窗陈列时，便会径直走入店内进行选购。由此可见，这种专卖店外观的吸引力是至关重要的。

（3）开放型。专卖店正对大街的一面全部开放，没有橱窗，顾客出入随便，没有任何障碍。在国外，出售食品、水果、蔬菜和小百货等中低档日常用品的商店常采用这种形式。我国南方实行全开放式的商店多，北方较少。

【小资料】

Marco&Mari——儿童服装店

Marco&Mari专卖店选择欧洲古典建筑主题与现代风格混搭而成的拱形装饰。这一创新的设计想法来源于孩子的黏土作品与看似棉花糖的柔和雕刻品。拱形表面的石膏上有着细致的纹理，使人联想到饭后的甜点，给人以一种柔软的感觉，将拱形的硬朗和童装品牌店的可爱结合在一起，如图11-2所示。

图11-2　Marco&Mori——儿童服装店

第二节　专　营　店

一、专营店的定义

专营店一般是指专门经营某一类或者某一种品牌商品的商店，它实际上包括了国家行业标准中的专业店、专营店和家居建材商店。

二、连锁专营店设立的条件

（1）选址多样化，多数店设立在繁华的商业区、商业街或百货商店购物中心内。

（2）营业面积根据经营的品种而定。

（3）商品结构体现专业性和深度性，品种丰富，选择余地大，主营商品占总商品的90%以上。

（4）经营的商品具有自己的品牌和特色。

（5）采用定价销售和开架面售。

（6）销售人员都有丰富的专业知识。

三、连锁专营店的特征

（一）专营店的业态特征

1．专营店需求的针对性

专营店是专门售卖某一类或某一种商品的商店，必须明确这些商品的目标顾客是谁，也就是说要明确这些商品所属的消费层。

2．专营店经营的专业性

专营店经营的专业性包括两个方面：商品种类的专业性和销售服务的专业性。

（1）商品种类的专业性。专营店之所以在市场上能够生存，是因为其在某一类商品上能够做到品类齐全，或能够做到款式多样，花色齐全，赢得消费者的青睐。

（2）商品销售服务的专业性。专营店销售的商品具有一定的附加值，这主要表现在两个方面：一个是营业员对自己销售的商品都具有一定的专业知识；二是专营店对顾客的服务是体系化的售前、售中和售后服务。完善的顾问式咨询和无顾虑服务是专营店的典型特征。

（二）专营店的基本特征

从世界各国专营店发展的经验看，较为成熟的专营店具有以下特点：

1．经营商品“专”

由于“专”，其经营的某类商品品种齐全，技术含量高，能够满足某一市场的特殊需求，专营店的这种优势是其他综合性商店不能比拟的，因此其目标顾客以有目的地选购某类商品的流动顾客为主。

2．服务方式“活”

专营店经营政策的核心是品种政策、差别化政策。采购方式有各店采购、集中采购、集中与各店采购结合等三种方式，比较重视各店的自主权与灵活性，能够提供针对性的服务。在专营店里，每个导购人员都是某类商品经营的行家，他们帮助顾客进行消费设计，根据顾客特点，为他们设计生活，指导消费。

3．规模较“小”

规模较“小”主要指单体规模小。在欧美国家虽然不乏万米以上的大型专营店，但大部分是规模较小且实行连锁经营的专营店，包括廉价型、偏好型、家庭中心型等。专营店过大，商品就难以“专”，也就失去了特色。但家居建材商店因商品品种及经营方式等特点，其规模有扩大化趋势。

4．资本回收期“短”

拥有鲜明特色的专营店对于目标市场具有很强的吸引力，加之单店投资较小，能够在较短的时间内收回投资，不至于长期负债经营。专业化经营的方式又保证了其拥有忠诚度较高的消费群体，因此，专营店的经营风险也就不大。

正因为专营店具有以上特点和优势，因此，它在零售业中占有重要的地位，它既是百货商店、超市等综合性业态形式的补充，也是通过精细化经营，满足消费者更高层次需求的零售业态升级。

【知识拓展】

网上旗舰店与专营店的区别

淘宝商城分三种类型：旗舰店，专卖店和专营店。旗舰店是官方开的，百分百正品，专卖店是官方授权的，类似实体中的专卖店，基本上也是百分百正品，专营店就是专门经营一种类型的产品，比如化妆品，但里面可以卖很多牌子。

四、我国专营店发展存在的问题

从业态发展规律、居民消费结构需求和我国零售业发展情况的实际需求三个角度看，我国专营店具有广泛的发展前景。但由于总体上受生产力发展水平不高和商品流通不够发达等因素的影响，还存在着一些问题和缺陷。主要表现是：

1．行业结构与消费结构需求不协调，专营店的行业结构不尽合理

目前多数专营店集中在服装、家电、装饰材料、汽车配件等领域，与消费者的现实需要有一定程度的脱节。

2．经营水平与需求层次不适应

专营店在商品结构、品牌、质量、服务方式上无法满足消费者需求，有些专营店因此在竞争中被淘汰。

3．发展规模与竞争环境不匹配

专营店在组织的规模上还显得单薄，没有实现规模化、网络化经营，这就不利于与资本雄厚的大商店竞争。

五、我国专营店的发展趋势

专营店的发展没有一成不变的模式，现代专营店与传统专营店有着本质的区别。现代专营店不是以大众化为宗旨设立的，而是针对消费的个性化、差别化而建立的，是个性化消费时代的一种新兴业态。从我国专营店的发展现状来分析，明显地表现出以下几个趋势：

1．个性化趋势

从上述专营店的特点可以看出，专营店具有鲜明的个性：这种个性一方面表现在经营的商品上，批量小，有文化附加值，有些商品还有一定的垄断性；其次表现在服务上，有很强的针对性和亲情感；再次还表现在建筑装潢上，不一味追求“现代”，而是别具一格，具有较强的形象魅力，加上很多专营店引入 CIS（企业形象识别系统），则进一步从视觉上突出了个性。如百年老字号吴裕泰茶庄，通过引入新的 CIS，形成了传统形象与现代品位的完美结合，使自己在同业中拥有了独特的品牌形象。

2．民族化趋势

专营店的个性化再升华一步就是民族化。从我国的专营店，尤其是老字号专营店来看，由表及里，到处都渗透着民族味。专营店的发展趋势不仅简单地体现在个性化上，而且体现

在民族化上。市场经济越发展，百货店、超级市场等越现代化、标准化，专营店却会越来越民族化。民族化是专营店的生命力之所在。

3. 国际化趋势

这个趋势是与民族化趋势联系在一起的。只有民族的，才是世界的；专营店的民族化趋势越明显，其国际化趋势也就越明显。

4. 连锁化趋势

专营店虽有特色，但规模小，仅靠一两个小门店，面对激烈的市场竞争，显然没有优势，因此，专营店的连锁化成为其发展的必然趋势。专营店的连锁化，就其单店来讲，还是以小见长，动辄上万米，搞大兵团作战，肯定不是专营店连锁化的方向。连锁专营店的形式是以特许连锁为主，总部有独具特色的商品、服务或独特的销售技术和方法，能够提供给加盟店铺，在商店标志、店面装潢、内部设计等方面，加盟店铺也与总部保持一致性。连锁专营店在管理中有先进的信息系统和配送系统的支持。

5. 一体化趋势

一体化趋势即工商一体化或产销一体化趋势。虽然专营店中也有相当一部分为纯经销型的，但从趋势上看，产销一体化更有发展前景。已经发展起来的连锁专营店，其产销结合的形式已经突破前店后厂的经营框架，大多数形成了自己的生产加工基地或委托厂家加工生产自有品牌的经营方式。

6. 品牌化趋势

消费者去专营店购物缘于专营店经营的某类特定产品或服务具有多种多样的选择性。所以，专营店往往从企业品牌的内涵和理念出发，通过自有品牌来“强化专业形象”。品牌化的做法在中国的老字号中便有体现，它们通过强调自身品牌的做法，使消费者产生对其专业性的信赖，现代的屈臣氏等专营店更是通过直接推出自有品牌产品对企业品牌进行强化，最终完成顾客对产品的忠诚到对企业的忠诚的转化。

六、专卖店与专营店的比较

专卖店与专营店既有相同点又有不同点，具体比较如表 11-1 所示。

表 11-1　专卖店与专营店的比较

		专营店	专卖店
相同点		(1) 采取定价销售和开架面售 (2) 从业人员必须具备丰富的专业知识，并提供专业知识性服务	
不同点	定义	指经营某一大类商品为主的，并且具备丰富专业知识的销售人员和适当的售后服务，满足消费者对某大类商品的选择需求的零售业态	指专门经营或授权经营制造商品牌，适应消费者对品牌选择需求和中间商品牌的零售业态
	选址	多样化，多数店设在繁华商业区、商店街或百货店、购物中心内	选址在繁华商业区、商店街或百货店、购物中心内
	商品结构	体现专业性、深度性、品种丰富，选择余地大，主营商品占经营商品的 90%	商品结构以著名品牌、大众品牌为主
	商品销售	销售具有量小、质优、高毛利的特点	经营的商品、品牌具有自己的特色
	营业面积	营业面积根据主营商品特点而定	营业面积根据经营商品的特点而定

【知识拓展】

便 利 店

一、便利店的定义与业态特征

便利店，英文简称 CVS（Convenience Store），是一种满足顾客应急性、便利性需求的零售业态。该业态最早起源于美国，继而衍生出两个分支，即传统型便利店与加油站型便利店，前者在日本，中国台湾等亚洲诸国及地区得以发展成熟，后者则在欧美地区较为盛行。

便利店的兴起缘于超市的大型化与郊外化，超市的变化体现在距离、时间、商品、服务等诸多方面：如远离购物者的居住区，需驾车前往；卖场面积巨大，品种繁多的商品消耗了购物者大量的时间和精力；结账时还要忍受“大排长龙”等候之苦。以上种种使得那些想购买少量商品或满足即刻所需的购物者深感不便。于是人们需要一种能够满足便利店购买需求的小超市来填补空白。

1927 年美国得克萨斯州的南方公司首创便利店原型，1946 年日本创造了世界上第一家真正意义上的便利店，并将店铺命名为“7-Eleven”；20 世纪 70 年代初，日本伊藤洋华堂与美国南方公司签订特许协议并在东京丰洲推出 1 号店。此后传统型便利店作为一种独特的商业零售业态，在日本得到了飞速发展，其特点也被发挥到极致。随着石油巨头的介入，便利店在地域分布上更趋分散，加油站型便利店在欧美地区也显出了强大的生命力。

二、便利店的类型

从世界便利店的发展历程来看，通常被划分为两种类型：传统型（Traditional）和加油站型（Petroleum-Based）。

传统型便利店通常位于居民住宅区、学校以及客流量大的繁华地区，营业面积 50～150 平方米不等，营业时间为 15～24 小时，经营品种多为食品、饮料，以即时消费、小容量、应急性为主，80%的顾客是目的性购买，（如 7-Eleven、Circle K）盛行于亚洲的日本、中国台湾。

加油站型便利店通常指以加油站为主体开设的便利店（如 BP、ESSO），在地域广阔且汽车普及的欧美地区发展较为迅猛，2000 年美国加油站型便利店占行业门店总数的 76.1%。

三、便利店具有与超市相区别的四个“便利”业态特征

1. 距离的便利性

便利店与超市相比，在距离上更靠近消费者，一般情况下，步行 5～10 分钟便可到达。

2. 即时的便利性

便利店商品突出的是即时性消费、小容量、急需性等特性。超市的品种通常在 2 000～3 000 种左右，与超市相比，便利店的卖场面积小（50～200 平方米），商品种类少，而且商品陈列简单明了，货架比超市的要低，使顾客能在最短的时间内找到所需的商品。实行进出口同一的服务台收款方式，避免了超市结账排队的现象。据统计，顾客从进入便利店到付款结束平均只需三分钟的时间。

3. 时间的便利性

一般便利店的营业时间为 16～24 小时，全年无休，所以有的学者称便利店为消费者提供了“全天候”式的购物方式。

4. **服务的便利性**

很多便利店将其塑造成社区服务中心，努力为顾客提供多层次的服务，如速递、存取款、发传真、复印、代收公用事业费、代售邮票、代订车票和飞机票、代冲胶卷等。对购物便利的追求是社会发展的大趋势，这就决定了便利店具有强大的生命力和竞争力。

本章小结

专卖店是指那些专门经营销售特定商品的商店，这些商店具有极强的关联度，或者是同一个品牌的商品，或者是一个系列专门的商品。专卖店一般非常讲究店门装饰，给人以精品的感觉。

同步测试

基础训练

一、简答题

1. 什么是专卖店？简述专卖店的特征。
2. 什么是专营店？简述专营店的基本特征。
3. 简述专卖店和专营店设立的条件。

二、论述题

1. 结合实际情况，谈谈我国专卖店和专营店发展过程中存在的问题以及发展趋势。
2. 结合实际情况谈谈专卖店和专业店的区别和联系。

实训项目

把本班学生分成几组，选择本市有影响力的几家专卖店与专营店进行调研，写出 2 000 字左右的调研报告。

案例分析

特步“广种粮”：500 米街上 9 家店

在一条不到 500 米的步行街上经营了 9 家专卖店，从 2001 年创立到 2009 年，特步的资产增加了 100 倍。

特步是陈棣镇最后一个进入体育品牌的企业——中国市场上大概有 70%的体育服装产自陈棣镇。据优瑞国际监测公司（Euro monitor International）报告，目前，特步市场收益跃居本土品牌前三甲，仅次于李宁和安踏。

2009 年 9 月底，湖南卫视播出的“快乐女声”决赛刚刚揭晓，特步国际董事会主席丁水波旋即与天娱公司签订了框架协议，除了签下“快女”5 强当代言人，还要冠名“快女”全国巡演。尽管没有透露具体数字，但是丁水波透露此次花费不菲。湖南是特步的重要市场，也是做得最好的市场。特步正在全国各地复制湖南市场的成功模式。

长沙市黄兴路步行街是一条只有四五百米的商业中心区，在这里，每隔几十米就可以看到一家特步的专卖店，5 年间，丁水波在这条街上开了 9 家店铺。在中国，几乎没有其他运动品牌这样做。实际上，他对每次开店选址都小心翼翼。每一个店铺开业之初，特步都要测验，它会不会分流其他店的顾客。第一个商铺营业额不错，想到开第二个商铺，而当特步在黄兴路上开到第六家店铺的时候，其营业额已经是第一家的几倍，这预示着这个地方还可以接纳更多的店铺。

现在，在同一条街上，竞争对手李宁和安踏，甚至阿迪达斯也不止一家店面了。而以往那些曾经遍布在商业街道上的许多休闲品牌则退出了繁华商业区，取代它们的是更加财大气粗的体育运动品牌。不仅仅是在湖南，蓬勃发展的体育服装产业在全国各地的商业街道都在赛跑开店速度。这些繁华商业街道的租金总是很贵的。特步品牌总监徐雷说，“体育运动品牌都在吞食着休闲品牌的地盘，一个街区容纳几家店面，这已经成为一种全国现象。体育运动品牌正表现出旺盛的生命力。”“当你在形成规模效应的时候，你就开始在吞并其他人的市场份额。”特步国际董事会主席丁水波说。

维持高素质的零售网络，包括店铺选址、门店形象及客户服务，是特步的利器。当特步进入体育产业之时，与已经有数千家店的李宁、安踏相比，丁水波已经没有时间再从头自建店铺。他想到了借别人的力量来“跑马圈地”。

2009 年 9 月 10 日发布的半年报显示，特步旗下零售店总数达 5 869 间，其中特步品牌零售店数目上升至 5 405 间，其他品牌零售店数达 464 间，特步旗舰店达 22 间。特步的全年目标是要于 2009 年底前，净增加约 540 家特步零售店。截至 2009 年 6 月 30 日，特步已经完成了 60%零售店扩充计划。这些店铺绝大多数归属特步国际的经销商和第三方零售商所有。

旗舰店的功能在于增加品牌美誉度，直营店的功能在于为代理商考察市场。“只是考察市场，然后都是交给代理。”丁水波说。特步国际只为旗下柯林和迪士尼品牌各开了一家直营店，主要用于研究和尝试不同店铺设计、陈设，以及进行消费者喜好调查。

2009 年，特步店铺覆盖 31 个省份，委任合计 28 名独家特步品牌分销商及 50 名其他品牌分销商。不经营终端，如何确保所有零售店展示及树立贯彻一致的品牌形象？特步设有统一的营运规则，当中详细规定有关零售店设计及陈列布置的规格，客户服务标准和定价政策，还要定期提供全面的营销指引，视觉商品营销，以及存活管理的培训。

采用实时监察的分销资源系统的特步分销商约占 70%。分销资源系统直接链接分销商的存货及财务系统，实现记录及追踪存货水平、仓库产品走势和零售店的情况，使公司能够更有效地计划和监控市场状况，并优化库存管理。“本集团在各个方面的成功，其中一个重要因素为其一直严守的分销管理系统。”

问题：

（1）特步专卖店在发展过程中的策略是什么？

（2）谈谈我国专卖店在发展过程中存在的问题以及对策。

附　录

附录A　常用术语

零售业常有很多业务术语，一般人可能对这些词会感到比较陌生，以下是对一些常用术语的解释，希望可以为大家解答一些这方面的疑惑。

1．零售业（Retail Industry）：以向消费者销售商品为主，并提供相关服务的行业。

2．零售业态（Retail Formats）：零售企业为满足不同的消费需求进行相应的要素组合而形成的不同经营形态。

3．零售业态分类原则（Classification rules of Retail Formats）：零售业态按零售店铺的特点，如经营方式、商品结构、服务功能，以及选址、商圈、规模、店堂设施、目标顾客和有无固定营业场所进行分类。

4．零售业态分类（Classification of Retail Formats）：按照零售业态分类原则分为食杂店、便利店、折扣店、超市、大型超市、仓储会员店、百货店、专业店、专卖店、家居建材商店、购物中心、厂家直销中心、电视购物、邮购、网上商店、自动售货亭、电话购物等17种零售业态。

零售业态从总体上可以分为有店铺零售业态和无店铺零售业态两类。

5．有店铺零售（Store-based Retailing）：有固定的进行商品陈列和销售所需要的场所和空间，并且消费者的购买行为主要在这一场所内完成的零售业态。

6．食杂店（Traditional Grocery Store）：以香烟、酒、饮料、休闲食品为主，独立、传统的无明显品牌形象的零售业态。

7．便利店（Convenience Store）：满足顾客便利性需求为主要目的的零售业态。

8．折扣店（Discount Store）：店铺装修简单，提供有限服务，商品价格低廉的一种小型超市业态。它往往拥有不到2 000个品种，经营一定数量的自有品牌商品。

9．超市（Supermarket）：开架售货，集中收款，满足社区消费者日常生活需要的零售业态。根据商品结构的不同，可以分为食品超市和综合超市。

10．大型超市（Hypermarket）：实际营业面积在6 000平方米以上，品种齐全，满足顾客一次性购足的零售业态。根据商品结构，可以分为以经营食品为主的大型超市和以经营日用品为主的大型超市。

11．仓储会员店（Warehouse Club）：以会员制为基础，实行储销一体、批零兼营，以提供有限服务和低价格商品为主要特征的零售业态。

12．百货店（Department Store）：在一个建筑物内，经营若干大类商品，实行统一管理，分区销售，满足顾客对时尚商品多样化选择需求的零售业态。

13．专业店（Speciality Store）：以专门经营某一大类商品为主的零售业态。例如，办公用品专业店（Office Supply）、玩具专业店（Toy Stores）、家电专业店（Home Appliance）、药品专业店（Drug Store）、服饰专业店（Apparel Shop）等。

14．专卖店（Exclusive Shop）：以专门经营或被授权经营某一主要品牌商品为主的零售业态。

15．家居建材商店（Home Center）：以专门销售建材、装饰、家居用品为主的零售业态。

16．购物中心（Shopping Center/Shopping Mall）：是指多种零售店铺、服务设施集中在由企业有计划地开发、管理、运营的一个建筑物内或一个区域内，向消费者提供综合性服务的商业集合体。

17．社区购物中心（Community Shopping Center）：是在城市的区域商业中心建立的，面积在 5 万平方米以内的购物中心。

18．市区购物中心（Regional Shopping Center）：是在城市的商业中心建立的，面积在 10 万平方米以内的购物中心。

19．城郊购物中心 （Super-regional Shopping Center）：是在城市的郊区建立的，面积在 10 万平方米以上的购物中心。

20．厂家直销中心（Factory Outlets Center）：由生产商直接设立或委托独立经营者设立，专门经营本企业品牌商品，并且多个企业品牌的营业场所集中在一个区域的零售业态。

21．无店铺零售（Non-store Selling）：不通过店铺销售，由厂家或商家直接将商品递送给消费者的零售业态。

22．电视购物（Television Shopping）：以电视作为向消费者进行商品推介展示的渠道，并取得订单的零售业态。

23．邮购（Mail Order）：以邮寄商品目录为主向消费者进行商品推介展示的渠道，并通过邮寄的方式将商品送达给消费者的零售业态。

24．网上商店（Shop on Network）：通过互联网络进行买卖活动的零售业态。

25．自动售货亭（Vending Machine）：通过售货机进行商品售卖活动的零售业态。

26．电话购物（Tele-Shopping）：主要通过电话完成销售或购买活动的一种零售业态。

27．条码（Bar Code）：条状平行线和中间空白之组合，黏附于产品或集装箱之上，表达有关数据。可以用电子扫描仪读这些数据。广泛应用的有通用产品编码（UPC）—— 为美国和加拿大零售商所广泛应用的一种标准，及更新一些的代码 UCC/EAN-128。

28．店外条码（Out-Store Bar Code）：产品在制造商生产阶段已印在包装上的商品条码，通常由产品的制造商事先提出申请，在产品出厂前印好条码。店外条码适合于大量生产的产品。

29．店内条码（In-Store Bar Code ）：仅供门店自行印贴、店内使用，不能对外流通的条码，适用于无条码或非大量规格化的产品。

30．计算机辅助订货（Computer Assisted Ordering，CAO）：通过使用计算机合成有关产品流转（POS 系统所记录）、影响需求的外部因素（如季节变化）、实际库存水平、产品接收和可以接受的安全贮货水平等方面的信息，为商店订货作准备。这一基于零售系统的技术，在货架存货降至事先确定的水平以下时，自动产生补充订货。这一技术成功的关键有赖于全面的商店库存和精确的 POS 扫描数据。CAO 通常能减少订货方面的成本，提供单品运转和商店这一级别上的库存流转的及时信息。

31．收银机（Point of Sales，POS）：销售信息管理系统，其基本构件是：商品条码、

POS收银台系统、后台计算机。也称为单个收银机。

32．销售点广告（Point of Purchase Advertising，POP）：指超市卖场中能促进销售的广告，也称作销售时点的广告。在零售店内将促销信息，以美工绘制或印刷方式，张贴或悬挂在商品附近或显著之处，吸引顾客注意力并达成刺激销售之目的。

33．电子订货系统（Electronic Ordering System，EOS）：主要功能是运用于商店的订货管理和盘点。基本构件是：价格卡、掌上型终端机、数据机。

34．客单价（Per Customer Transaction）：每一位顾客平均购买商品金额。

（1）客单价=商品平均单价×每一顾客平均购买商品个数

（2）客单价=销售额÷来客数

35．门店行政后勤控制中心（ALC）：Administration 行政+Logistics 后勤+Control 控制。

36．订单号码：用于设定订货顺序，是计算机自动产生的6位数字序号，订单号码前三位为太阳历，后三位为订单顺序号，同一年内不会发生重复号。

37．订单（Order Proposal List，OPL）：系统计算机自动建议订单，它是将每个商品的库存天数、DMS、最低订货条件等各种因素综合之后自动产生的订单。

38．紧急订单（手工订单）：以畅销商品缺货报表、店内促销计划表及门店实际缺货情况为依据所填写的订货申请单。

39．永续订单：采购部门与供应商达成协议在一定时间内送一定商品，一般由门店主管预先将货号、商品名称、规格、数量填在固定格式的订单，这种订单仅限生鲜部使用。

40．总部订单：采购部直接向供应商下的订单，一般用于开业前大进货、新品订货、快讯商品第一次订货、总部统一采购订货、预付款商品订货等。

41．快讯商品广告（Direct Mail）：又称促销彩页，一般用于超市商品促销的宣传手段，通常使用邮递、夹报、人工发放、店内领取等形式送到消费者手中。DM促销是超市最有效的促销手段。

42．并板：把两个或两个以上卡板上的商品，有条理地合并在一个卡板上。

43．拉排面：商品没有全部摆满货架的时候，利用先进先出原则，将商品向前排列，使排面充盈、丰满。

44．垂直陈列：相同属性、相同形状的商品按照从上到下的方式进行陈列，使顾客选购商品一目了然，增强商品陈列的立体感。

45．单品（Stock Keeping Unit，SKU）商品的最小分类。

46．单品管理（SKU Control）：单品管理是通过计算机系统对某一单品的毛利额、进货量、退货量、库存量等，进行销售信息和趋势的分析，掌握某一单品的订货、进货情况的一种管理方法。

47．先进先出（First-In First-Out，FIFO）：按照商品生产日期和进货日期，先进的商品优先补货优先销售，后进的商品后补货后销售。

48．缺货（Out of Stock）：在营运过程中，因门店主管未订货或供应商送货不及时等原因，造成门店商品库存量不足、排面陈列不丰满或空缺。

49．畅销商品（Fast Selling Item）：补货频度和订货频度高，销售量和订货量都大的商品。一般多指ABC分析中的A类商品，即用20%的商品，创80%销售额的商品。

50．滞销商品（Slow Selling Item）：利用POS管理，凡是某种商品在一定的期限内，其销售计划与实际销售之间有较大的差距，即被称为滞销商品。

51．自有品牌（Private Rand）：零售业为建立商品差异化形象而选定某些合适商品，委托制造商加工，并冠以零售企业自身的品牌名称。

52．价格带（Price Zone）：指各个商品品种销售价格的上限与下限之间的范围。

53．孤儿商品：指被顾客遗弃在该商品非正常陈列位置的单个或多个商品。

54．拾孤儿/拾零：捡回顾客遗弃在各角落的孤儿/零星商品。

55．空车扫描：将顾客购物车及购物筐内所有商品全部拿到收银台扫描。

56．端架：货架两端的位置，也是顾客在卖场回游经过频率最高的地方。

57．先进先出：先进的货物先销售，财务上进行成本核算时常用的算法之一。

58．理货：把凌乱的商品整理整齐。

59．堆头：即“促销区”，通常用栈板、铁筐或周转箱堆积而成。

60．码货：堆放商品或摆放商品。

61．换档：相连两期快讯产品的更换。

62．改价：更改商品的零售价或进货价格。

63．价格卡：用于标示商品售价并作定位管理的标牌。

64．栈板：放货的木制卡板，使商品避免直接放在地面上，并利于使用叉车进行搬运商品。

65．补货：理货员将缺货的商品，依照商品各自规定的陈列位置，定时或不定时地将商品补充到货架上去的作业。

66．试吃：对一些促销食品进行现场加工，并让顾客现场品尝。

67．清货：为清理商品余货，进行的降价处理活动。

68．会员卡：会员资格的凭记。

69．稽核：为防止顾客遗漏商品，和收银员收款时发生错误，在其离开时对其所购商品的核对。

70．称重标签：称重商品特用的标签，一般内含商品名称、包装时间、单价、重量、保质期限等。

71．滞销：指商品销售效果不明显或很难卖出的现象。

72．畅销：指商品销售效果好或很易卖出的现象。

73．平销：指商品销售效果不好也不差。

74．报废：由于变质或破包、损坏而不能销售，需按废品处理的商品。

75．消磁：在收银过程中对贴记在商品上的防盗码，进行解除磁性的工作。

76．生鲜耗材：生鲜商品化的主要包装材料，如保鲜膜、连卷袋、托盘、热敏纸、封口胶带、吸水纸等。

77．盘点（Stock-taking）：定期或不定期地对库存商品的清查点数，分为大盘和抽盘。以确实掌握该期间的经营绩效及库存情况。

78．上架：把商品摆放在货架上。

79．促销试品：用来促进销售用的试用（吃）商品。

80．订单号码：向供应商要货的每批订货单的编号。

81. 负库存：账面上的销售量大于账面上的库存量，通常因为计算机输入的错误、丢失、损坏等所致。

82. 动线：指商场的布局，使顾客自然行走、购物的轨迹。良好的动线规划可诱导顾客在店内顺畅地选购商品，避免卖场产生死角，提高卖场坪效。动线设计对超市尤其重要。

83. 坪效：指单位面积的销售额。

84. 米效：指在超市货架上，销售面直线长度上的，每米的销售额。

85. 商品周转率：商品平均销售额除以平均库存额。

86. 特许人（Franchiser），也称盟主或特许总部，指将特许权授予出去的主体，亦即在特许经营活动中，将自己所拥有的商标、商号、产品、专利和专有技术、经营模式及其他营业标志授予受许人使用的事业单位，通常为法人。

87. 受许人（Franchisee），亦称为加盟商、分店、被特许人等，指加盟某一特许经营体系的独立法人或自然人，亦即在特许经营活动中，通过付出一定的费用来获得其他商业单位的商标、商号、产品、专利和专有技术、经营模式及其他营业标志一定期限使用权的自然人或法人。

88. 特许权（Franchise）：特许人所拥有的商标、商号、CIS 系统、专利、经营诀窍、经营模式等无形资产，以及有形产品、无形服务等。

89. 加盟金（Initial Fee）：特许人将特许经营权授予受许人时所收取的一次性费用。它体现的是特许人所拥有的品牌、专利、经营技术诀窍、经营模式、商誉等无形资产的价值。

90. 特许权使用费（Royalty Fee）：又称权益金、管理费等，受许人在经营过程中按一定的标准或比例向特许人定期支付的费用。它体现的是特许人在被特许人的经营活动中所拥有的权益。

91. 加盟申请人：指向特许人递交加盟申请的企业或个人。

92. 加盟意向书：在签订正式的特许加盟合同之前，加盟申请人和特许人之间签订的合作意向；加盟意向书签订后双方进入谈判的实质性阶段。

93. 准受许人（加盟商）：指已与特许人签订了加盟意向书的加盟申请人。

94. 市场推广及广告基金：特许人按受许人（加盟商）营业额的一定比例向受许人（加盟商）收取的全国广告基金，该基金由特许人统一管理，受许人（加盟商）使用该基金时向特许人提出申请，由特许人审批。

95. 保证金：特许人向受许人（加盟商）收取的履约保证金，用于在受许人（加盟商）不及时支付应向特许人支付的款项时的补偿。

96. 库区/柜组：指该商品在商场的具体区域。

97. 商品标志：对商品起一个监督进货标志，可设为新品、暂购品、滞销品等，如是暂购品系统将自动控制其进货的操作。

98. 前台限制：包括前台是否允许议价与是否允许存在小数。

99. 零售价：销售商品使用的价格。

100. 会员价：一般会员使用的结算价格。

101. 金卡价：金卡会员使用的结算价格。

102. 助记码：顾名思义即为帮助记忆的编码。不同商品助记码最好不要重复，可省略不填。

103．库存上下限、最佳：这关系到库存异常报警设置，须按实际情况填写。

104．最低售价：如不填此项目，实际销售时最低价审批控制将不起作用。

105．是否为暂滞品：暂滞品为查看库存时不显示的商品。它有库存但实际进出很少。

106．出入库忽略库存增减：指忽略某些特殊商品出入库存情况，如劳力商品、返利、柜台承包商品等。

107．特价商品：商家的一种促销方式，就是商家将商品定个一口价，不能讲价，不能参与其他优惠活动，有时甚至不提供“三包”售后服务。

108．电子秤商品：某些称重量的商品，如西瓜、肉类等。（注：系统自动默认称重商品为生鲜商品）

109．安全库存天数：即为库存可支持销售的安全天数，如某商品保存 3 天销售量的库存为安全库存。

110．采购在途天数：指供应商送货到商品入库的时间，该指标对自动订货产生影响。

111．自动拷贝上条数据：增加商品时自动继承上条商品数据，减少工作量。

112．商品库存周期：商品平均库存额除以平均销售额，以日计算。超市一般用商品库存周期，来控制资金的使用率，加强商品销售时间的控制。

113．商场设施系统：主要是指商品在商场流通过程中，所需要的机器和设备。主要包括：支架道具、货柜、货架、冷冻柜、雪库、购物手推车、提篮、封口机、收银机、播音机、自动扶手梯、载货电梯、商场监视器、闭路电视、清洁机具（包括磨盘机、吸湿机、干风机）、打码机、条码机、计算机终端机、各个部门计算机、计量器具、流动售货器具、活动广告机具、防火防盗器具、空调系统等。

114．商场环境保护卫生系统：主要包括空调、通风设备、冷冻贮藏设备、空气调节设备及其装置。例如，防尘、防风、防水、防虫蚁、防鼠、防潮、清洁卫生力度投入。其指数标准必须符合国家标准。商场各条通道必须按预测客流量而设置其宽度，让顾客在挑选商品时有足够空间和安全位置。

115．商场建设效益的计算方法：建设后期利润=建设前同期利润/建设费用。

116．条码：系统支持双条码，一般使用条码一，生鲜商品的条码默认为条码二。

117．订货价：订购商品价格，采购订单使用此价格。

118．保质天数：商品（特别指食品）的保质天数。

119．单位换算：基本单位与包装单位的比例关系，如一条烟有 10 包。

120．主供货商：指该商品的主要供应商，设置该项不影响从其他供应商处进货。

附录 B　商业特许经营备案管理办法

中华人民共和国商务部令

2011 年第 5 号

修订后的《商业特许经营备案管理办法》已经 2011 年 11 月 7 日商务部第 56 次部务会

议审议通过，现予发布，自 2012 年 2 月 1 日起施行。《商业特许经营备案管理办法》（商务部 2007 年第 15 号令）同时废止。

部　长：陈德铭

2011 年 12 月 12 日

商业特许经营备案管理办法

第一条　为加强对商业特许经营活动的管理，规范特许经营市场秩序，根据《商业特许经营管理条例》（以下简称《条例》）的有关规定，制定本办法。

第二条　在中华人民共和国境内（以下简称中国境内）从事商业特许经营活动，适用本办法。

第三条　商务部及省、自治区、直辖市人民政府商务主管部门是商业特许经营的备案机关。在省、自治区、直辖市范围内从事商业特许经营活动的，向特许人所在地省、自治区、直辖市人民政府商务主管部门备案；跨省、自治区、直辖市范围从事特许经营活动的，向商务部备案。

商业特许经营实行全国联网备案。符合《条例》规定的特许人，依据本办法规定通过商务部设立的商业特许经营信息管理系统进行备案。

第四条　商务部可以根据有关规定，将跨省、自治区、直辖市范围从事商业特许经营的备案工作委托有关省、自治区、直辖市人民政府商务主管部门完成。受委托的省、自治区、直辖市人民政府商务主管部门应当自行完成备案工作，不得再委托其他任何组织和个人备案。

受委托的省、自治区、直辖市人民政府商务主管部门未依法行使备案职责的，商务部可以直接受理特许人的备案申请。

第五条　任何单位或者个人对违反本办法规定的行为，有权向商务主管部门举报，商务主管部门应当依法处理。

第六条　申请备案的特许人应当向备案机关提交以下材料：

（一）商业特许经营基本情况。

（二）中国境内全部被特许人的店铺分布情况。

（三）特许人的市场计划书。

（四）企业法人营业执照或其他主体资格证明。

（五）与特许经营活动相关的商标权、专利权及其他经营资源的注册证书。

（六）符合《条例》第七条第二款规定的证明文件。

在 2007 年 5 月 1 日前已经从事特许经营活动的特许人在提交申请商业特许经营备案材料时不适用于上款的规定。

（七）与中国境内的被特许人订立的第一份特许经营合同。

（八）特许经营合同样本。

（九）特许经营操作手册的目录（须注明每一章节的页数和手册的总页数，对于在特许系统内部网络上提供此类手册的，须提供估计的打印页数）。

（十）国家法律法规规定经批准方可开展特许经营的产品和服务，须提交相关主管部门的批准文件。

外商投资企业应当提交《外商投资企业批准证书》，《外商投资企业批准证书》经营范围中应当包括“以特许经营方式从事商业活动”项目。

（十一）经法定代表人签字盖章的特许人承诺。

（十二）备案机关认为应当提交的其他资料。

以上文件在中华人民共和国境外形成的，需经所在国公证机关公证（附中文译本），并经中华人民共和国驻所在国使领馆认证，或者履行中华人民共和国与所在国订立的有关条约中规定的证明手续。在香港、澳门、台湾地区形成的，应当履行相关的证明手续。

第七条 特许人应当在与中国境内的被特许人首次订立特许经营合同之日起 15 日内向备案机关申请备案。

第八条 特许人的以下备案信息有变化的，应当自变化之日起 30 日内向备案机关申请变更：

（一）特许人的工商登记信息。

（二）经营资源信息。

（三）中国境内全部被特许人的店铺分布情况。

第九条 特许人应当在每年 3 月 31 日前将其上一年度订立、撤销、终止、续签的特许经营合同情况向备案机关报告。

第十条 特许人应认真填写所有备案事项的信息，并确保所填写内容真实、准确和完整。

第十一条 备案机关应当自收到特许人提交的符合本办法第六条规定的文件、资料之日起 10 日内予以备案，并在商业特许经营信息管理系统予以公告。

特许人提交的文件、资料不完备的，备案机关可以要求其在 7 日内补充提交文件、资料。备案机关在特许人材料补充齐全之日起 10 日内予以备案。

第十二条 已完成备案的特许人有下列行为之一的，备案机关可以撤销备案，并在商业特许经营信息管理系统予以公告：

（一）特许人注销工商登记，或因特许人违法经营，被主管登记机关吊销营业执照的。

（二）备案机关收到司法机关因为特许人违法经营而作出的关于撤销备案的司法建议书。

（三）特许人隐瞒有关信息或者提供虚假信息，造成重大影响的。

（四）特许人申请撤销备案并经备案机关同意的。

（五）其他需要撤销备案的情形。

第十三条 各省、自治区、直辖市人民政府商务主管部门应当将备案及撤销备案的情况在 10 日内反馈商务部。

第十四条 备案机关应当完整准确地记录和保存特许人的备案信息材料，依法为特许人保守商业秘密。

特许人所在地的（省、自治区、直辖市或设区的市级）人民政府商务主管部门可以向通过备案的特许人出具备案证明。

第十五条 公众可通过商业特许经营信息管理系统查询以下信息：

（一）特许人的企业名称及特许经营业务使用的注册商标、企业标志、专利、专有技术等经营资源。

（二）特许人的备案时间。

（三）特许人的法定经营场所地址与联系方式、法定代表人姓名。

（四）中国境内全部被特许人的店铺分布情况。

第十六条 特许人未按照《条例》和本办法的规定办理备案的，由设区的市级以上商务主管部门责令限期备案，并处 1 万元以上 5 万元以下罚款；逾期仍不备案的，处 5 万元以上 10 万元以下罚款，并予以公告。

第十七条 特许人违反本办法第十一条规定的，由设区的市级以上商务主管部门责令改正，可以处 1 万元以下的罚款；情节严重的，处 1 万元以上 5 万元以下的罚款，并予以公告。

第十八条 国外特许人在中国境内从事特许经营活动，按照本办法执行。香港、澳门特别行政区及台湾地区特许人参照本办法执行。

第十九条 相关协会组织应当依照本办法规定，加强行业自律，指导特许人依法备案。

第二十条 本办法由商务部负责解释。

第二十一条 本办法自 2012 年 2 月 1 日起施行。2007 年 5 月 1 日施行的《商业特许经营备案管理办法》（商务部 2007 年第 15 号令）同时废止。

参 考 文 献

[1] 王琴．连锁经营管理[M]．北京：北京理工大学出版社，2009．

[2] 刘繁荣，等．连锁经营与管理[M]．华中师范大学出版社，2012．

[3] 杨顺勇，等．连锁经营管理[M]．上海：复旦大学出版社，2008．

[4] 陈少华．连锁经营与管理实务[M]．北京：冶金工业出版社，2010．

[5] 姜登武，张梅，等．连锁超市经营管理[M]．北京：科学出版社，2005．

[6] 赵越春，韦森，等．连锁经营管理概论[M]．北京：科学出版社，2006．

[7] 代凯军．管理案例博士点评[M]．北京：中华工商联合出版社，2000．

[8] 周勇．连锁店经营管理实务[M]．上海：立信会计出版社，2005．

[9] 宋文官，等．连锁企业信息管理[M]．上海：立信会计出版社，2006．

[10] 王吉方．连锁经营管理——理论实务案例[M]．北京：首都经济贸易大学出版社，2007．

[11] 中国连锁经营协会．中国连锁经营年鉴（2011）[M]．北京：中国商业出版社，2011．

[12] 周勇，冯国珍，等．连锁经营管理原理[M]．上海：立信会计出版社，2011．

[13] 孙前进．连锁企业经营管理[M]．北京：中国发展出版社，2010．

[14] 戴军．企业连锁经营管理[M]．西安：西安交通大学出版社，2011．

[15] 王超．零售学[M]．对外经济贸易大学出版社，1999．

[16] 黄旭．战略管理思维与要径[M]．北京：机械工业出版社，2007．

[17] 白光．中外品牌案例[M]．北京：中国时代经济出版社，2002．

[18] 佚名．六种特许行业最热[EB/OL]．[2010-09-14]．http://www.scea.org.cn/a/texu/jygl/2012/0420/2846.html．